教育部市场营销类专业实践教学体系研究成果

市场调查

王公达 主 编　张欧东 副主编

MPT

Marketing Practical Training

复旦卓越·21世纪市场营销『实践型』系列教材

总主编 王妙

复旦大学出版社

内容提要

在中国经济工业化、城市化、市场化和国际化“四化”强劲发展的背景下，消费预期不断上升，企业竞争日趋激烈，产品更新加快，企业逐渐认识到市场信息的重要性，逐渐重视市场信息的收集和分析，逐渐依赖于市场调查工作。

本书是作者在积累了二十余年市场调查经验的基础上，形成的教学框架。近年来在商业企业干部培训和商业院校教学中广泛应用，取得了较好的效果。作者希望在教学中向学生传授市场调查方法技术的同时，传授科学认真和深入调研的理念。本书突出了实践教学指导、案例教学辅导、理论上博采众长和逻辑上循序渐进的特点。

总序

Preface

《21世纪市场营销"实践型"系列教材》在上海商学院及相关学院广大教师的共同努力下终于逐步推出。这套系列教材包括《市场营销学》、《市场调研》、《消费者行为分析》、《客户关系管理》、《国际市场营销》、《品牌管理》、《公共关系》、《广告策划》、《商务经营》、《商务谈判》、《商务礼仪》、《创业实务》12本。本套系列教材是由上海商学院与复旦大学出版社共同组织和策划的，共有46位教师参加编写，分别来自13个省市的23所高校，经历了两年时间才完成。《21世纪市场营销"实践型"系列教材》的成功推出，是高校教育改革成果的展示。

一、创建了"实践课业教学"模式

自2001年起，上海商学院从《市场营销学》课程改革着手，经历了近八年的改革探索，创建了"实践课业教学"模式。所谓实践课业教学，是指以就业为导向，强化学生职业能力的全面培养，把"实践课业"作为能力培养的载体和手段的一种新型课程教学方式。

实践课业教学是2001年上海市教委"高职学生职业能力评价研究与实践"课题与2005年国家教育部"高职高专教育市场营销类专业实践教学体系研究"课题的研究成果。课题研究旨在解决当前我国高校教育中实践教学效率低、学生实践能力薄弱的紧迫问题，注重学生实践能力与创新能力的培养，使高校人才培养目标能适应我国21世纪经济社会发展的需要。课题研究总结了《市场营销学》课程改革成果，创新探索了实践课业教学新模式，并积累了课业训练的操作经验。课题所研究的实践课业教学最早从《市场营销学》课程试点开始，逐步拓展到上海商学院的《销售管理》、《促销策划》、《市场调查与预测》、《企业形象策划》、《品牌管理》、《公关策划》、《商业投资》、《广告策划》、《客户服务与管理》等课程。以此改革为基础，完成了市场营销专业实践教学体系构建的研究与实验。近年，实践课业教学从专科课程教学推广到本科课程教学，在更高层次上进行进一步探索和完善。这种新的教学模式又从校内推广到校外，从本市推广到全国，课程改革取得了成功。

1. 实践课业教学不同于传统的课程教学，其主要区别体现在：

(1) 教学目标是使学生获得直接上岗能力，把有利于学生就业作为课程教学的出发点和归宿；为学生日后具备较强的就业竞争能力和可持续发展能力奠定基础。强调课程教学要与职业岗位人才培养目标相结合，强调课程教学要有知识、技能、素质培养目标。

(2) 在教学内容上，引入职业素质，即通用能力的培养内容，强化岗位技能训练；建立起专业知识、岗位技能、职业素质三位一体的教学内容，贯彻在课程教学大纲、教学计划和教案中。

(3) 在教学方法上，提出“布置课业—教师指导—学生动手—考核评估”的能力培养“四步教学法”，打破教师一言堂的传统教学方法。

(4) 在教学评估上，用多个课业评价成绩替代一张试卷的考核方式，分解、量化各项能力指标，落实到课程及课业评价上。实施教师公开评价、学生自我评价（自评与互评）、企业评价的多元评价方法。

2. 实践课业教学创新了高校课程教学的新模式，其创新价值表现为：

(1) 创建了以就业为导向，注重学生可持续发展能力培养的21世纪人才培养的新教育理念。实践课业教学强调学生能力的全面培养，要求学生在课业训练中掌握专业技能，锻炼通用能力，倡导自主学习；以学生的实践成果——课业为评价依据，采用多元主体评价的方式。这种教学模式是当代国际职业教育发展的主导趋势，也是我国高校教育的改革方向。

(2) 创建了高校课程实践教学的新形式。采用课业形式作为课程实践教学的载体与手段，把专业知识转化为实践应用能力。这一实践形式为解决我国高校实践教学存在的“教学目标单一、内容脱离实际、教学方法传统、教学评价缺位、教学资源不足”等问题，进行了有效的探索，创造了成功的经验，丰富了我国高校实践教学改革的理论和实践。

(3) 创建了高校文科专业人才培养的新途径。实践课业教学研究提出的较可行的人才培养改革理念和实施方案，具有较强的实用性和可操作性，所需的教学条件要求不高，一般学校都能够实施。为此，对于目前我国高校，尤其是文科专业，培养实践能力强、敬业、合作、创新等综合素质高的应用型人才具有重要的意义、具有应用推广的价值。

3. 实践课业教学最大的成功在于能使学生获得更多。我们多次组织了对学生的问卷调查，据问卷调查数据统计，对实践课业教学96%以上的学生表示认可和欢迎。实践课业教学对强化学生“知识、技能、素质”起着举足轻重的作用，主要体现在：

(1) 促进学生有效掌握岗位技能。每个学生在课程教学中必须完成大小十多份实践课业，不少于一万字。通过课业训练，帮助学生把学到的专业知识应用于实践，掌握岗位所需的专业技能。根据上海商学院学生问卷调查数据统计，48.54%的学生认为课业训练对岗位技能的掌握帮助很大，49.51%的学生认为有帮助。

(2) 促进学生自觉增强综合素质。在课业训练过程中,学生需要面对各种困难和挫折,要求自主解决各种问题;需要根据不同的市场、企业情况,独立判断分析;需要团队合作,形成合力,一起完成课业任务。在完成课业过程中,学生的综合素质也得到了提高,突出体现在四个方面:① 锻炼艰苦耐挫能力;② 增强团结协作能力;③ 培养认真务实作风;④ 激发创新意识,培养创新能力。

(3) 促进学生巩固专业理论。在课业训练中,学生所学的专业理论知识才能真正被运用。在实践运用中,理论才被学生消化、理解。《市场营销学》课程曾做过这样的测试,课程结束时,在学生毫无准备的情况下,把上一学期的试卷给学生做 40 分的选择题、判断题。测试的结果,学生的平均得分为 23 分。

(4) 把"学生为主体"的高校教育改革真正落在实处。在课业训练中,操作的主体是学生,学生始终处于主动学习状态。课业训练的程序为:① 先向学生布置明确的课业任务;② 学生为完成课业,必然会阅读有关课业的范文,了解和思考课业该如何操作;③ 学生会带着"任务"、带着"问题"来听教师作有关课业所需的理论、方法的课堂指导;④ 学生必定会主动提出不懂的问题,求得教师解答;⑤ 学生会要求有更多的"课堂讨论"来解决课业过程中的难点问题。

二、促进了教材建设的改革

实践课业教学的改革探索,必然提出对教材的改革,这是毋庸置疑的。因为要完成课业训练,对于没有企业实践经验的高校学生来说"困难重重"。比如,《市场营销学》课业教学要求学生把掌握的营销理论运用到企业营销活动中,解决营销实际问题。通过"市场调研报告"、"市场开发分析报告"、"营销计划报告"等课业形式,为企业营销提出对策,设计营销方案。要解决这一难题的关键在于教师进行细化、认真和耐心的指导,更需要技能训练的指导教材。但这类课程教材是一个"空白",必须依靠自己解决。通过课业教学的多年实践,我们探索了上千个学生课业训练操作的规律,积累了 50 多万字的技能训练指导资料,在此基础上先后编写出版了《市场营销学实训》、《市场营销学教程》、《实践课业指导》等实践型教材。可见,实践型教材的编写出版是实践课业教学的一个组成部分,是高校教育改革中不可缺少的建设内容。

2003 年 8 月,王妙教授主编的《市场营销学实训》教材,由高等教育出版社出版。教材一出版,市场需求量就很大,同年 12 月就加印 5 000 册。从学生使用效果来看,这本教材对学生实践能力的培养,起到了很重要的指导作用,为学生课业训练提供了感觉、思路和方法,指导学生完成课业任务。但由于经验不足,《市场营销学实训》编写成营销综合性实训教材，内容太宽泛，使课程实训缺乏针对性，教师很难操作，要求对教材进行修改。

2005年7月，王妙教授主编的《市场营销学教程》一书，由复旦大学出版社出版。该书根据课程教学要求，安排课业训练项目，在每章的最后一节中设计了"实践运用"科目，要求学生把学到的理论知识运用到营销实践中去，安排相应的课业训练任务，并作了实践指导。由于教材适应高校人才的培养目标，能指导学生实践能力训练。因此，广受社会的关注和欢迎，至今教材已是第五次印刷，共计发行25 000册，全国几十家高校都使用这本教材，对此评价很高。《市场营销学教程》正是以其"实践性强"的特点，2006年8月被国家教育部列为国家"十一五"规划教材，2007年11月又评为上海高校"优秀教材一等奖"。但在教材使用的过程中也暴露了其不足，很多教师反映实训内容在教材中的篇幅太少，要求课程实训内容再细化些，操作性再具体些。

2007年1月，王妙、冯伟国教授合著的《市场营销学实训——实践课业指导》，由复旦大学出版社出版，作为《市场营销学教程》的配套实训教材。根据营销岗位技能培养要求，教材突出市场营销调研、市场开发分析和4PS营销计划等技能的培养，把课程实训分为四大课业训练单元。根据"一课一训练，理论先行，操作指导，实践运用"的课业指导要求，设计了17项课业指导项目。教材对每项课业项目都作了7个环节的训练指导，即：布置课业任务→了解课业目标→强调课业要求→明确理论指导→指导课业操作→制定课业评价标准→提供课业范例或范文等。教材广受社会欢迎，至今发行近一万册，能有这样的发行量，足以证明该教材的社会认可度及其社会对这类实训教材的迫切需求。但根据对20多所高校的教材使用反映调查，普遍认为一门课程使用两本教材，一是加重学生经济负担；二是使用不方便。

在总结上述教材建设经验的基础上，经过反复研究论证，我们决定在编写这套系列教材时，把课程教材与实训教材合二为一，《21世纪市场营销"实践型"系列教材》最终定型。

1.《21世纪市场营销"实践型"系列教材》的最显著特点在于实践性。即以培养学生实践能力为目标，以有助于学生能力训练为出发点，使专业理论的实践应用具有很强的可操作性，这是本系列教材的闪光之处。教材体现了以就业为导向，突出能力培养的时代要求，把"以能为本"的课程实践教学真正落在实处。在很大程度上解决了商贸类课程"实践教学难"的问题。教材在以下三大环节上突出实践性特点：

(1) 突出"专业技术"，增强学生的专业技能。在一般教材中，强调的是基本原理的概念、内容、作用、意义，而对原理应用的操作步骤与方法往往被弱化。而本套教材在每章正文中，使用了"运行操作"、"注意事项"等的图标版式，提示教师和学生应注意专业知识中的技术性部分，即基本原理应用的操作步骤与方法。在教材编写中，强化了这部分内容，帮助学生更好地掌握专业技术。

(2) 注重"实践运用"，锻炼学生的实践能力。本套教材在每章的最后一节中设计了"实践运用"科目，要求学生把学到的理论知识运用到企业实践中去，学会分析问题和解决问题，使学生真正了解市场、了解企业，掌握专业知识的应用技能，这正是我国高校课程改革的方向。教材对每章的实践应用作了具体指导，提出课业训练任务和要求，安排相应的课业训练内容，制定课业评价标准，提供课业范文，帮助学生完成课业任务。在实践使用中，可以根据不同专业、不同课时的教学要求，有选择性地完成课程中若干实践项目。

(3) 强调"学习导引"，培养学生的自学能力。本套教材以学生为中心，从便于学生学习出发，设计了"教材学习导引"栏目。教材"主辅合一"，它把主教材、学习指导和学习参考融为一体，其内容编写和体例编排都不同于以往教材。为了帮助学生学好这门课程，设计了 6 个学习模块，具体使用如下：① 明确"学习目标和基本概念"；② 根据"实践操作提示"掌握专业技能；③ 根据"实践运用"指导完成课业任务；④ 根据"前沿研究"资料进行研究、思考；⑤ 根据"案例分析"资料进行判断、分析；⑥ 完成布置的"练习与思考"(详见《教材学习导引》)。通过学习导引，学生可以有效地进行学习。我们认为，学习过程也是一种实践，教材的"学习导引"为培养学生的自学能力搭建了实践平台。

2.《21 世纪市场营销"实践型"系列教材》还具有以下特点：

(1) 注重学科理论的基础建设。市场营销学科是应用性学科，教材建设强调专业知识的应用是教材改革的重点，但不能忽视基础理论的夯实。没有基础理论的指导，知识的应用是盲目的，很难培养高超、娴熟的专业技能。本套系列教材要求对各门专业课程的基本概念和原理进行了梳理与界定，强调全面、准确地阐明学科的基础理论，并要求对基础理论的表述简单扼要、深入浅出、通俗易懂。

(2) 突出学科发展的内容建设。面对 21 世纪知识经济和经济全球一体化的挑战，市场营销学科在不断地发展和创新，企业营销实践活动也有众多的创新内容。为此，本套系列教材突出学科理论和实践的新发展，引入最新理论观点和实践案例，专门独立设计了"前沿研究"、"案例分析"栏目，介绍近年来市场营销各课程理论的最新发展和企业独创性的营销案例，提供教学与学习参考。

(3) 进行教材改革的创新建设。本套系列教材对内容、结构、版式都作了全面改革创新，教材改革以学生为中心，从便于学生学习出发，要求教材的使用能够帮助学生更好地理解、掌握和运用专业理论知识。本套教材都设计了"基础理论"、"实践应用"、"前沿研究”、“案例分析”、“练习与思考”等内容，把“基础理论与前沿理论”、“理论知识与实践能力”、“课堂导学与课外自学”融为一体。每本教材都统一设计了“学习导引”栏目，指导学生能够进行有效的学习。

《21世纪市场营销“实践型”系列教材》是高等院校市场营销专业和相关专业的专用教材，也可供从事市场营销、企业管理、商贸经营人员进行学习的参考用书。我们希望这套系列教材的推出，能够锻炼教师队伍、提高教学水平；同时，我们也希望通过这套教材的使用，推动高校教育改革，探索课程教学的新路子，为高校人才培养作出更大的贡献。

对“实践型”教材的探索研究，由于受我们的理论水平和实践能力的局限，这套系列教材一定会存在许多不足。恳请广大读者批评指正，期待更多的教育者与研究者投身于高校教材改革，让我们一起研究探讨，进一步提高实践型教材的编写水平，为高校教材建设作出更大的贡献。

丛书编委会

2008年7月

前言
Foreword

任何经济理论的发展，都依赖于本国实体经济和虚拟经济的高速发展。中国市场营销和市场调查也是在中国经济高速发展的背景下，得到了进一步发展的。在几十年的发展中，中国市场营销和市场调查既见证了中国经济的“四化”——即工业化、城市化、市场化和国际化的发展，又促进了中国企业的茁壮成长。

在工业化进程中，中国一路高歌猛进，人均生产总值(GDP)2007年达到2 460美元以上，进入工业化中期阶段；各主要经济区的工业化率，即工业增加值占全部生产总值的比重不断提高；同时，3次产业结构和就业结构的不断优化，城市化率和国民消费层次全面提升。

2008年8月，《2007/2008全球城市竞争力报告》发布，中国城市竞争力正逐步加强，中国已经迈入城市化发展的加速期。2001—2005年，GDP 5年增长世界前20名中，15个中国城市的名字赫然在列。2007年底，全国656个城市，1.9万个建制镇，全国城镇人口已达5.94亿，城市化水平达到44.9%。未来三四年，中国城市化率将超过50%。

随着市场经济的全面推进，我国社会经济生活逐步转入市场轨道，各类市场的健康发展，市场机制形成完整，所有制改革不断深入，产权关系逐渐明确。在国际舞台上，以“入世”为契机，突破“非市场经济”壁垒，正在逐渐为中国企业争取平等的待遇。

经济全球化时代的到来，国际投资迅速增长，带来了资本的国际化；对外贸易成为国际交往中最活跃的环节和各国经济发展中不可缺少的组成部分，促进了市场的国际化；国际金融交易大大超过世界生产和商品交易、服务贸易，促成了金融的国际化；跨国公司大量涌现，并在全球经营，带来了生产和销售的国际化。

中国经济的工业化、城市化、市场化和国际化的发展，广泛而深刻地影响着经济增长方式、产业结构、市场结构、就业结构、消费结构，乃至人的生活方式与社会文化，造就了全球经济最具活力的新增长点。

在这种背景下，消费预期不断上升，企业竞争日趋激烈，产品更新迅速加快，企业经理和营销主管的天才和直觉再也无法应付市场的千变万化了。因此，国内目前大多数企业已经逐步认识到市场信息的重要性，已经逐步重视了对市场信息的搜集和分析，已经日益依赖于市场调查工作。

作者曾经在《寻踪觅迹：商务调查实录》一书中这样写道：“商务调查不仅是一种方法、技术，更是一种思维方式、一种职业道德。如何把握调查的主题，如何确定调查的方法，如何在调查中感受市场的脉搏，需要调查者的灵性和对调查的认真执著的态度。”我们希望在教学中，在向学生传授市场调查的方法、技术时，同样传授这种理念。

本书是在作者积累了20余年市场调查的经验基础上，形成的教学框架。近年来，在商业企业干部培训和商业院校教学中广泛应用，取得了较好的效果。本书是根据该系统教材重实践指导、案例练习的特点组织编写的，针对实践型本科、高职高专学生的特点突出了以下重点：

一是突出了实践教学指导的特点。本书是在市场调查实践经验基础上形成的框架，因此严格按照市场调查的过程设计教学进程，课程学习完毕后学生有上手快、进步大的感觉。

二是突出了案例教学辅导的特点。本书所收的大小案例，都是近年来商业营销或商业策划的热点，其中不少是作者亲自主持撰写的调查实例，又特别安排了消费品调查和商业地产(购物中心)调查两章内容，教学辅导效果明显。

三是体现了理论上博采众长的特点。本书写作过程中，以市场调查的过程为经、以市场调查的理论为纬，充分吸收和借鉴了国外、我国台湾、国内各家市场调查的最新成果，力求反映该领域发展的最新水平。

四是体现了逻辑上循序渐进的特点。本书的框架和各部分的撰写经反复推敲，既按市场调查的概念阐述、计划制订、实地调查、报告撰写等过程安排章节，又按理论阐述、实践指导、案例分析、练习与思考安排每章内容，充分体现了教材结构严谨、体系完整的特点。

本书由王公达担任主编，并负责全书的框架构建，张欧东担任副主编，具体分工为：

第一章 市场调查概述(上海商学院副教授 王公达编写)、第二章 调查计划的制订和调查机构的选择(王公达编写)、第三章 问卷设计(上海建桥学院讲师 尹卫华编写)、第四章 案头调查(上海百联商贸学院讲师 张欧东编写)、第五章 实地调查和网络调查(民族证券上海营业部 丁佳蔚、上海SPACE商业商务咨询机构招商策划副总监 王子曦编写)、第六章 调查访问人员的选择及培训(王公达、张欧东编写)、第七章 市场调研数据的综合及分析(王子曦、丁佳蔚编写)、第八章 市场预测(北京工业职业技术学院讲师 李小纯编写)、第九章 市场调查报告的写作(王公达编写)、第十章 消费性产品市场调查(上海商学院教师 张春梅编写)、第十一章 商业地产(购物中心)的市场调查(王公达、张欧东编写)。尹卫华还编写了全书各章的实践指导的初稿，张欧东和王公达一起为全书做了校对修改工作。

市场在发展，需要市场调查的不断深入。从这个意义上来说，本书将不断改进，希望商业院校的老师和企业经营管理者在阅读和教学中提出宝贵的意见。

王公达

2008.8.8

目录

Contents

第一章

市场调查概述

学习目标

学完本章，你应该能够理解、分析和掌握：

1. 理解市场调查的概念及市场调查的原则和特征；
2. 了解市场调查的产生和发展；
3. 理解市场调查对企业营销及政府规划的重点意义；
4. 分析三大类市场调查的内容和立项；
5. 掌握在制订政府商业发展规划中，所要进行的环境及发展调查的原则；
6. 掌握在行业趋势分析中，所要进行的产品及环境调查的原则；
7. 掌握在产品的调查时，对该产品及行业市场进行调查和综合分析的原则。

基本概念

市场调查　广义市场调查　狭义市场调查　终端市场

第一节　市场调查的含义

一、走近市场，走近调查

为什么要进行市场调查呢？这是因为任何组织和个人在面对新环境、新事物时，都会产生困顿和迷惑。例如，一个棉纺织企业有着提高企业利润率的强烈欲望，又受到国际服装节流行趋势的启示，想大踏步进入休闲服饰市场，但面对"冰点时空"、"丛林之花"、"琉璃蓝梦"、"暮色香郁"等流行主题不知所措的时候，它就想到了必须进行科学的、具有一定规模的市场调查。它会选择：

(1) 消费者调查：通过问卷及访谈，了解目前人们的穿衣情况及意愿，从而发现这个市场的潜力。

(2) 零售市场调查：目前服饰零售市场上休闲服的品牌、款式、面料、价格及其销售情况。

(3) 竞争者调查：休闲服的现有生产企业及准备进入该市场的企业的经营规模、市场占有率及品牌成熟度等。

又如，当一个地区(区、县、镇)或一个商业城在制定发展战略，面对专家提供的令人眼花缭乱的各种发展模式无从选择时，有人提出了先进行科学全面的调查、再作结论的建议，于是，市场调查专家便提供了一份详细的调查计划，并据此对该地区进行深入全面的调查。

因此，一个企业的产品要想成功进入市场、一个地区或企业的发展战略要想成功制定、一个专家组要想对企业成功策划包装，都离不开市场调查。

调查是企业策划之源、策划之本，调查是决策的依据，调查是结论的基础。

二、市场调查的概念

美国营销大师菲利浦·科特勒在其极负盛名的《营销管理：分析、计划和控制》一书中，曾对市场调研作了这样的定义：市场调研是系统地设计、搜集、分析和提出数据资料，以及提出跟公司所面临的特定的营销状况有关的调查研究结果。

他对市场调研活动的类型还做了如下的细分：① 广告调研；② 企业经济和公司调研；③ 公司责任调研；④ 产品调研；⑤ 销售和市场调研等。

国内外大部分专家对市场调查的概念，有狭义与广义两种解释。例如，台湾蔡德明在《提高业绩和市场调查》一书中，对市场调查作了这样的定义：所谓市场调查（market survery）可分狭义和广义两种意义。狭义的市场调查，是以消费者为对象的、用科学方法搜集其购买，以及使用产品的各种表示、意见、动机、喜爱等有关资料，作为市场经营研究工作之手段运用。广义的市场调查，除以消费者为对象之外，还包括中间销售活动，以及广告媒体、产品本身品质、包装等，采用科学方法搜集一切市场的各种资料，作为市场研究工作之手段运用。

其实，狭义的市场调查是从市场营销的角度定义市场调查。认为市场调查就是对消费者进行调查研究，是运用科学的方法和手段搜集消费者对产品购买及其使用的数据、意见、动机等有关资料，通过分析研究，以识别、定义市场机会和可能出现的问题，制订和优化市场营销组合策略，并评估其效果。狭义的市场调查将市场调查看作是市场营销整个领域中的一个重要环节，它把消费者、客户、公众和营销者通过信息联系起来，为市场营销决策提供信息支持。

广义的市场调查是从整个市场，乃至于整个经济社会的角度定义市场调查。认为市场调查是运用科学的方法和手段，搜集经济社会及整个市场的环境资料，搜集产品从生产者转移到消费者手中的一切与市场活动有关的数据和资料，并进行分析研究的过程。广义的市场调查将调查范围从消费和流通领域扩展到生产领域和经济社会领域，包括产前调查、产中调查、产后和售后调查。根据美国市场营销协会的解释，广义的市场调查不仅包括消费者调查，还包括市场分析、销售分析、广告研究和营销环境研究等多方面的调查研究。广义的市场调查认为，市场调查是生产经营管理的一个重要环节，是把握经济社会脉搏的一个重要手段，它通过广泛搜集企业内外的有关信息，以满足管理决策的信息需求。

由此看来，市场调查不仅包括狭义的对消费者行为的调查研究，更包括广义的对消费环境的综合调查研究。

本书所阐述的市场调查，不仅指产品的调查，还包括环境的调查、服务的调查、商业功能定位的调查等。因此，可以对市场调查确定如下的定义：市场调查是一种技术，它以消费者和环境为对象，通过细致的科学方法搜集商业网点数据、商业增长数据，以及消费心理、消费动机、购买意向和愿望等有关资料，以供市场营销和商业规划的决策作为依据。这个定义阐明了以下三个要点。

1. 市场调查必须以消费者和环境为对象

调查要有明确的指向，无论商业规划调查、产品调查、服务业调查，都离不开消费者及特定环境两个对象。消费者是顾客，有现在和潜在的消费群；环境是地点、场所、网点、业态，不同的环境对消费起着不同的促进或促退的作用。

2. 市场调查必须以科学的方法进行

调查的目的是寻找规律、寻找进入市场或解决症结的钥匙，因此必须以科学的方法进行。例如，在事先考虑及初步考察的基础上，确定主题和计划 在初步调查的基础上，设计问卷、认真仔细地进行现场调查、科学合理地进行统计分析等。

3. 市场调查是产业引导和市场营销的重要技术工具

在市场中，一方面政府要引导产业、组织市场，一方面企业要开发产品、扩大销售，而这两方面都需要有正确的信息作为决策的依据，因而，市场调查是市场组织、市场营销的重要手段和工具。同时，市场调查是一种技术，它可以帮你找准市场的脉搏、掌握消费的动态，从而成为消费市场中的胜利者。

三、市场调查的原则和特征

市场调查有必须遵循的原则，这是在组织实施调查时必须遵循的规律，从而形成了市场调查报告的特征。可以归纳为以下几点。

1. 市场调查的真实性和科学性

科学是建立在真实客观基础之上的理性分析和规律揭示。因此，市场调查首先应求其真。

市场调查是对某项产品或某个新兴商业业态在市场中消费者是否认同的一种测试，它追求的是事实真理。因此，在调查中必须搜集丰富的资料，分析归纳各种消费心理特征及消费期望的规律，集合已知的事实，以预测商业未来的变化。

市场调查的科学性一方面是事实的正确，没有正确便没有科学的依据。但在调查的实施中，往往会由于经费的不足、认识的偏差，或地点选择的错误、问卷统计的误差而产生不尽如人意的失真。所以，必须在思想认识的主观上和实际调查的客观上两个方面注意提高和调整，尽可能使市场调查的正确性提高。另一方面是归纳提炼的正确。同一个材料、一堆数据，往往分析后得出的结论大相径庭。因此，应要求市场调查人员要具有思想的前瞻性和分析的缜密性，从繁杂的数据材料中揭示出商业和产品发展的内在规律。

2. 市场调查的时间性和连续性

市场调查所调查的是市场对某产品、某企业、某行业在某个时间段的反映及其规律，因而有时间性的特点。所谓时间性，一是及时性，要及时反映市场的动态，所提供的不能是陈年老账本式的数据；二是时段的综合性，要对某个时间段有个综合的判断。比如，商场客流量，周一到周四各是多少，周五和周末几天各是多少，要在报告中标明，并得出客流量规律的综合结论。

除了时间性，调查还要有连续性，一是在某个时段内要有不怕艰苦、不怕疲劳、连续作战的勇气和精神；二是对产品、对商区调查要跟踪进行，春夏秋冬、淡旺两季都作过相应的调查，才可能得出比较准确的判断。

3. 市场调查的比较性和竞争性

首先，在资讯越来越受到重视的时代，各行业的资料、信息、数据和报告是非常多的，需要比较。在选定一个课题进行调查时，应注意搜集各类资料、信息，比较其优劣，理出你的思路来；然后通过实地勘察，明确调查目的，确定调查计划。

其次，政府或企业面对众多的咨询公司、调查组织，当然也要比较，选择最优良的服务，这就使调查工作和调查市场的竞争更为激烈。因此，没有科学的设计、周密的计划、认真的调查、优秀的报告，你就在这个市场上无生存立足之地！

4. 市场调查的系统性和相关性

市场是一个系统，因而市场调查要注意其系统性。所谓系统性，一是要整体把握市场，如产品的市场销售现状、趋势，消费者的认知率及美誉度，同一市场的竞争状况等缺一不可；二是要分阶段、分层次地研究市场，如一个地区调查，要对市民、外来消费者、经营者都进行问卷、座谈调查，要对客流量进行统计分析，要对历史人文环境及市政发展规划全面了解；三是相关性，各种数据之间都或多或少地存在着内在的联系，如某商业街的兴盛、某商业区的繁荣，除了营销手段外，还与周边消费群的变化、交通路线的顺畅程度、政府的相关政策有着密切的关系。

四、市场调查的意义和作用

1. 市场调查有助于了解市场需求，明确发展趋势

在经济发展、收入增加的时代，在信息发达、时尚流行的时代，消费需求在不断变化，因此，必须经常进行有针对性的市场调查，才能了解消费需求、把握市场脉搏、明确市场趋势。例如，我们在研究连锁经营产生与发展的条件时，认识到其必然与社会化大生产的发展、市场制度的变化、消费水平的提高、各种技术的进步及业态的创新与发展紧密关联，尤其是与人口增多、购买力集中及消费水平的发展紧密关联。从国际经验看，一国或地区人均 GDP 达到 600 美元的水平时，连锁超市业态就可以开始导入；一国或地区人均 GDP 达到 1 000 美元的水平时，连锁超市业态就可以开始快速发展；一国或地区人均 GDP 达到 1 500 美元的水平时，连锁便利店业态就可以开始导入；一国或地区人均 GDP 达到 3 000 美元的水平时，连锁便利店业态就可以开始快速发展。

2. 市场调查有助于形成正确的经营管理决策

信息发达的现代社会，消费环境、市场环境变化非常快。例如，1999 年上海沐浴休闲业共消费 20 亿人民币，不少企业见有利可图，便蜂拥进入这个市场，其实，这正是需要谨慎的时候。2000 年 4 月，伊豆健康中心委托调查公司作了静安店的市场环境调查，最后根据调查的结论，作出了放慢扩展开店步伐的决策。

同样，一个地方政府要作在某地开发某类市场的决策时，更要慎之又慎，反复进行深入的调查。例如，2000 年上海闵行区七宝镇欲建设商业中心，置于何地迟迟未决，调查机构通过客流量等环境调查，发现七宝老街双休日客流量仅 5 798 人，民主路及青年路双休日也仅 9 330 人，但七莘路七宝商城处由于“乐购”大卖场的开设，吸引了周边四镇两新村的居民，日客流量平时达 21 299 人，双休日达 35 283 人。而且，占地 5.2 万平方米的七宝商城并未很好地开发利用，完全可在此开设一个对居住地居民消费具有凝聚力、对周边地区居民及农民具有吸引力的商业中心，并以其特色商业和在郊区商业中心的地位形成一定的影响力。

3. 市场调查有助于企业推出符合消费需求的产品，提高市场竞争力

企业是市场的主体，必须主动适应、面对与参与市场竞争，为此必须通过市场调查来掌握竞争对手的数量与分布、经营策略、产品优势、市场营销策略、未来的发展意图，以及企业自身的市场份额，以此在市场竞争中求得生存和发展。此外，通过市场调查可以对企业的综合竞争力进行评估和研究，挖掘企业最具竞争优势和发展潜力的生产经营项目，培育和创造新的市场，从而将企业的核心竞争力转化为市场竞争优势。

1999年夏，上海三明食品公司在“阿明瓜子”取得市场成功，一时成为炒货龙头，欲进入其他休闲食品市场时，想到了CIS形象整体包装，想到了先进行市场调查。专家团队为此对上海休闲食品的总体市场进行了分析评估，对未来竞争对手的经营策略、产品优势、发展战略等进行了调查分析，对企业自身的市场份额和竞争力进行了评估和研究，又对三明公司欲进入的牛肉干、蜜饯、萨其马等分类市场，进行了食品零售市场及消费者的问卷调查，为其准确定位及制订合适的营销策略提出了建议，保证了三明公司新产品的成功开发，并顺利进入这几个休闲食品的分类市场。同样，立丰食品公司在制订发展战略时，也对休闲食品的产品系列进行了全面的调查，从而保证了立丰连锁专卖店的成功开设。

4. 市场调查有助于及时把握公众舆论，改善组织形象

一个地方政府在当地民众中的印象如何，一个企业的产品在消费者心中的形象如何，都可以通过市场调查得到有关信息和结论。例如，我们在为某地政府开展环境调查时，发现居民对缺乏医院、交通不便等民生问题反映强烈，事后即在调查报告中强化反映了这一点，为该地政府及时提供了有价值的信息。

此外，一个企业名牌更要重视公众舆论，通过调查及时掌握信息，消除在消费者中的不良印象。例如，在《2006年十大危机公关案例》中，芝华士面对媒体的“勾兑谎言”，即在《国际金融报》刊登文章置疑芝华士12成本的当天，保乐力加中国公司即委托其公关公司发布新闻公告，表明了立场，公关专家评点其符合速度第一原则；而博士伦面对“回收润明护理液”事件时，从2006年2月17日新加坡卫生部发布通告引发事件起，直到5月11日博士伦才在中国向媒体发布公开声明表示：从即日起自愿在中国停售国产润明水凝护理液产品，5月16日博士伦公司全球副总裁巴同杰才紧急来华进行危机公关，拖了整整3个月，对企业声誉造成了重大影响。这两个案例充分说明了这两个品牌对市场反映的敏感度和对中国消费者态度调查了解的程度。

5. 市场调查有助于充实和完善企业营销信息系统

企业营销信息系统是企业管理信息系统（IMS或ERP）的一个重要的组成部分，一般是由内部报告系统、营销情报系统、调研系统、营销分析系统构成的。企业营销信息系统，包括外部环境、市场供求、企业产销存或购销存、财务、产品、价格、竞争、销售渠道及营销活动等诸多方面的信息。其信息来源主要是内部报告和市场调查，信息输出主要是为市场预测和营销决策等提供信息支持。因此，市场调查不仅可以充实和完善企业营销信息系统，而且可以为预测决策提供系统的、动态的信息服务。

市场调查机构的营销信息系统反映出：一方面，产品的高度同质化、竞争的日益白热化给企业的生存带来了严峻的挑战；另一方面，腰包日益充足的消费者，已经走过了商品“从量到质”的消费过程、进入了对商品情感的消费阶段，即把情感诉求和情感体验，融入购买商品和使用商品的过程中。因此，商家的情感营销不仅要围绕产品，更需要围绕人的情感去开展。例如，一些眼镜销售商看到了这一点，及时准确地发掘和满足消费者内在的情感需求，掌控进攻市场的主动权，充分利用情感技巧与顾客进行沟通，以亲情化的服务方式打动顾客，让其在验光配镜中感受到无微不至的关怀，激发和满足其内在的情感需求，令其在快乐中解囊购“镜”。

6. 市场调查有助于研究和预测人类的行为

市场调查不仅可用于企业营销和管理问题的研究，而且还可用于研究和预测人类的行为方面。即从学术工作或科学研究的角度，寻求利用信息回答理论研究中的问题，以及用于检验有关人们的倾向、爱好、心理等方面的理论假设。

据美国俄亥俄州立大学的一项研究，人类所有行为均受 15 种基本欲望和价值的驱使，这 15 种欲望和价值是：好奇心、食物、荣誉感、拒绝、性、运动、日常生活秩序、独立、报复心理、社交、家庭、社会名誉、厌恶的情感、公民意识、权力。我们可以以这 15 种基本欲望和价值为类目，通过市场调查或社会调查的手段和方法，调查、研究和预测人类的行为。

第二节　市场调查的产生和发展

市场调查业是一项服务性行业，服务性行业的发展取决于市场的发展。由于美国自由市场发展的缘故，美国企业首先应用了市场营销的管理理念，从而触发了市场调查业的产生。美国的市场调研起源于 20 世纪前，经过 1900—1920 年的 20 年的成长初期，1920—1950 年的 30 年的成长期，1950 年左右进入成熟期，至今已有 120 多年的历史。

一、萌芽期：美国市场调查的起源

19 世纪，美国自由市场开放和蓬勃发展，美国企业首先应用了市场营销的管理理念，从而促使市场调查业的起源和发展。美国的市场调查起源于 20 世纪前，有记载的最早的市场调查，是 1824 年 8 月由美国的 *Harrisburg Pennsylvanian* 报纸进行的一次选举调查。但在此 50 年后的 1879 年，才由 N. W. Ayer 广告公司第一次系统地进行市场调查。该调查的主要对象是本地官员，目的是了解他们对谷物生产的期望水平，最终为农场设备生产者制订一项广告计划。大约 1895 年，学院研究者开始进入市场调查领域。当时，美国明尼苏达大学的心理学教授哈洛・盖尔(Harlow Gale)将邮寄调查引入广告研究。他邮寄了 200 份问卷，最后收到了 20 份完成的问卷，回收率为 10%。随后，美国西北大学的 W・D・斯考特(Walter Dill Scott)将实验法和心理测量法运用到广告实践中来。

二、成长期：市场调查理论和实践的进展

20 世纪初，美国经济得到进一步发展，市场营销的观念进一步深入企业经营之中，市场调查也得到进一步重视。在 1900—1950 年的成长期，理论和实践都有了突破性的进展。

首先是为市场调查开设了课程。1905 年，美国宾州大学首先开设了一门课程，叫做“产品的销售”。

其次是市场调查实践的发展。从 1911 年开始，美国的佩林(Charles Coolidge Parlin)首先对农具销售进行了研究，接着对纺织品批发和零售渠道进行了系统调查，后来又亲自访问了美国 100 个大城市所有的主要百货商店，系统搜集了第一手资料并著书立说。其中《销售机会》一书，内有美国各大城市的人口地图、分地区的人口密度、收入水平等资料。佩林第一个在美国的商品经营上把便利品和选购品区分开来，又提出了分类的基本方法等，针对佩林为销售调查做出的巨大贡献，人们推崇他为市场调查这门学科的先驱，美国市场营销协会(AMA)每年召开纪念佩林的报告会。在佩林的影响下，美国橡胶公司、杜邦公司等一些企业都纷纷建立组织，开展系统的市场调查工作。1929 年，在美国政府和有关地方工商团体的共同配合下，对全美进行了一次分销普查(census of distribution)，这次普查被美国看成是市场调查工作的一个里程碑。后来这种普查改叫

商业普查(census of business),至今仍定期进行。这些普查搜集和分析了各种各样的商品的信息资料,如各商品的分销渠道的选择状况、中间商的营销成本等,它可以称得上是对美国市场结构的最完整的体现。

第三个发展是市场调查专著的出现。在佩林的影响下,在美国先后出版了不少关于市场调查的专著,如芝加哥大学教授邓楷所著的《商业调查》(1919 年)、弗立得里克所著的《商业调查和统计》(1920 年)、怀特所著的《市场分析》(1921 年)、美国市场营销协会组织专家集体编写的《市场调查技术》(1937 年)等。20 世纪 40 年代,在 Robert Merton 的领导下,又创造了"焦点小组"方法,使得抽样技术和调查方法取得了很大进展。

三、成熟期:市场调查机构的完善

20 世纪 50 年代中期以来,市场调查进入了成熟期。依据人口统计特征进行的市场细分研究和消费者动机研究出现了,市场细分和动机分析的综合调查技术又进一步促进了心理图画和利益细分技术的发展。60 年代,许多描述性和预测性的数学模型,如随机模型、马尔科夫模型和线性学习模型先后出现。更为重要的是,60 年代初计算机的快速发展,使得调查数据的分析、储存和提取能力大大提高。所有这些,都为市场调查的形成、发展和成熟打下了坚实的理论和实践基础。

但更重要的是,标志了一个市场成熟的调查机构的完善。按市场调研工作的性质分,美国的市场调研机构出现了六种形式:第一种形式是"企业营销部门",即由企业内部的营销部门负责本企业产品或服务的调研工作,如宝洁公司、卡夫通用食品公司等。第二种形式是"广告代理商",即由广告代理商完成企业的市场调研工作,如 Young & Rubicam 公司、J. Water Thompson 公司等。第三种形式是"辛迪加服务企业"(Syndicated service research firms),这些公司为很多企业搜集、整理并提供同样的一般市场调研数据,如 Ac 尼尔森公司、IRI 公司等,它们搜集很多企业感兴趣的数据,但不特别针对某一公司,任何人都可购买它们搜集的数据。第四种形式是"定制或专项调研企业",也就是营销调研咨询公司,它们针对具体客户的具体问题开展特定的市场调研项目,如在美国比较著名的公司有 Market Facts、Data Development 等。第五种形式是"现场服务公司",负责市场调查的实地运作、数据搜集,主要接受前四种公司的委托,经营转包业务。第六种形式是"专业服务公司",为市场调研行业提供专门化的辅助服务,主要是运用各种分析软件进行开发和制作,如亚特兰大的 SDR 公司专门提供先进的定量分析服务。其他作为市场调研行业的补充,还有诸如大学、政府机构、研究机构等参与到市场调研的工作中。

四、我国本土市场调查机构的发展

改革开放以来,我国允许外资进入中国,从此市场调查在外资企业的带领下逐步地进入中国。中国的市场调研发展时间大约在 20 年左右,行业总体上来说仍然处于成长期。

1. 我国市场调查的发展阶段

在这段时间中,中国市场调查业基本上经过"萌生期"、"发展期"、"探讨期"三个阶段。

(1) 萌生期开始于 20 世纪 80 年代初。1984 年,市场调查被引入我国,这是我国以市场调查作为主营业务的商业运作开始。

(2) 发展期约在 20 世纪 90 年代。伴随着外资企业的大量涌入,以及市场营销理念的广为传播,1990 年中国市场调查业开始了高速发展,市场调查公司的数量迅速扩大,呈几何级增长,这个阶段一直持续到 1998 年。在这个高速成长阶段,许多在早期公司工作过的员工,都成为各大市场研究公司的老板。

(3) 探讨期源于 1998 年世界经济的影响与网络经济的开始。中国市场调查业面临一个艰苦的"探讨期",在这个时期,一方面要面对经济畏缩的影响,另一方面需要面对网络经济对整个人类行为的冲击。从而这个阶段,一方面许多公司都纷纷倒闭,另一方面留存下来的公司需要不断探讨网络经济下的新经营模式,如蓝田市场研究公司的数据库、专项研究、营销软件三方结合的新经营模式,赛迪的媒体、调查、顾问结合的方式,等等。

目前,我国本土的市场调研机构主要集中在"定制或专项调研服务"和"现场服务"两个层面上。业界较有实力的公司,如零点等正在努力向"辛迪加服务"进军。但许多公司由于发展的历史短(仅仅十几年),缺乏必要的数据积累,缺乏国内成熟企业的市场需求支持,使得这一发展方向变得较为困难。国内较多的小公司多是属于"现场服务公司"。

2. 我国市场调查的发展资料

(1) 我国市场调查发生的重要事件有:

- 1984 年,市场调查被引入我国
- 1988 年,我国第一家专业营销研究公司诞生
- 1998 年,我国市场调查行业协会筹备委员会正式成立
- 2000 年,我国市场调查行业协会正式成立

(2) 国内名列前茅的市场研究公司包括:

- AC 尼尔森市场研究公司(www. acnielsen. com. cn)
- 央视调查咨询公司(www. cvsc. com. cn)
- 盖洛普(中国)咨询公司(www. gallup. com. cn)
- 央视—索福瑞媒介公司(www. csm. com. cn)
- 华南国际市场研究公司(www. research-int. com. cn)

第三节　市场调查的内容和立项

本节把市场调查的内容分为三大类:第一类是制定政府发展规划和商业发展战略时,所需的环境调查;第二类是针对某产品所进行的开发、需求和发展趋势调查;第三类是了解行业趋势时,所作的分析调查。市场调查立项时,大致可以依据以上三大类确立调查主题。

一、环境及发展趋势调查

商业环境日新月异、变化多端,一方面它创造了市场,创造了财富;另一方面,它那不可控制的变数也是企业危机的主要来源。美国哈佛大学教授麦可·波特(Michael Porter)在其《竞争战略》一书中,就提到"五力"模式(five forces models),即新竞争者的进入、替代品的威胁、购买者的谈判能力、同业竞争、供应者的谈判能力。此外,企业还面临着外部环境的威胁。构成企业外部环境系统的要素为:政治变化、经济发展、产业竞争、文化转换、公众变化、媒介导向等,它们共同构成了企业外环境的各个方面。鉴于此,在研究商业现状及发展趋势时,对区位交通、人文历史、经济文化、商贸流通等背景材料的调查,对商业网点、客流

量、品牌等市场现状的调查，对消费者及居民意愿的调查都是必不可少的。

1. 对经济文化、商贸流通等背景材料的调查

可以通过官方网站、志书、政府统计资料的查询及访谈等了解该地区经济、文化、商业、旅游等各方面的历史背景，从而找出其历史发展的轨迹。例如，舟山市普陀区在制订商业服务业发展规划时，就重点对经济发展、商业街区网点、旅游区景点等三方面进行了环境调查，同时也对市民和旅游者进行了问卷调查。以下是舟山市普陀区商业环境调查的相关内容。

舟山市普陀区商业环境调查

一、普陀区近五年经济数据的调查

1. 经济实力持续增强，如下图所示。

国内生产总值（亿元）

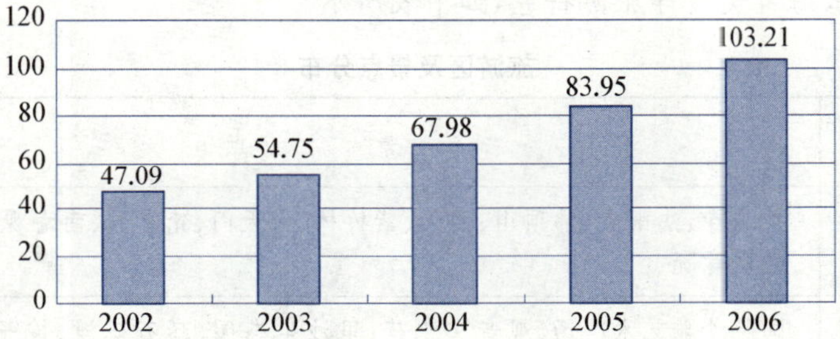

2. 固定资产投资不断加大，如下图所示。

全社会固定资产投资总额（亿元）

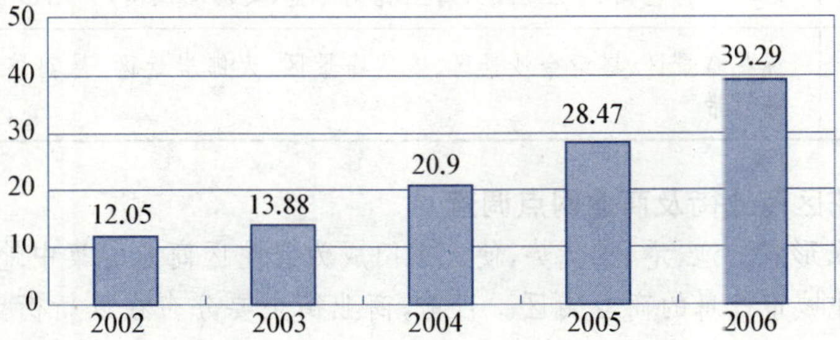

3. 财政收入连年增加，如下图所示。

财政总收入（亿元）

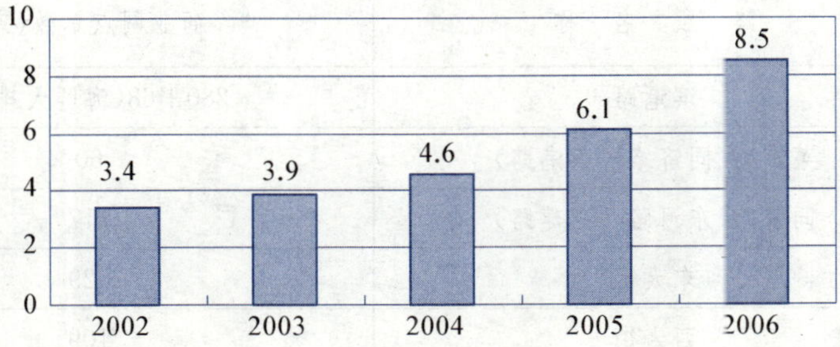

4. 三大产业比例日趋优化，如下图所示。

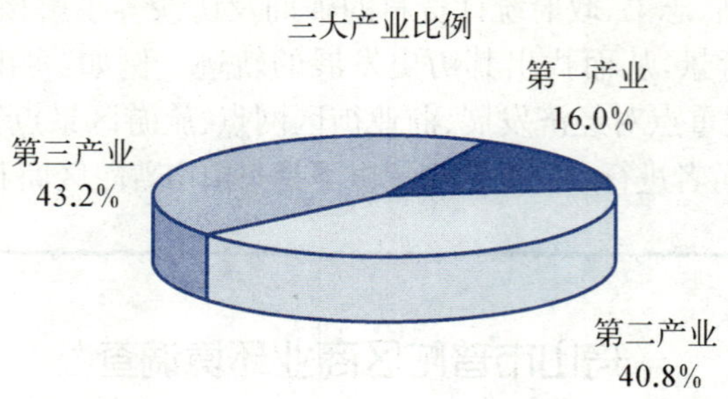

二、普陀区旅游景点调查

普陀区的旅游景点众多，多集中在海、沙、山、石、洞、礁等。普陀山、朱家尖、沈家门及桃花岛，构成独特的普陀"旅游金三角"，具有佛教文化、山海景观、渔村风情、海滨度假、海鲜美食等旅游特色，如下表所示。

旅游区及景点分布

旅游区	景　　点
普陀山	普济寺、法雨寺、佛顶山、西天、紫竹林、南天门、梵音洞、南海观音大佛、不肯去观音院
朱家尖	国际沙雕艺术广场、观音文化苑、里沙生态园、乌石砾滩、梭子蟹养殖观光园、情人岛
沈家门	中国舟山国际水产城、沈家门夜排档、沈家门滨港路旅游休闲街、缪家塘民俗风情特色街、十里渔港、海上观光游览、定海测侯所(青龙山公园)
桃花岛	桃花峪景区、塔湾金沙景区、安期峰景区、大佛岩景区、悬鹁鸪岛景区、桃花港景带

三、普陀区商业街及商业网点调查

一直以来形成的渔、港、景优势，使沈家门成为普陀区商业的集中地，并初步形成了具有现代化城市气息的商业街区。目前，商业街主要分布在以新街为主轴的中心城区，商业设施过度集中在老城区中部。据初步统计，商业街的网点如下表所示。

沈家门各路段商业网点及面积统计表

序号	路　段　名　称	商业网点总数(家)
1	滨港路	280+68(海鲜大排档)
2	菜市路(同济路—滨港路)	60
3	同济路(东河路—兴建路)	117
4	东大街	29
5	西大街	109

（续 表）

序号	路 段 名 称	商业网点总数（家）
6	新街（东海东路—滨港路）	110
7	东河路（滨港路—东海东路）	65
8	中大街	76
9	女人街（文卫弄）	60
10	文化路（东大街—东河路）	25
	合 计	931

2. 对消费者及居民的调查

"消费者"和"居民"在一个行政区域内应作为两种对象来进行调查，不能混为一谈。这是因为"消费者"包括两种人群，一是当地居民和周边的居民，二是流动的旅客；而"居民"是指该行政区域内的固定住户。

因此在调查中，应设计两套不同的问卷。其中针对居民的一套，因为是用来进行入户访问的，可设计得详细点，如增加生活方式等调查；而针对旅游者的问卷，因为是对行色匆匆的过客作拦截式调查，就应简捷明了，要求在几分钟内解决问题。

例如，《舟山市普陀区商业服务业发展规划调查问卷A》是针对居民调查的，其中包括了个人背景资料调查、消费习惯调查，以及对商业建设的态度及期望调查等三大板块计31个问题；而B卷则是针对旅游者的，其包括了个人背景资料、消费意向及需求期望等共21个问题。

二、产品及市场调查

对某产品的调查，必须联系该产品及行业市场的总体，一起进行调查和综合分析。例如，"手机"这一产品的年度调查，其内容应包括：行业背景调查，产品种类调查及消费意愿调查等。在设计问卷时，就要考虑该产品的当前使用情况、满意度认知情况（包括综合满意度认知、品牌忠诚度认知、产品满意度认知和服务满意度认知）和今后购买意向等诸多问题。但综合起来主要包括以下几个方面。

1. 市场趋势调查

研究一个产品，必须一开始就把眼光放在市场趋势的研究上。这是因为，如果这个产品市场是发展的、潜力很大的，企业就可大胆进入；反之，这个产品是夕阳的、每况愈下的，企业就应该退出或谨慎对待。

例如，在对中国运动服装市场进行分析时，一是要分析运动服装的种类，其中包括功能型运动服、户外运动服装等；二是要分析运动服行业发展的外部环境，其中包括针织服装产业经济的运行、中国服装产业及商品产销的运行、中国纺织服装出口的竞争力等；三是要分析国际及中国运动服装市场的特点；四是要分析奥运会对运动服装发展的促进力度，其中包括奥运会运动服发展历史、奥运给运动服带来的商机、2008年北京奥运运动休闲服装展望等；五是要分析运动服装的发展前景，其中包括中国服装产业的前景预测、中国服装产业的发展趋势、中国运动服发展的前景及趋势等。综合以上分析，从而得出"中国运动装产业前景光明、运动休闲服消费前景看好”的结论。

2. 流行时尚调查

21世纪产品市场面临的最大挑战就是“产品流行化”、“品牌风化”。所以，必须加强流行时尚的调查，食品市场是这样、家居市场是这样、室内装潢市场是这样、服装市场更是这样。例如，《2008年流行时尚七大趋势》中，对该市场的流行时尚就作了如下分析。

2008年流行时尚七大趋势

最近北京服装学院时尚趋势研究与设计中心发布了《TRANSTREND 08潮流报告》，预测了2008年的时尚流行趋势。2008年，甚至今后5年流行时尚的重要元素即是：快时尚的冲击、新享乐主义价值观、优质至上的生活态度和对慢生活的追求。其中，快时尚将促成时装工业的新变革，新享乐主义则是大都市新时髦形象不断涌现和流行的动力，而中国崛起的城市中产阶级在普遍追求优质至上生活理念的同时，也将催生整个社会趋优消费观念的形成。此外，慢生活作为对快节奏、高风险、强压力的都市生活的“反动”，正在逐渐发挥从边缘到主流的影响力，尤其将带动度假时尚和趣味消费的巨大商机。提出了新中国风、艺术至上、盛大运动风、继续未来主义、原始民俗风、街头态度、“半时尚”概念等七大流行时尚趋势。

3. 消费者行为态度调查

在任何一个市场中，消费者的行为和态度都是最为重要的，市场的主体和核心是消费者。在市场经济条件下，任何企业的生产经营活动都必须直接地或间接地围绕着市场，也即围绕着消费者行为进行，以消费者行为作为营销活动的出发点和归宿。我们应该提出这样的口号：“顺顾客者昌，逆顾客者亡”。为了企业的昌盛和产品销售的昌盛，应该认真做好消费者意愿和行为的调查。消费者意愿调查一般是通过问卷和顾客座谈会的方式来进行的。调查的关键是问卷设计得是否科学，调查是否认真，统计是否正确全面；开座谈前则要拟好提纲，启发参会者展开讨论，从而把他们真实的态度调查出来。

例如，《2006年美容行业消费者行为态度市场调查》中，是通过大范围的调查访谈和数据分析，对美容行业消费者行为及态度方面的相关问题进行了深入剖析。

报告立足于我国美容行业消费者现状，从美容行业化妆品市场环境、消费者基本资料、消费者购买行为、美容院消费行为、化妆品品牌态度等多方面深度剖析，全面展示了美容行业现状，揭示了美容行业市场潜在的需求与潜在的机会。该调查报告的提纲如下。

2006年美容行业消费者行为态度市场调查

一、化妆品市场情况概述

二、化妆品消费者基本资料分析

消费者性别分布、消费者年龄层分布、消费者职业分布、消费者婚姻情况、消费者学历情况、消费者个人收入情况、消费者家庭收入情况。

三、化妆品购买行为分析

（一）化妆品购买费用支出：购买支出费用、化妆品价格评价。

（二）化妆品购买依据：皮肤性质、化妆花费的时间。

（三）国内外化妆品品牌差异：国内外化妆品品牌选择、国产品牌的渗透率、最近一次购买国产化妆品的时间、不使用国产品牌原因、购买国际品牌的原因、若市场上没有国产品牌的接受情况、若市场上没有国产品牌的原因。

四、美容院消费行为分析

（一）接受美容服务的情况：不去美容院的原因、接受美容服务的频次。

（二）美容院服务项目：美容项目、护理项目。

（三）对美容院服务的评价。

五、化妆品品牌态度分析

（一）化妆品品牌的认知度：消费者知道的洁肤类品牌、护肤类品牌、彩妆品牌。

（二）化妆品品牌渗透率：消费者使用过的洁肤类品牌、护肤类品牌、彩妆品牌。

（三）化妆品品牌美誉度：消费者最喜欢的洁肤类品牌、护肤类的品牌、眼霜品牌、爽肤水品牌、防晒霜品牌、彩妆品牌。

结束语

4. 零售商场及终端市场调查

任何一个商品都必须通过终端市场进行销售，如果生产企业终端市场工作做不好，那么销售通道就会脱节，甚至中断，其产品就无法实现良好的销售。因此，“终端市场将是未来的决胜地”，谁掌控终端谁就是赢家。什么是终端市场呢？就是销售渠道的末端，是制造商产品的最后的“出口处”。它担负上联厂家、批发、代理商、经销商，下联消费者的需要责任。

一般来说，终端分为“硬终端”和“软终端”。“硬终端”包括产品陈列与展示，门面广告，招贴画、吊旗、展示柜，包装袋等。“软终端”包括销售营业员的口碑推荐，现场促销、有奖销售、配赠销售等。良好的硬终端设施可以在提升产品品牌形象和品牌附加值的同时，形成良好的购买氛围，提高顾客的购买欲望。

产品调查必须到终端市场进行，必须走向零售业态、走向商场、走向其他市场。因此，零售商场及其他市场的调查就显得非常重要。

不同的产品调查，有不同的采样调查地点，如表1－1所示。服装应取大型百货商厦、专卖店、服饰批发市场等，甚至还应根据休闲装、正装、运动装作不同分类市场的取样点；电脑应取信息家电广场、数码广场等；休闲食品市场的调查，当然要取样于超市、大卖场、食品商店等。

表1－1 零售市场的调查选择

调查内容	零售市场的选择	调查内容	零售市场的选择
休闲食品	（1）超市、大卖场 （2）食品商店 （3）便利店、杂货店	休闲服装	（3）专卖店 （4）服饰批发市场（街）
休闲服装	（1）大型百货商场 （2）大型购物中心	家用电器	（1）百货商店 （2）专卖店（专业店） （3）大卖场

但不同数据的调查应采样于不同的地点。在进行休闲食品调查时，我们的调查取样点安排如下。

休闲食品调查的取样

一、企业数据调查

1. 对华联、联华、农工商等超市公司进行典型调查。

2. 对部分大卖场进行典型调查。

3. 对豫园南北土特产总汇、长春食品公司、燎原食品商店、老同盛食品商店等食品公司（商店）进行典型调查。

4. 对汕头心新馨蜜饯专卖店、豫园味梅轩专店专柜进行典型调查。

二、专题调查

1. 对蜜饯市场进行典型品牌及品种调查。

2. 对牛肉干市场进行典型品牌及品种调查。

3. 对果冻市场进行典型品牌及品种调查。

4. 对逍闲派、萨其马市场进行典型品牌及品种调查。

三、行业趋势调查

行业趋势的调查和分析在一个产品市场调查中是十分重要的，政府部门为了解市场的趋势和指导该产业的发展，经常会委托研究部门或专业公司来进行这方面的调查，其内容包括以下几方面。

1. 市场总量变化调查

了解一个市场的消费总量是非常重要的。因为每一个行业市场都是由许多家企业和产品协同组成的，而且每年不断有新的企业和产品的竞争者加盟进来。一般来说，了解了总量就了解了整个行业市场的发展趋势。下面是《2006 年中国网络购物市场调查》中，关于消费总量变化趋势的调查。

2001—2006 年中国网络购物市场交易额规模

2003 年，是中国网络购物市场发展的元年，B2C 和 C2C 购物市场当年交易额都突破了 10 亿元。在市场成长阶段初期，由于相对 C2C，B2C 交易避免了信用和支付安全等问题，更容易被用户接受，因此交易额在 2003 年和 2004 年都高于 C2C；随着第三方支付平台的出现和信用评价体系的建立，C2C 更灵活和自由的购物模式也得到越来越多用户的认可，C2C 的交易额也得到了飞速增长。截至 2006 年年底，中国 B2C 和 C2C 总体交易额分别为 82 亿元和 230 亿元。其 2001—2006 年中国网络购物交易额规模，如下图所示。

2001—2006年中国网络购物交易额规模

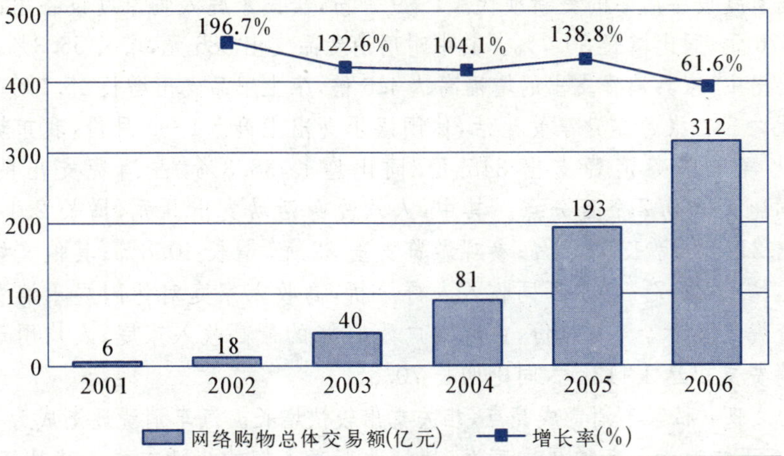

2. 消费结构变化调查

消费结构是针对消费对象而言的,消费可分为精神消费和物质消费等。影响消费需求的因素有商品本身的价格、其他相关商品的价格、消费者的收入水平、消费者对未来的预期、人口数量与结构的变动、政府的消费政策和消费者的偏好等。消费结构的变化对行业调查来说也至关重要,了解了消费结构,就可以进行产品结构调查。通过调查,采取相应对策,既使企业经营免走弯路,又能满足消费者的需求。以下是2006年1—9月份常州市城镇居民消费支出变化调查的结论。

2006年1—9月份常州市城镇居民消费支出变化调查

变化之一:恩格尔系数较为平稳,饮食费用明显增加。前3个季度,城镇居民人均食品消费支出3 279元,同比增长13.1%,扣除食品价格上涨影响,实际增长11.0%。膳食构成方面,糖烟酒饮料、蔬菜、干鲜瓜果类消费明显上升,人均分别支出482元、293元、213元,同比增长20.4%、11.8%、10.5%。与此同时,居民家庭在外饮食的次数明显增加,用于饮食服务的消费支出和比重均迅猛上升。1—9月份,我市城镇居民家庭人均在外饮食支出942元,同比增长34.1%,占食品支出的比重较去年同期上升6.2个百分点。

变化之二:购买住房热度不减,居住消费不断攀升。商品房价格的持续走高,刺激了人们住房消费的热情,由此带动了居住消费保持高速增长。1—9月份,我市城镇居民家庭人均用于居住方面的支出为1 137元,同比增长42.5%,占家庭消费支出的比例达12.3%,比去年同期上升2.6个百分点。其中,人均用于住房装修等方面的支出676元,增长65.6%;用于水电燃料及其他方面的支出424元,增长12.8%;用于物业管理费等方面的居住服务费支出36元，增长170.8%。居住消费的上升，也直接推动了居民家庭设备用品的更新换代。1—9月份，居民家庭人均家庭设备用品及服务支出达676元，同比增长30.7%。其中耐用消费品支出386元，增长56.3%。在耐用消费品支出中，家具消费支出的增幅高达4.6倍，床上用品支出增长45.1%。

变化之三：旅游健身享受生活，休闲娱乐支出上升。1—9月份，我市城镇居民人均文化娱乐服务消费支出345元，同比增长38.3%，占消费支出的比重为3.7%，同比上升0.7个百分点。其中，人均健身活动支出9元，增长2.1倍；团体旅游支出210元，增长42.5%；参观游览支出32元，增长40.8%；其他文娱活动支出89元，增长24.7%。从不同收入人群分析，高收入家庭对休闲娱乐消费更为热衷。调查资料显示，1—9月份，占调查户数10%的最高收入家庭，人均用于文化娱乐服务消费支出达1 413元，同比增长70.5%。

变化之四：私家车消费成亮点，相关支出较快增长。汽车消费逐渐成为一种新时尚，私家车正快速步入普通居民家庭，悄悄改变着人们的生活方式。统计资料显示，2005年我市新增私家车2.9万辆，至今年9月末，市区私家车拥有量已达5.5万辆，同比增长39%。与此相应，居民家庭用于汽车方面的相关费用明显上升。抽样调查资料表明，1—9月份，居民家庭人均用于车辆保险方面的支出达17元，而去年同期还不到1元；人均用于车辆用燃料及零配件的支出为200元，同比增长78.8%。

变化之五：参保纳税意识增强，转移支付力度加大。抽样调查资料显示，1—9月份我市城镇居民人均交纳各种社会保障支出953元，同比增长22.6%。其中，人均交纳养老基金375元，增长25.0%；交纳住房公积金436元，增长18.4%；交纳医疗基金116元，增长37.0%；交纳失业基金23元，增长9.7%。另外，城镇居民人均还交纳个人所得税95元，同比增长92.6%。

3. 消费方式变化调查

随着科技的进步和生产力的发展，消费方式也日趋变化，如方便食品、家用电器、现代交通信息工具的出现，又创造了前所未有的消费方式，改变着人们以前的消费方式。随着中国经济的飞速发展，人们的生活节奏大大加快，促使了食品消费趋向快速、便捷，从而引发了零售连锁行业及食品行业的巨大变化。例如，食品销售地点从传统的食品店、综合商店转向了超市、大卖场、便利店，生产加工企业因此更重视食品质量安全、食品卫生，推出适合现代消费方式变化的方便、美味、价格合理的产品。

消费方式是由生产方式决定的，生产方式的社会性质决定消费方式的社会性质；消费方式又反作用于生产方式，与生产方式相适应的消费方式，为生产开拓市场。因此，消费方式变化的调查将为生产企业和商家开拓市场提供可靠的依据。

4. 消费观念变化调查

消费观念是直接受文化思想和消费教育影响的，时代的发展带来了今天大众消费生活的新需求。人们的文化水平、价值观念已产生了新的变化，尤其是作为社会主要消费群体的中青年，在物质和精神两方面具有多样性和多变性的消费需求，从物质到精神、文化性的软消费正在不断提升，日益成为一种发展趋势。可以这样说，现在我们已进入了消费新时代。眼下现代人除了一般日常的消费外，更多地追求“旅游消费”、“休闲消费”、“保健消费”、

“礼品消费”等。因此,在调查中,必须对消费观念的重大变化引起高度重视。

第四节 实践指导

一、实践任务

市场调研选题要抓住市场热点、企业需求和客户需要,是进行市场调查关键性的第一步。这个环节要求学生以小组为单位确定本小组即将调查的课题。每个小组成员可以结合市场热点、企业需求和自身兴趣提出课题,再经小组集体讨论后,筛选出一个有实际意义和调查价值的课题。随后明确本课题要解决什么问题、需要调查什么内容和确定使用什么样的课题名称。通过本章实践训练,要提高学生关注市场热点和发现市场问题的能力。

二、实践步骤

(1) 小组各成员结合自身兴趣,提出通过调查要解决的现实中存在的问题及调查要达到的目标。

(2) 将各成员确定的问题转化为调查课题。

(3) 小组成员集体对已提出的各种调查课题展开讨论,并选择一个最终要调查的课题。

(4) 确定最终课题的名称。

课题名称要与调研目标保持一致,并且简明扼要。课题名称不宜过长,字数一般控制在15个字以内;若标题过长,则需考虑加副标题。

三、实践要求

(1) 教师应对课题立项的方法、步骤、技巧,以及课题名称和内容确定的方法进行讲解。

(2) 教师应启发学生发现问题,帮助学生树立问题意识。

(3) 教师应对可以立项的问题进行提示,帮助学生选题立项。

(4) 学生要按照课题立项的要求和步骤进行选题,经过小组讨论后选择一个力所能及的、有实际价值的课题进行调查。

四、实践内容

围绕以下三大主题进行市场调查项目的立项工作:

(1) 地区环境调查。

(2) 商业零售行业趋势调查。

(3) 新产品推广调查。

五、实践范例

上海某百货零售业发展及运行调查(提纲)

第一部分 零售业发展环境综述

一、我国零售业的发展环境分析

二、零售行业的景气周期分析

三、中国零售市场在全球的地位

四、外资零售商进入中国市场的情况分析

第二部分　上海百货业的发展现状(包括营业额、利润、促销方法、企业文化等)

一、大型百货企业发展的特点

二、外资百货企业(百盛、巴黎春天、玛莎)

三、港台资百货企业(香港新世纪、太平洋)

四、百联旗下百货企业(东方商厦、第一百货、友谊百货)

第三部分　本企业运行环境调查

一、商圈环境变化调查

二、客流量现状调查

三、顾客结构变化调查

四、顾客满意度调查

五、商品结构调查

第四部分　本企业的问题分析

一、品牌经营分析

二、服务质量分析

三、顾客满意度分析

四、定价和促销分析

五、存货管理分析

第五部分　对策和建议

一、个性化商场的建设和引领零售时尚的对策

二、零售连锁发展的趋势和走向郊区、长三角二线城市的可能性

三、节能挖潜和经营管理能力的提高

四、同业竞争中如何发挥本土及企业形象的优势

五、其他

(资料来源:上海西克商务咨询有限公司)

案例分析

2007年第三季度中国网络购物市场三大变化

根据iResearch艾瑞市场咨询最新推出《2007年第三季度中国网络购物市场监测报告》数据显示,2007年第三季度的网络购物交易额规模达到152.8亿元,艾瑞咨询结合运营商发展状况,研究发现第三季度整体的网络购物市场有了三大新的变化。

变化一:突围销售淡季,营销拉动整体市场交易规模。

第三季度没有节假日等刺激消费,往往线下零售淡季,从2006年网络购物销售数据来看,同样也是购物网站的销售淡季。但进入2007年第三季度后,各大网络购物运营商纷纷开展相关促销活动,并继续完善优化各自网站做好“内功”,包括经历了几个月整合测试后,新的易趣平台也在8月底正式上线,拉动了第三季度的网络购物交易规模,达到152.8亿元,同比增长达到106.9%,季度环比增长24.7%。

变化二：淘宝市场份额突破 80%，易趣新平台接受考验，拍拍整合优化工作成效初显。

淘宝领先的优势继续扩大，2007 年整体实现"井喷"式发展，在第三季度的交易额达到 114 亿元，占 C2C 总体市场交易规模比例也达到了 82%，较上个季度的 78.7%上涨了 3.3 个百分点。

易趣新平台在经历了长达几个月的用户数据迁移、新平台测试后，于 8 月 30 日推出全新的易趣平台，并更换回 eachnet 的域名。在原有 eBay 易趣用户的基础上，新的易趣网也推出"品质网购，乐在易趣"新的服务理念和口号，等待市场和用户的检验。

排名第三的拍拍网，也加快了内部购物流程、商品分类包括与腾讯旗下业务整合的步伐，整体交易额较第二季度增长了 63%，达到了 9.8 亿元，市场份额也由 5.4%上升至 7.1%。艾瑞咨询相信随着整合的逐步深入，以及优化提升用户体验进行，拍拍网的交易额将继续保持快速增长。

变化三：促销大战卓越略占上风，营销拉动整体 B2C 销售额快速增长。

进入第三季度，各大 B2C 购物网站都纷纷加大促销活动的力度。从相关电子商务联盟的反馈数据来看，拉动销售的效果也非常显著，包括一些获得风投的 B2C 网站也都逐步增加相关的营销费用。

在营销拉动下，卓越网的销售额领先当当网近 1 个百分点，占总体销量市场份额达到 12.9%，当当网以 12.0%位居第二。除当当和卓越两大综合 B2C 网站外，其余大部分市场份额均被垂直 B2C 类网站瓜分。此类 B2C 电子商务运营商除互联网外，往往还拥有电话销售、目录销售、线下实体店销售等多种复合渠道，报告中的销量规模为根据各家与线上相关的销量估测，其中复合渠道中纯在线销售额的占比一般较低。

（资料来源：http：//www. echere. com/comment/1205190848. html）

案例思考题

1. 该份市场分析抓住了网络购物市场的哪些要点？
2. 我们能从中得到什么启示？应如何通过调查获得资料？

练习与思考

(一) 名词解释

市场调查　广义市场调查　狭义市场调查　终端市场

(二) 填充题

1. 调查是决策的________，调查是结论的________，调查是企业策划之源、企业策划之本。

2. 市场调查必须以__________为对象，市场调查必须以__________进行，市场调查是产业引导和市场营销的__________。

3. 产品及市场调查包括________________。

(三) 单项选择题

1. 市场调查是反映市场对某产品、某环境在某个时间段的反映及其规律，因而有

(　　)的特点。

A. 时间性　　B. 连续性　　C. 战略性　　D. 策略性

2. 市场调查是对产品或某个新兴商业业态在市场中消费者认同的一种测试,它追求的是(　　)。

A. 科学　　B. 事实真理　　C. 真实　　D. 认真

3. 市场调查有(　　)的特点,各种数据之间都或多或少地存在着内在的联系。

A. 系统性　　B. 特殊性　　C. 相关性　　D. 进取性

4. 市场调查的产生和发展经历了(　　)三个阶段。

A. 成长期、成熟期、衰退期　　B. 萌芽期、成长期、成熟期

C. 萌芽期、成长期、衰退期　　D. 发展期、成长期、成熟期

(四) 简答题

1. 什么是市场调查? 市场调查包括哪些主要内容?
2. 市场调查的原则和特征是什么?
3. 市场调查的意义和作用是什么?
4. 行业趋势调查一般应考虑哪些因素?

(五) 论述题

1. 联系企业实际,试论市场调查的含义及其对企业营销工作的重要作用。
2. 根据产品及市场调查的要点,谈一下开展该项调查的特点和策略。

第二章

调查计划的制订和调查机构的选择

学习目标

学完本章，你应该能够理解、分析和掌握：

1. 理解市场调查计划的含义及制订计划对市场调查的重要性；
2. 掌握市场调查项目测定的过程与环节；
3. 掌握市场调查方案的内容和必须思考的重点；
4. 掌握市场调查计划的格式及撰写；
5. 掌握各种市场调查机构的特点及选择策略。

基本概念

行业　调查方案　市场调查机构　完全服务公司　有限服务公司

在经营管理活动中，计划是管理的基本活动和基本职能。企业和其他组织为了把决策付诸实施，需要进行具体的计划。

一个市场调查的成功与否，往往也与调查计划制订得是否合理、正确大有关系。如何制订调查计划呢？首先要明确调查的目标，对调查项目有个清晰的测定；然后是设计调查方案，把调查对象、调查内容、调查表格、调查地区与范围、样本数量等计划好；最后是制订调查的工作计划，把组织领导及人员配备、访问员的招聘及培训、工作进度、费用预算等细节全部考虑清楚。例如，上海南京路步行街开通后，政府和商家及媒体关心的是什么？关心的是消费者结构的变化、销售额及商品大类的变化，以及业态调整的变化等，只有依此制订计划，才能取得准确的资料和进行成功的调查。

当然，如果企业把市场调查的业务外包，也存在对调查机构的选择和确定的问题。

第一节　调查项目的测定

所谓调查项目的测定，其实就是调查目标的明确。无论是企业市场部门要作的调查，还是咨询调查机构接到的调查项目，都应该首先对调查项目有个目标的测定，以便于调查计划的准确制订。目标的测定既是一项细心考察的过程，也是提高判断力的过程，必须十分重视。

一、明确调查目标

进行市场调查，首先要明确调查的目标，按照企业的不同需要，市场调查的目标有所不同。企业制订经营战略时，必须调查宏观市场环境的发展变化趋势，尤其要调查所处行业未来的发展状况；企业制订市场营销策略时，要调查市场需求状况、市场竞争状况、消费者购买行为和营销要素情况；企业在经营中遇到问题时，应针对存在的问题和产生的原因进行市场调查。

市场调查有各种目标，就笔者的经验而言，就遇到过以下几种：

(1) 为制订地区发展规划服务的，如上海江湾五角场城市副中心商业规划、宁波鄞州区服务业发展规划等。

(2) 涉及一项重要决策的，如为豫园商城是否能搞“封城经营”提供依据。

(3) 商业街改造后，为政府管理部门市场调控提供各方面变化的数据的，如南京路步行街。

(4) 为企业进入新的商品市场的，如为三明公司提供对上海休闲食品市场的调查数据。

(5) 为开设一个新商业场所的，如为上海申通地铁公司提供明珠线站点商业环境调查、为“第九百货商店改造为静安食品商城”提供商业环境调查等。

(6) 为制订企业发展战略的，如为山东德棉集团提供的纺织品终端市场调查等。

因而，在接调查项目时，首先应明确委托者的意图，当这个意图还不明确、不完善时，你应通过各方面的分析，去帮他们完善这个意图和目标，并得到他们同意，这样调查的目标才算明确。

二、了解有关资讯

明确目标和客户意图后，应迅速开展对有关资讯的了解，以对该环境、产品或市场有个轮廓的把握，一般来说，应从以下几个方面进行了解。

(一) 行业情况的初步了解

1. 行业分类

行业一般是指其按生产同类产品，或具有相同工艺过程，或提供同类劳动服务划分的经济活动类别，如批发和零售业、机械行业、交通运输业等。

中华人民共和国统计局的行业分类标准包括：A. 农、林、牧、渔业，B. 采矿业，C. 制造业，D. 电力、燃气及水的生产和供应业，E. 建筑业，F. 交通运输、仓储和邮政业，G. 信息传输、计算机服务和软件业，H. 批发和零售业，I. 住宿和餐饮业，J. 金融业，K. 房地产业，L. 租赁和商务服务业，M. 科学研究、技术服务和地质勘察业，N. 水利、环境和公共设施管理业，O. 居民服务和其他服务业，P. 教育，Q. 卫生、社会保障和社会福利业，R. 文化、体育和娱乐业等。

2. 行业调查的步骤和方法

必须的和首要的工作是了解行业资讯，调查的步骤和方法应是：

(1) 从因特网上广泛地搜寻资料。

(2) 从行业杂志、报纸上搜集资料。

(3) 从有关行业协会、专业信息中心取得有关内部资料。

这样，你的资料才可能完善。例如，我们在为某棉纺集团作纺织品消费市场调查时，即从以上三个方面搜寻行业情况，从而得出了以下结论：

- 趋势不断上升
- 流行变奏主题
- 少年主宰消费
- 女装：分类明显，品牌众多
- 男装：经典与休闲并举
- 内衣：演绎生命和个性
- 休闲渐成时尚

(二) 周边环境的初步了解

一个商业中心的周边环境，包括它所处的地理环境、周边大型商业设施、竞争态势、交通便利性及顾客流量等。在市场调查中，对一个商业中心或企业周边环境的准确把握是非常重要的，它涉及避免重复建设、形成错位的良性竞争等重要决策。

在制订计划时，对周边环境的把握要点有以下几点。

1. 从地图上的了解

如某大型商业中心在作浦东店址调查时，首先是在地图上观察到它将来的辐射面。

2. 跑马观景式的了解

驱车对地图上查到的几个商业中心兜一圈，看看有没有主要竞争对手，商业环境的繁荣程度如何，思考一下将来的市场如何。

3. 对周边交通线路的了解

公交线路的发达与否会直接影响到该市场的开设。例如，某大型商业中心在浦东开店前，决策层一直把握不住，主要忧虑的是地段冷僻。但我们第一次去看时，发现两侧公交线路及终点线竟有 20 条之多，于是马上把这一发现告诉企业，从而使他们迅速形成开店的决策。

(三) 竞争者状况的初步了解

竞争者调查在后面的步骤中还将深入地进行，但制订计划前必须有个概况性的了解，如该行业中有哪些竞争者？其中：

(1) 竞争者的实力、卖场面积及形象(知名度、美誉度)如何？

(2) 竞争者的业态(如中小型超市还是大卖场，百货店还是专卖店)如何？

(3) 竞争者的营销方式(价格、渠道、促销等)如何？

三、深入实地考察

光有初步的资讯了解还是不够的，还必须深入地进行实地考察。根据调查目标，有地区经济的考察、商业服务业企业的考察，还有工业企业的考察等，各自有不同的考察重点。

(一) 地区经济的考察重点

进行地区商业规划或前往新的地区投资时，都必须以地区经济为考察重点，其工作重心包括：

(1) 地区经济的总体情况。

(2) 地区商贸业的总体情况。

(3) 地区商贸业的竞争状况等。

(二) 商业服务业企业的考察重点

商业服务业企业的考察,结合初步了解的方法,工作重心包括以下几方面。

1. 环境考察:浏览周边的商业竞争环境

(1) 一个城市商业业态的总量。

(2) 商业业态的竞争状况。

(3) 一个区域内商业企业的集中程度。

2. 客流量考察:对客流量大概目测

对商场正式调查之前,必须对客流量有个大概的目测,一般应掌握以下情况:

(1) 商场门口路过的人流量有多少?

(2) 进店客流量是多少?

(3) 购买者大致有多少?

(4) 与其他商店比较怎么样?

3. 购买力考察:有多少人购物出来

(1) 进店的客人中,有多少人在购物?其比例是多少?

(2) 当天该店的客流量与销售的比例是多少?

(3) 顾客主要在买什么商品?

(三) 工业企业的实地考察重点

一个工业企业,在制订自己的发展战略或将新产品打入市场时,都需要进行规模较大的市场调查。这时,调查人员应首先对工业企业进行实地考察,其内容包括以下两方面。

1. 生产环境

(1) 生产流水线运转情况。

(2) 工人作业情况。

(3) 厂区管理情况等。

2. 产品

(1) 产品陈列室的陈列内容。

(2) 产品的市场占有率情况。

(3) 产品的包装、价格及与国内外同类产品的比较。

(4) 产品质量及返修率等。

第二节 调查方案的思考

项目测定以后,就要对设计调查方案进行思考,要把调查目的要求、调查对象、调查内容、调查表格、调查地区与范围、样本数量等计划好。一个完善的市场调查方案,一般应包括以下几个方面的内容。

一、调查目的要求

根据市场调查目标,在调查方案中列出本次市场调查的具体目的要求。例如,本次市场调查的目的是:

(1) 了解地区商业服务业发展情况，了解地区商业竞争态势。

(2) 了解某产品的消费者购买行为和消费偏好情况等。

二、调查对象

市场调查的对象按调查目的分有两类：

(1) 在政府或地产规划调查中，调查对象为市民、政府工作人员、在商业服务业工作的管理者和员工。他们都是对地区商业服务业发展提出意愿和建设性意见的对象，而商业服务业员工的意见可能有更进一步的参考价值。

(2) 在产品调查中，调查对象为消费者、零售商和批发商。零售商和批发商为经销商调查产品的商家，消费者一般为使用该产品的消费群体。在以消费者为调查对象时，要注意到有时某一产品的购买者和使用者的不一致，如休闲食品，其购买者主要为家庭主妇，而其消费者多为子女。此外，还应注意到一些产品主要针对某一特定消费群体或侧重于某一消费群体，这时调查应注意选择产品的主要消费群体。例如，对于服装饰品和化妆品，调查对象应主要选择女性；而对于白酒类产品，调查对象应主要选择男性。

三、调查内容

调查内容是搜集资料的依据，是为实现调查目标服务的，可根据市场调查的目的确定具体的调查内容。

1. 政府或地产规划调查的内容

在政府或地产规划调查中，调查内容应包括地区综合环境、商业竞争环境、市民消费习惯及愿望三个方面，可以据此列出调查的详细内容。

2. 消费者行为调查的内容

在进行消费者行为调查时，可按消费者购买、使用、使用后评价三个方面列出调查的具体内容项目。

调查内容的确定要全面、具体，条理清晰、简练，避免面面俱到、内容过多过杂，不要把与调查目的无关的内容列入其中。

四、问卷和调查表

调查问卷和调查表是市场调查的基本工具，问卷和调查表的设计质量直接影响到市场调查的质量。设计问卷和调查表要注意以下几点：

(1) 问卷和调查表的设计要与调查主题密切相关、重点突出，应摒弃可有可无的问题。

(2) 问卷和调查表中的问题要让被调查者容易接受，避免出现被调查者不愿回答，或令被调查者难堪的问题。

(3) 问卷和调查表中的问题次序要条理清楚、顺理成章、合乎逻辑。一般可遵循“容易回答的问题放在前面，较难回答的问题放在中间，敏感性的问题放在最后；封闭式问题在前，开放式问题在后”的原则。

(4) 问卷和调查表的内容要简明，尽量使用简单、直接、无偏见的词汇，保证被调查者能在较短的时间内完成。

五、调查范围及样本

调查地区范围应与商业项目覆盖范围或企业产品销售范围相一致，并注意以下几点：

(1) 注意调查范围。当在某一城市作市场调查时，调查范围应为整个城市。

(2) 注意样本选择。由于调查样本数量有限，调查范围不可能遍及城市的每一个地方，一般可根据城市人口的分布情况，依据人口收入及文化程度等因素，在城市中划定若干个小范围调查区域。例如，上海调查白领消费，可选择陆家嘴、徐家汇、静安寺和人民广场等几个商务楼比较集中的区域，开展对青年白领的调查。

(3) 注意样本分配。应将总样本按比例分配到各个区域，在各个区域内实施访问调查。这样可相对缩小调查范围，减少实地访问的工作量，提高调查工作的效率。

(4) 注意样本数量。根据实践经验，一个中等以上规模的城市在进行市场调查时，按调查项目的不同要求，样本数量可选择300～1 000个。产品调查，针对小范围人群的，可以少些；而政府或地产调查，针对大众市场的产品调查，样本数量就要大些。

六、资料的搜集和整理方法

在市场调查中，常用的资料搜集方法有问卷调查法、现场观察法和实验法。问卷调查法适宜于描述性研究，后两种方法适宜于探测性研究。企业作市场调查时，采用问卷调查法较为普遍。

问卷调查法又可通过面谈法、电话调查法、邮寄法、留置法和网络法等进行。这几种调查方法各有优缺点，适用于不同的调查场合，企业可根据实际调研项目的要求来选择。资料的整理方法一般可采用统计学中的方法，利用SPSS或Excel工作表格，可以很方便地对调查表进行统计处理，以获得大量的统计数据。

七、调查费用和人力的考虑(略)

第三节 市场调查机构的选择

市场调查是一项有条不紊的组织活动，是一种程序规范的组织行为，包括一系列繁琐、复杂的操作步骤。企业往往想依靠个别人来完成工作的目标是难以实现的，因此，考虑外包给市场调查机构完成。那么，熟悉不同类型的市场调查机构及职能，了解我国市场调查行业的形式及各自的特点，了解市场调查机构的部门设置和人员的配备要求，掌握市场调查人员的选择、培训事项及企业与市场调查机构的合作程序，就显得十分重要。

一、市场调查机构的含义和分类

市场调查机构是指受企业或其他组织委托，专门或主要从事市场调查活动的单位或部门，是一种现代服务业性质的组织机构。

1. 按照市场调查服务的独立程度分

市场调查机构按市场调查服务的独立程度，可分为：

(1) 独立性调查机构，是指专门从事市场调查活动的单位，称为专业市场调查机构。

(2) 非独立性调查机构，是指企业或公司内部设立的主要从事市场调查活动的部门，也称为企业市场调查机构。

2. 按照市场调查机构的隶属关系分

市场调查机构按市场调查机构的隶属关系,可分为:

(1) 各级政府统计组织建立的调查机构。

(2) 新闻单位、大学和研究机关的调查机构。

(3) 专业性市场调查机构,又大致分为:① 综合性的市场调查公司;② 咨询公司;③ 其他的调查公司。

我国的绝大多数企业主要是委托专业市场调查公司来开展市场调查活动,所以,目前市场调查行业的主流是专业市场调查公司。

二、专业市场调查公司的类型

专业市场调查公司,亦即独立性市场调查机构,它是企业之外接受各方委托从事市场调查的主体,是进行市场调查的独立组织。在市场经济逐步发展的我国,不管是企业或是政府机构,对专业化市场调查公司所提供的数据资料的依赖性也越来越强。专业市场调查公司的类型主要有以下三种。

(一) 完全服务公司

完全服务公司有能力完成其委托人所要求的全部市场调查工作,能够自己找出问题,进行调查设计、搜集和分析数据,并且完成最后的报告。显然,这些公司有必需的人才和设备来完成整个任务。

1. 综合性市场调查公司

这是专业市场调查机构中数量最多的类型,它是专门从事市场调查事务的机构,专营市场调查业务,提供综合的服务,具有较强的市场调查能力,服务意识强,调查策划能力强,有专门的调查队伍或调查网络体系,市场调查的专业化程度高,能够承担企业委托的各类市场调查项目,调查项目的质量能得到有效的控制。例如,美国的AC尼尔森市场调查公司、盖洛普市场调查公司,国内的华南市场研究有限公司、北京的零点调查公司等均属于这种类型。

2. 广告研究公司

不少稍有规模的广告公司一般都设有调查部门,主要任务是经营广告业务,接受客户市场调查的委托,但多数与广告活动有关。广告公司的调查部门主要承担的是广告制作前期调查和广告效果调查等两大调查任务。广告公司的调查部门在进行市场调查时,主要执行的是方案策划与研究报告撰写。至于现场调查,特别是量化调查的现场操作环节,一般均由其他市场调查公司配合完成。

3. 辛迪加信息服务公司

辛迪加是 syndicate 的译音,其原来的意思是报业的联合组织,有新闻可以在各报同时发表。辛迪加信息服务就是定期地搜集各种各样的数据和信息,一般都整理成数据集以刊物的形式提供给订户,现在主要是提供软盘。它们搜集一般的资料(主要提供受众的媒体资料和零售资料),但不是专门为某个客户服务的,任何人都可以购买它们的资料。这类公司数量少,但规模大,有大量的客户作为公司所提供数据的订户。美国营业额排名在前面的调查公司,如AC尼尔森市场调查公司等,向订户提供有关全美电视收视率的数据,美国的电视台、电台、广告公司,以及许多企业几乎都是尼尔森数据的固定订户。我国的央视调查咨询中心下属的央视—索福瑞媒介研究公司,也都属于辛迪加信息服务公司。

4. 管理咨询公司

这类公司一般由资历较深的专家、学者和有丰富实践经验的人员组成，主要为委托企业提供管理咨询服务，充当企业顾问和参谋的角色。这类公司服务的内容包括企业诊断性调查、专项调查研究、项目的可行性分析和经营策略研究等，主要任务是为企业的生产与经营活动提供技术方面、管理方面的咨询服务。咨询公司在咨询业务活动中，很多方面需要进行市场调查，调查结果是咨询目标分析与建议提出的重要依据。咨询公司的人员组成中，专家、学者侧重于咨询的前期设计及最终研究报告的撰写，富有实践经验的人员侧重涉及咨询目标的具体调查工作。

（二）有限服务公司

有限服务公司专门从事某个方面或某几个方面的调查工作，主要是为其他市场调查公司提供各种辅助性服务，如提供抽样样本、现场服务、市场细分、数据输入服务和统计分析等专业性强、技术含量高的服务项目。随着我国市场调查行业的发展，分工日趋精细，这类公司将有很好的发展前景。

1. 现场服务公司

现场服务公司除了现场搜集资料外，不做其他任何业务，既不进行上游的调查方案设计，也不从事下游的数据分析，仅对现场质量控制拥有丰富经验，可进行专门的拦截访问、电话访问、深度小组讨论、邮寄调查或人户调查。现场服务公司有的专门进行个人访问；有的专门进行邮寄调查；有些公司被称作“电话信息库”，专门进行电话访问；有的调查中心开展对消费者的售点拦截访问；快速调查公司提供经过培训的人员，对行人进行拦截访问；等等。

2. 市场细分专业公司

这类公司对所从事的行业都有较深入的了解，主要业务是对特定的调查对象进行数据搜集，如小孩、少年、青年或位于特定区域的人们。有些营销调查公司针对某个特定的行业人员进行调查，如专门对非营利机构进行调查。

3. 数据输入服务公司

计算机使得调查人员能够在访问的同时将数据输入分析软件，从而极大地提高了效率。这类公司专门编辑已完成的问卷，进行编码和数据输入，提供高质量的软件系统和数据输入服务。

4. 调查样本公司和电话样本公司

这是专门从事样本设计及分发的公司，此类公司有自己的调查部。一个拥有全国样本的公司可以自己进行电话调查，从而节约时间。综合系统样本公司也是一家样本设计和分发公司，它列出各种家庭及不同行业的样本、行政区样本和用于选择非正规样本的程序。

5. 专门进行数据分析的公司

这类公司在调查过程中，为数据分析和解释提供技术帮助，拥有专门的高级分析人才和先进的分析软件，采用复杂的数据分析技术，如多元回归分析、因子分析、聚类分析、列联分析等。

（三）独立性市场调查机构

随着我国市场经济的发展，各省市的一些其他专业性调查机构也应运而生，如政府信息统计部门、高校调查研究中心、科研单位的研究中心等。这些机构一般都不是商业性的经营机构，在为政府决策部门提供各种资料外，有时也向企业或投资者提供有偿的市场调查或咨询服务。

独立性市场调查机构的核心职能是服务，具体来讲，它的职能主要有以下几方面。

（1）承接市场调查项目。

（2）提供市场咨询。

（3）提供市场资料。

（4）管理培训。

三、当前中国市场调查行业的类型及特点

我国目前有三类市场调查公司，即外资调查公司、有政府背景的国有调查公司及民营专业调查公司，它们在规模、市场定位、营销手段等方面都有很大差异。

（一）外资调查公司

在中国的外资调查公司目前有 AC 尼尔森、盖洛普、SRG 等，外资调查公司进入中国是基于大型跨国公司对国内市场的调查需求及庞大的市场潜力，这类公司前期投入多、规模大、办公环境优越。

1. 优势

（1）项目质量水平高，操作的规范性较强，各部门分工明确；

（2）业务量较为稳定，重要客户来自海外，国内客户群小；

（3）研究人员素质较高，调查方面的培训能力很强。

2. 劣势

一是调查项目报价高，往往超出国内客户的承受能力；二是高级管理人员流失现象严重；三是对于较为特殊、针对性强的地域性项目优势不明显。

（二）有政府背景的国有调查公司

国家统计局及各省的统计局都设有调查公司，如国家统计局下属的华通现代、上海商业信息中心等。

1. 优势

（1）能发挥其城市调查队、农村调查队的网络优势，项目成本低；

（2）拥有政府信息资源，容易获得较多行业的背景数据；

（3）依靠其成本低和行业数据的优势，信息咨询业务有较广泛的客户群。

2. 劣势

一是个人工作绩效与回报得不到保障；二是市场压力不明显，项目针对性较差；三是受政府部门管理，缺乏独立性；四是实地调查数据误差较大。

目前，很多国有调查公司已与外资公司合资，如华通现代与美国的 Market Fact 合资、中央电视台与法国最大的收视率调查公司合资。它们将外资的管理、技术与政府部门的行业优势、数据资源结合起来，在专业调查项目上具有很强的行业优势，如央视—索福瑞的收视率调查等。

（三）民营专业调查公司

此类调查公司大多是股份制，投资人和经营人一体化。以市场调查为主要业务，不从事其他经营活动。目前，在我国市场调查行业中，此类公司数量最多，规模较小。

1. 优势

（1）市场营销能力较强，对客户的反应迅速，服务意识较强；

(2) 采用项目主任负责制,有利于最大限度激发个人的积极性和责任心;

(3) 能够满足客户的特别需要,获得信息的手段较灵活;

(4) 报价方面具有较强的竞争力。

2. 劣势

一是执行多城市项目时,竞争力较差;二是人员流失现象严重,严重影响项目质量;三是市场开拓的难度较大。

第四节　调查计划的格式

当调查范围基本框定、调查目的基本明确、调查内容大致确定后,我们必须制订一个恰当的调查计划。这里主要介绍一下调查计划的大致格式。

一、调查计划的标题

标题的要素包括:时间+调查内容+名称。当然,也可根据具体情况或简或繁地加以组合变化。

1. 简单的组合

调查计划书标题简单的组合模式,即"内容+名称",如:

- 南京路步行街调查计划
- 明珠高架线站点商业环境调查计划
- 休闲食品市场调查计划

2. 详细的组合

调查计划书标题详细的组合模式,即"时间+地名+调查内容+名称",如:

- 2005年夏令上海家用电器消费市场调查计划
- 2005年上海休闲食品市场调查计划

3. 协同的组合

调查计划书标题协同的组合模式,即"地名+调查内容+名称",如:

- 上海电脑消费市场调查计划
- 七宝镇商业环境调查计划
- 南昌市商业环境调查计划

二、调查计划的正文内容

1. 调查目的

无论是地区消费需求的调查目的,还是产品进入的调查目的,在调查计划中首先要注明,但必须注意的是:

(1) 目的写作应突出主旨。

(2) 目的写作应简明扼要。

(3) 有的调查目的中,可包含调查的主要内容。

2. 调查内容

调查内容在调查计划中也必须写明,但在计划的写作中应注意:

(1) 必须突出最主要的内容。

(2) 必须根据先后、主次顺序而写。

3. 调查方式及方法

市场调查既可通过消费者问卷、高层访谈进行，也可通过网点调查、行业咨询调查进行，然而这些都必须在计划中写明：

(1) 调查方式与方法，如因特网调查、消费者问卷调查、商场观察调查等。

(2) 调查数量，如消费者拦截式问卷的数量、居民入户调查的数量、商场经营者访谈的数量等。

4. 调查步骤及时间

一般调查可分为准备、实施、统计分析及报告撰写四个阶段，在计划中应注意：

(1) 四个阶段应按顺序写明。

(2) 每个阶段的工作重点应写明。

(3) 每个阶段的时间安排及限定要写明。

5. 费用核算

调查费用与调查范围、样本数、调查方法等密切相关。调查经费可以通过费用预算表的形式列出来，如表 2-1 所示。在计划中费用核算也必须注意：

(1) 要有分类费用，如问卷多少、访谈多少、综合分析多少。

(2) 要合理，且符合市场基本价格。

(3) 要根据不同客户的需求核算费用。

表 2-1 项目市场调研经费预算表

调查地点： 调查时间： 申请人：

费 用 项 目	金 额	备 注
调查方案设计费		
资料搜集费(资料费，交通费)		
问卷设计费(印刷、装订、邮寄费)		
抽样设计费		
调查设施费(调查人员培训费、交通、劳务、礼品、服务、其他费用)		
数据统计分析费		
调查报告撰写、制作费		
组织管理费(项目涉及的办公费、会务费、专家咨询费)		
其他费用		
合计		

三、附录

附录包括以下几方面的内容：

(1) 调研项目负责人及主要参加者的名单。说明每人的专业特长，以及在该项目中的主要分工。要指出的是，课题组成员的水平和经历有时对获得项目的批准是很起作用的。

(2) 抽样方案的技术说明及细节说明。

(3) 问卷设计中的有关技术说明。

(4) 数据处理方法、所用软件等方面的说明。

第五节 实践指导

一、实践任务

制订市场调查计划是成功进行市场调研的关键步骤。市场调查活动要求制订一个有效的调查计划,以保证整个调研活动的有序进行,并提高市场调查的工作效率。

本章实践任务要求学生在老师的指导下,根据调查课题,为某一产品、某店铺或某企业的市场调研活动独立制订一份“市场调研计划”。

为了便于操作和掌握,“市场调研计划”可以采用提纲形式,也可以采用表格形式。

(1) 提纲形式,可参考实践范例。

(2) 表格形式,如表 2-2 所示。

表 2-2 调研计划样本

调查项目	宏观环境调查	行业情况调查	竞争者状况调查	企业情况调查	市场情况调查	消费者状况调查
资料来源						
调查对象						
抽样设计						
调查方法						
调查时间						
调查地点						
经费预算						
调查分工						

二、实践步骤

制订调查计划的步骤如下:

(1) 确定调查的目的。市场调查首先要解决“调查什么”的问题,以确定调查的基本方向,也就是明确调查目标。

(2) 确定资料来源,即根据调查课题和调查目标明确具体资料的来源。

市场调查所搜集的资料分为第一手资料和第二手资料。第一手资料是为了实现调查目的,而自己亲自搜集的信息;第二手资料是为实现调查目标,而搜集的既存资料。对一个企业来说,一般指在以往营销过程中搜集、整理,可以运用、可以保存起来的信息,以及存在于企业外部有关的政府资料、商业资料和行业资料等。

通常来说,在一次调研活动中,两方面的资料都需要。

(3) 确定调查对象，就是根据调查的目的和主题来选择符合条件的市场调查活动的参与者。

搜集第一手资料涉及的调查对象需要确定：面向什么人调查？调查对象应具备什么条件？例如，性别、年龄、职业、收入和文化水平等方面的选择要求。另外，要明确向多少人调查。

搜集第二手资料涉及的调查对象需要确定：到什么地方、向什么人搜集调研课题所需的资料。

(4) 抽样设计。出于经济性和实用性考虑，大多数市场调查都只是对总人口中的有限样本或在与调研课题相关的人群中进行调查，即采用抽样调查的方法，因此在进行调查前要进行抽样设计。抽样设计质量高，产生的误差就小，调查结果就更为准确。经验证明，如果抽样程序和方法科学的话，样本规模在1%左右即具有代表性和可靠性。

(5) 确定调查方法。应根据不同的资料来源确定适合的调查方法。一般来说，当需要搜集第一手资料时，应采用实地调查法；当需要搜集第二手资料时，应采用案头调查法。

(6) 确定调查时间。调查时间是指在什么时间进行调查，需要多长时间完成。因调查目的、调查范围及调查方法的不同，调查的时间也不同。

(7) 确定调查地点。根据具体的调查项目选择适当的调查地点。

(8) 进行费用预算。调查费用与调查范围、样本数、调查方法等密切相关，可以通过费用预算表的形式列出来。

(9) 安排调查分工。市场调查一般都是团队活动，需要多人合作才能完成。在制订调查计划时，搜集资料可以集体方式进行，也可以进行分工；但报告的撰写一定要具体分工，落实到每个小组成员，以保证调查报告按时、按质完成。

三、实践要求

(1) 要求教师对“市场调查计划制订”操作步骤、计划内容及注意事项进行讲解和具体的指导。

(2) 要求教师提供制订调查计划的范例，以供学生操作时参考。

(3) 要求每位学生都根据所选定的课题的要求，完成调查计划的制订。

四、实践内容

撰写一份调查计划，可以选择：

(1) 本市便利店(超市)市场调查。

(2) 本市购物中心(百货商厦)调查。

(3) 果汁饮料市场调查。

五、实践范例

上海豫园商城“能否封城式经营”的调查计划

一、调查目的

1. 测算豫园商城平时和双休日的实际客流量，掌握客流的基本情况及其发展变化趋势。

2. 了解豫园商城近年销售成长情况，分析掌握豫园商城的内外部经营环境。

3. 了解掌握消费者结构及其消费态度、购买行为。

4. 重点了解各类人士对封城的看法及建议，为是否封城经营的重大决策服务。

二、调查内容

1. 豫园商城近年的经营战略及销售增长变化情况。

2. 豫园商城人流、车流的实际情况。

3. 市民及游览者来豫园商城的主要目的、消费态度及对豫园商城封城经营的看法。

4. 豫园商城基层消费者、上海老街业主及上海部分旅行社对封城经营的看法。

三、调查方法

(一) 案头调查

1. 上海商业信息中心资料数据统计调查。

2. 豫园商城资料数据统计调查。

3. 豫园商城战略发展规划的资料分析。

(二) 访问座谈

1. 对全市12家旅行社的访问调查。

2. 对上海老街15名业主的调查。

3. 对全市各阶层的访问调查。

4. 对30～40名豫园基层经营者的访谈及问卷调查。

5. 对20名左右豫园中层经营者的访谈及问卷调查。

(三) 问卷调查

1. 居民入户调查：

- 对全市各区居民作400份问卷调查
- 对豫园商城周边居民作100份问卷调查

2. 消费者拦截式调查：

- 双休日在豫园商城范围内作了200份问卷调查
- 平时在豫园商城范围内作了200份问卷调查

(四) 专题座谈会

1. 文化人士、旅游界人士座谈会。

2. 豫园商城经营管理者座谈会。

四、调查时间

(一) 准备阶段(11月上旬起两周)

1. 10日电话访谈，初步了解各方面人士，尤其是南市区业内人士对封城经营的看法。

2. 11月10～11日拟制居民入户调查、消费者拦截式调查、经营管理者调查问卷表。

3. 11月12日开题会，研讨是否封城经营问题，并修改问卷调查表。

4. 11月15日调查人员培训(两小时)，问卷印制。

(二) 调查实施阶段(11月中旬起一周～10天)

1. 平时、双休日客流调查：

- 11月16日(星期二)组织10名调查员开展调查
- 11月20日(星期六)组织12名调查员开展调查

2. 消费者拦截调查：

- 11月16日(星期二)组织10名调查员开展调查

- 11月20日(星期六)组织12名调查员开展调查

3. 居民入户调查:

- 11月16~20日组织5个班学生对全市各区、各阶层市民400户作入户问卷调查
- 11月17~20日3天对豫园周边居民100户作入户问卷调查

(三) 资料分析阶段(11月下旬一周)

1. 问卷统计分析。
2. 书面资料汇总分析。
3. 讨论调查心得、整理归纳。

(四) 报告撰写阶段(12月上旬一周)

1. 报告撰写、修改。
2. 打印、装帧。

(资料来源:上海西克商务咨询有限公司)

案例分析

AC尼尔森在中国如何做市场研究

一、AC尼尔森简介

1923年,阿瑟·C·尼尔森在美国创建了AC尼尔森(A. C. Nielsen)市场调查公司。70多年后的今天,AC尼尔森已发展成为全球领先的提供市场研究、资讯和分析服务的专业公司。在全球,AC尼尔森现拥有雇员21 000名,年财政收入达16亿美元,服务对象包括消费品行业、服务行业、政府和社会机构。在全球100多个国家,有近9 000家客户依靠AC尼尔森的专业人士来监控市场动态、了解消费者的态度和行为,以及形成能促进销售和增加利润的战略性分析与洞察。2001年2月16日,AC尼尔森和VNU公司完成了一项作价23亿美元的并购计划,产生了一个新的领导全球的市场与媒介资讯公司。这项合并大大加强了AC尼尔森在市场资讯和媒介资讯提供方面的实力。

AC尼尔森是最早进入中国市场的世界著名市场调查公司。自1984年开始,AC尼尔森就对中国消费者和发展迅速的中国市场进行了深入的研究。据业内人士介绍,AC尼尔森之所以较早进入中国市场,主要是源于客户的需要,因为许多早期进入中国的跨国公司都是AC尼尔森的老客户,进入中国时它们仍然需要AC尼尔森高质量的市场研究服务来帮助了解中国市场。所以在中国,它的服务对象几乎是清一色的全球著名跨国公司。

如今,AC尼尔森已成为中国最具规模的市场研究公司,在北京、上海、广州及成都设有办事处,拥有超过600名员工的规模。AC尼尔森的专业人士经验丰富,具有广泛的市场研究、销售和零售业背景,他们熟知每一个市场研究环节,从统计和信息处理、先进软件的开发到发展客户业务。公司的宗旨是提供市场洞察,帮助客户制订以事实为依据的市场策略。通过使用开放的系统、一致的研究方法和最高的质量标准,以及"坦诚、正直"的核心价值观,AC尼尔森优质的服务水平逐渐成为市场研究行业的标准。

二、在中国的服务项目

AC尼尔森的信息服务策略性地将从概念到最终消费的各个环节紧密联系起来,使

客户更好地理解每个有利于业务成功的关键问题，包括“谁”、“什么”、“多少”、“何时”、“何地”等。先进的分析能力更能深入解答“为什么”的问题，并能预测商业决策的改变可能对市场产生的影响。凭借在中国17年的调研经验，AC尼尔森积累了关于中国消费者的态度和动机、消费习惯、品牌偏好、媒介消费模式等方面的研究优势，并在零售、专项、媒介监测等三个核心领域为客户提供全面的、颇具战略价值的信息和洞察。这三个领域已成为AC尼尔森在中国的主要服务项目。

1. 零售研究服务

过去的70多年里，AC尼尔森一直是非耐用消费品制造商和零售商在资讯和分析方面的首要供应商。秉承这个传统，从1992年开始，AC尼尔森在中国提供对消费品销售的连续性追踪研究，迄今，在中国的零售研究业务已增长了10倍。目前，AC尼尔森零售研究覆盖了全国主要城市和城镇的50多类非耐用消费品，涵盖食品、家庭用品、健康及美容品、耐用品、糖果及饮料等产业，并汇集成完整的行业资料库。尤其在食品及药品行业，AC尼尔森的食品及药物指数成为行内量度及了解产品销售行情的标准指标。

AC尼尔森的零售研究服务注重观察整理影响销路的各项因素，包括市场结构、产品分销、存货量、缺货、定价策略、品牌及推销方式。基于事实，AC尼尔森提供实际可行的建议，让管理人员有效实行类别管理。这种世界级顾客服务宗旨和高质素的服务水准为客户带来了强大的资讯优势，使它们能够针对迅速变化的消费品市场作出商业投资和战略决策。

2. 专项研究服务

AC尼尔森曾在中国100多个城市进行专项研究，内容包括产品、价格、消费者、行业、渠道、广告、品牌等众多营销领域，如2001年度对中国7个城市居民购物习惯调查报告、中国人最推崇的洋品牌排行、中国茶饮料市场调查报告等。AC尼尔森的专项研究服务，运用单项和连续的定性、定量分析，针对国内地域文化的不同而描述出形形色色的消费者态度及行为模式，并提出实际可行的战略、策略建议，如定价策略、消费者类型、品牌定位、新产品概念、产品线等。

3. 媒介监测研究服务

AC尼尔森是中国和全亚大地区媒介研究的先驱。早在1996年，AC尼尔森就在中国采用先进的电子个人收视记录仪来获取电视收视率数据，调查的结果已经成为媒体和广告行业的通用指标。此外，AC尼尔森还进行长期的报纸杂志读者调查、广播电台听众调查、互联网受众研究和广告费用监测，其媒体研究结果已积累成素材丰富的广告媒体库，可随时为各类产品提供广告媒体组合策划。目前，AC尼尔森广告媒体监测服务覆盖全国300多个城市的1 000个电视频道和300多份报纸杂志，覆盖了相当于全国超过60%的广告市场。

三、研究方法及流程

AC尼尔森研究方法科学全面，包括单项和连续的定性、定量分析。作为亚太区内最大的定性研究机构，AC尼尔森透过深入面谈和小组讨论，让客户清楚掌握它们顾客的真正需要。同样，AC尼尔森的定量研究服务也以设计严谨、准确度高，而享誉中国及整个亚太区。

针对不同的客户需求，AC尼尔森度身定做不同的研究方案。针对普通的研究需求，AC尼尔森有一套国际认可的独创研究工具和方法论，用来提供广泛的标准化数据；如果研究要求比较特殊，就有必要针对特定市场专门设计研究方案。通常情况下，研究是结合以上两者来开展的。

为使研究更具成效，AC尼尔森率先使用或开发了很多独创的研究工具。例如，“品牌追踪服务”让客户清楚如何发展和建立自己的品牌，懂得因地制宜，这是一项因适应中国市场情况而特别设计的服务；又如一套称为“顾客满意度研究”(customer's QTM)的管理系统，用于量度中国消费者的满意及忠诚程度，以协助质量管理。此外，还有预测新产品销售的BASES、测量品牌资产的优胜品牌(winning brands TM)、记录消费者收视行为的个人收视记录仪、帮助媒介决策的媒介测量分析软件，以及广告监测技术。其后，AC尼尔森的策略伙伴、国际知名市场调查机构尼尔森网络评级公司(Nielsen/Net Ratings)获中国政府批准，自2002年起可在中国从事互联网调查，从而成为全球首家及唯一获中国政府正式核准的消费者网上行为调查服务机构。新的网络调查方式使AC尼尔森在中国网络调查市场领域成为领导者和权威。

四、若干特色研究简介

以下简单介绍AC尼尔森的三个有特色的市场研究项目。

(一) 广告研究服务

AC尼尔森的广告研究服务向广告主、广告代理商和媒介主提供有关电视和平面广告花费模式的最新资料，使他们能够准确了解自己产品的广告活动和广告花费模式；研究竞争对手的广告活动和广告花费模式；协助媒介主评估对手的成绩和识别潜在的客户。

广告研究服务监播所有在电视及报纸杂志投放广告的商品，至1999年已有超过13万个品牌在AC尼尔森的品牌库内，覆盖超过750个电视频道，并在110个城市为313个电视频道做连续监播，同时覆盖近330份报纸杂志的广告活动。在AC尼尔森监播范围内，平均每月播出的广告量达150万条，最终提供9种类型的报告。

1. 详尽广告消费报告

提供详细的广告播出情况，可以每日提供数据。

2. 总结广告花费报告

提供品牌于每月/每季度/每年在每个频道或报刊的广告投放量、费用及次数数据资料，同时也供应广告消费年结报告。

3. 分析软件(Ad quest)

除了以上各种报告形式外，所有广告投放数据还能在视窗环境下，以Ad quest分析软件运行使用。Ad quest可根据客户要求只针对某些品牌或电视频道做出各种不同种类的报告格式，详尽报告及汇总报告均可。

4. 特快监播(express monitoring service)

特快监播报告能于客户的广告播出后48个小时内提供，以便帮助客户以最快的时间得知所计划的广告有没有按时播出。

5. 广告库(Ad bank)

这个独一无二的广告库为用户提供电视和平面广告资料。对于评估充满竞争的广告极富宣传价值，同时也是了解市场风格的一个参考。

6. 户外广告报告(outdoor monitoring)

覆盖全部常规城市，报告内容包含广告板创意、载体、位置、尺寸、方向和估计广告费用。

7. 多媒体广告研究系统(multi-media Ad EX)

以先进的广告研究系统提供广告花费、广告项目与策略的精确评估,同时结合广告片创意,帮助客户达到广告目的,提高广告效率,树立品牌形象。

8. 网上报告传递(internet report delivery)

利用先进的科技设备提供既快捷,又富弹性的报告传递方法,并按客户需要特别设计不同的报告格式。

9. 创意研究(storyboard)

能将电视广告主题翻译成文字,为客户提供报告分析用途。

(二) 中国新世纪调查报告

《AC尼尔森中国新世纪调查报告》是营销人员、广告主、媒体主和广告代理商了解中国消费者必不可少的工具。中国新世纪调查报告的主要内容可以灵活组合,以满足营销人员和广告商的不同需要。AC尼尔森既可以不同软件形式提供整个数据库,也可以提供具体城市的消费者或个别产品和服务的资讯。中国新世纪调查报告主要分为四部分内容。

1. 中国新世纪调查报告——品牌与生活方式

提供产品和服务的购买和消费资讯,帮助客户识别主要消费群体,进行市场划分,从而推行准确的市场营销活动。将品牌信息与消费态度、意见、动机,生活习惯和媒体使用习惯相结合,深入了解消费者。

2. 中国新世纪调查报告——购物习惯

了解消费者购物习惯,以便选择正确的销售渠道,制订有效的销售计划和设计合适的广告促销活动。

3. 中国新世纪调查报告——媒介指标

就目标消费者对报刊、电视、广播、互联网、有线电视及卫星电视等媒体的接触情况提供详尽资料,包括某产品和品牌用户的规模、特质及媒体习惯的信息,帮助确定最有效的成本和宣传渠道。

4. 中国新世纪调查报告——目标研究

让客户随时随地加入想知道的问题。

(三) AC尼尔森电视收视率调查

AC尼尔森电视收视率调查,可以协助广告商和广告代理商具体分析、评估各种媒体企划方式与媒体选择所形成的广告效果;而电视单位,则可根据节目与时段表现,决定广告价目、调整节目制播策略。AC尼尔森就中国的观众收视习惯提供24小时、全年无休的调查。

1. 个人收视记录仪技术

AC尼尔森透过先进的个人收视记录仪(peoplemeter)搜集收视数据。将个人收视记录仪安装在其母体代表性的样本户家中,24小时自动记录观众观赏电视、录像,以及所有转台行为。收视调查能如实反映样本户家中每一台电视机的使用,同时覆盖所有无线台、有线电视、卫星电视收视和电子游戏机的使用状况。个人收视记录仪在中国内地的覆盖包括:上海、广州、北京、成都、武汉、沈阳、南京、杭州、福州、天津等城市。

2. 数据范围

提供所有本地电视台的收视数据,并不断增加可提供有线及卫星电视数据的市场。数据可以报告或电脑软件形式呈交客户,后者让客户可直接进行各种分析,如特定时段、每半小时或每分钟按广告时间、节目单元或节目种类进行分析。

AC尼尔森还可以从人口结构的角度表现各目标群体的收视习惯，包括由年龄、性别、收入、教育程度、职业、工作状况、家庭结构和社会经济地位等方面，对有关节目、广告触达率和收视时间多寡等进行多项分析。

（资料来源：AC尼尔森中国 http://cn. acnielsen. com/site/index. shtml）

案例思考题

1. 分析AC尼尔森关于中国消费者的资料积累和研究优势，分析AC尼尔森在中国三个核心领域的主要服务项目。

2. 分析AC尼尔森的零售研究服务特色、广告研究服务特色和电视收视率调查方法。

练习与思考

（一）名词解释

行业　调查方案　市场调查机构　完全服务公司　有限服务公司

（二）填充题

1. 所谓调查项目的测定，其实就是__________的明确。
2. 工业企业的实地考察重点一是__________，二是__________。
3. 行业情况的初步了解一是__________，二是__________，三是__________。

（三）单项选择题

1. 行业一般是指其按生产同类产品或具有相同工艺过程或提供同类（　　）划分的经济活动类别，如批发和零售业、机械行业、交通运输业等。
   A. 劳动服务　B. 管理工作　C. 行业性质　D. 经济活动
2. 进行市场调查，首先要明确调查的是（　　）。
   A. 目标　B. 计划　C. 战略　D. 策略
3. 调查计划书标题简单的组合模式是（　　）。
   A. 地名＋调查内容＋名称　B. 时间＋地名＋调查内容＋名称
   C. 时间＋调查内容＋名称　D. 内容＋名称

（四）简答题

1. 简述企业制定经营战略和营销策略时，市场调查计划的不同点、市场调查包括哪些主要内容。
2. 简述商业服务业企业的考察重点有哪几个方面。
3. 制订计划时，对周边环境的把握要点是什么？
4. 民营专业调查公司的优势和劣势是什么？

（五）论述和实践题

1. 联系调查实际，论述市场调查项目测定的三大环节。
2. 分析各种市场调查机构的特点及选择策略。
3. 按照实践内容，撰写一份调查计划。

第三章

问卷设计

学习目标

学完本章，你应该能够理解、分析和掌握：

1. 理解问卷调查的方法在市场调查中的作用；
2. 理解问卷类型，根据具体情况选择适当的问卷类型；
3. 掌握问卷中问题的类型及问卷设计的方法；
4. 理解问卷设计中应该遵循的原则；
5. 掌握问卷及表格设计中需要注意的事项；
6. 理解问卷测试的方法。

基本概念

调查问卷　是非题　顺序题　测量量表　评分量表　顺序量表

第一节　问卷设计是市场调研的基础

问卷又称调查表，它是调研人员事先根据调查的目的和要求所设计的、由一系列问题组成的调查项目表格，是用来搜集调查资料的一种常用工具。

问卷也是数据搜集方法中重要的一部分，它将回答用统一的方法记录下来，便于数据的分析。

一、编织好搜索捕取素材的网

在调研过程中，大多数调查方法都要事先设计问卷，并使用问卷进行调研。因此，问卷设计是市场调研中难度最大，也是最重要的部分之一。问卷设计得是否完善、是否切合实际，将直接影响到市场调研的效果。一份好的问卷就是一张获取素材的网。

问卷提供了标准化和统一化的数据搜集程序。在市场调研过程中，由于问卷系统地记载了需要调研的问题和调查项目，反映了调查的具体内容，规范了调查的具体程序，从而起了“备忘录”的作用。尤其是在几个调研人员同时工作的情况下，问卷能够保持调研进行的一致性。只要被调查者有一定的文化水平和语言表达能力，就能完成问卷。如果没有问卷，被调查者的回答可能受到调查人员用词的影响，而不同的调查人员会以不同的方式提问，这将导致搜集的资料精度下降，进一步影响调查报告的质量。

问卷调查便于计算机对资料进行统计处理和定量分析。问卷设计不仅将人们实际的行为以提问和回答的方式设计出来，而且还可以将人们的态度、观点、看法等定性的认识转化成定量的研究。这样，便于使研究者除了对被调查者的基本状况有一定的了解外，还可以对各种现象进行相关分析、回归分析和聚类分析等。若没有问卷，对不同被调查者进行有效比较的基础就不存在了。

问卷调查还可以节约调查时间，提高调查效率。由于许多项目设计成被调查者以选择答案的形式回答，调查人员对被调查者只需稍作解释、说明意图，被调查者就可以回答问卷。这种形式使得被调查者能在较短的时间内回答更多的对研究者有用的信息，而且不需要访问人员做大量记录，因此调查的内容就更全面、更准确地反映被调查者的想法、观点和行为。

当然，编写一份好的问卷绝非一件易事。一个好的选题，以及如何才能达到调研的目的，乃至问卷中问题的措辞用句都是非常讲究，这需要我们有十分丰富的素材积累。在信息爆炸的时代，我们需要养成善于观察总结学习的习惯，平时做一个有心人，搜集对我们有用的信息，通过书籍、报纸、互联网（企业网站、搜索引擎）、人际交往、会议、电视、各种媒体等多种渠道获取各种有用的信息，激发我们的灵感。

二、问卷类型

问卷设计必须与调查目的和要求、调查主题、调查对象，以及调查方式等相适应，因此需要根据不同的研究问题、对象和方式选择适当的问卷类型。

1. 根据调查方式的不同

可分为派员访问调查问卷、电话调查问卷、邮寄调查问卷、网络调查问卷和座谈会调查问卷等。要根据采用方式的不同的特点，选择设计问卷的问题。

2. 根据问卷的填答方式

可分为自填式问卷和代填式问卷。自填式问卷是由被调查者自己填答的问卷，主要适用于邮寄调查、宣传媒体发放的问卷调查、网上调查，以及派员送发问卷调查等；代填式问卷是由访问员根据被调查者的口头回答来填写的问卷，主要适用于派员访问调查、座谈会调查及电话调查等。

这两类问卷的使用者不同，自填式问卷由被调查者使用，代填式问卷则由经过专业培训的调查员使用，所以两类问卷在具体结构、问题类型、措辞及版式等方面都会有所不同。一般来说，自填式问卷要求格式清晰、问题简单、说明详细，侧重于被调查者能够并正确理解和填答问卷；而代填式问卷，则更注重问卷的实地处理。

3. 根据问卷的问题类型

可分为结构式问卷和开放式问卷。结构式问卷也称封闭式问卷，是指问卷中不仅设计了各种问题，还事先设计出一系列各种可能的答案，让被调查者按要求从中进行选择，这种问卷适合于规模较大的调查。开放式问卷又称无结构式问卷，是指问卷中只设计了询问的问题，不设置固定的答案，由被调查者可以自由地用自己的语言来回答和解释有关想法。

4. 根据是否使用纸张

可分为传统问卷和网络问卷。传统问卷是指目前在一些传统方式（如面访调查、邮寄信函调查、电话及媒体刊载问卷）进行的调查中，仍在大量使用的纸质问卷；网络问卷是指随着电子计算机和互联网技术的发展而出现的，网上调查所用的无纸化问卷。

三、问卷的结构

一份问卷大致上可以由以下几部分内容构成。

(一)开头部分

1. 标题

标题要简单而明确,指出“关于＊＊＊的调查问卷”。

2. 问卷编号

问卷编号主要用于识别问卷、访问员、被访者地址等,可用于检查访问员的工作,防止舞弊行为,便于校对检查、更正错误等,便于分类归档和统计,或便于计算机处理。若被调查对象较少,可以不用编号;但若被调查对象数量比较多时,需加编号。

3. 问候语

问候语是向被调查者说明调查的意图,以及问候致谢语等,以便于被调查者了解,消除他们的顾虑,争取他们的积极合作。因此,问候语语气应该亲切、诚恳、有礼貌,内容要能交代清楚调查目的、调查者身份、保密原则,以及奖励措施等;同时,不能拖沓冗长,引起被调查者的反感。

4. 填写说明

填写说明目的在于规范和帮助被调查者对问卷的回答,向被调查者说明填表须知及填写方法,交表时间、地点等。如果问卷中的问题类型比较单一,填写说明可以集中放在问卷前面,也可以分散到各有关问题之前。尤其对于自填式问卷,填写说明一定要详细、清楚、醒目;否则,被调查者可能回答错误,引起数据偏差或误差。

(二)甄别部分

在进行问卷调查时,只有合格的应答者回答的问卷,才可能对调查者数据的收集有帮助。怎样才能识别合格的应答者呢?通常会在问卷较前位置设计一些甄别问题来过滤不合格的应答者,即问卷的甄别部分。甄别部分通常会设计一些简单的排除性问题,即过滤性的问题。为了保证问卷的有效性,需要这些问题来确定目前的人士是否是进行此次调查的对象。

[例] 一份关于产品广告测试的研究问卷

甄别问题是:

请问您或您的家人是否有在以下行业工作的呢?

广告公司 …………………………………………………… 1
公共关系公司 ……………………………………………… 2
市场推广,促销机构 ……………………………………… 3
市场研究公司 ……………………………………………… 4
化妆品/美容产品生产 …………………………………… 5
电台/电视台/报纸/杂志等机构 ……………………… 6
党政机关 …………………………………………………… 7
银行业 ……………………………………………………… 8
汽车业 ……………………………………………………… 9
以上均无

1～8 终止访问　9～11 继续访问

上述甄别问题说明，在1～8行业工作的人士不是此次调查的对象，在调查初期就予以排除，在一定程度上保证了问卷的有效性。

(三) 问卷正文

这部分内容是问卷的主体和核心，问卷正文中的问题需要始终围绕调查目的展开。

(四) 附录

附录部分的内容可以用如下几个方面：

(1) 有关被调查对象的个人档案，如年龄、性别、收入等。这部分内容也可因需要列入开头部分。

(2) 再次致谢。

当然，问卷也可以不设附录，完全按照需要来考虑设置或不设置。

以上四个部分可以不用“第几部分”这样的字眼进行区分，只要在内容上或在排版上加以区分即可。

四、问卷设计的原则

问卷设计是一门科学，同时具有较强的艺术性。在设计问卷时，要求设计者具有一定的技巧性、灵活性和创造性。虽然问卷类型、问卷内容各异，不同设计者也有不同的设计风格，但都需要满足问卷设计的根本要求，即在一定成本下获取最小误差的有效数据。这一要求体现在问卷设计的四个基本原则上。

1. 功能性原则

功能性原则是问卷设计最基本的原则，即实现问卷的基本功能，达到规范设计和满足调查客户需求的目的。

2. 可靠性原则

所谓可靠性原则，是指作为数据搜集工具的问卷，应保证数据在一定的条件下维持稳定性。具体来说，即由于调查者、被调查者和调查环境的不同，都可能引起数据波动，问卷应具有一定的稳健性，以减少这三方面干扰对数据质量的影响。

3. 效率原则

在遵循功能性原则和可靠性原则的前提下，问卷设计应保证最大效率原则。简单地说，就是在保证获得同样信息的条件下，应选择最简捷询问方式，以使问卷的长度、题量和难度最小，节省调查成本。

4. 可维护性原则

问卷的设计往往不是一次性完成，好的问卷需要经过反复修改和检验，待错误全部修正之后，再正式开展大规模的调查。一份便于修正的问卷应当结构清晰，不同的调查项目之间有明确的界限，当一个项目的内容需要调整时，不会影响到问卷的其他部分。此外，还要注意问卷的标准化。

五、问卷及表格设计中需要注意的事项

1. 目标明确

问卷中的每一个问题应该始终围绕调查对象和调查主题展开，不应涉及与本次调查无关的内容。否则资源浪费，而且达不到调查的目的。

2. 结构完整

问卷中除了问题是问卷的主体外，其他诸如问卷编号、填写问卷说明等对调查均有一定的作用。因此，在设计问卷时，根据需要认真考虑问卷应该涉及的内容，否则影响问卷搜集信息的完整性和真实性；有些内容的缺失有可能导致问卷调查过程不够顺畅，如填写说明的缺失。

3. 问题的措辞有利于搜集真实信息

问卷的主体在于围绕调查目的展开的问题，而问题设计的质量高低直接关系到调查得到的信息的真实性与完整性。因此，问题的措辞设计上应遵循以下原则。

(1) 问题的措辞用句应符合被调查者的理解能力。

(2) 问题应该使用被调查者所熟悉的词语。

(3) 问题应尽量简短。

(4) 问题尽可能地使用单句。

(5) 要对问句确定界限，问题不要问得过大、过于笼统。

(6) 一个问题只应包含一个要点。

(7) 不应该使用诱导性的问句。

(8) 提问时，应该注意被调查者的个人隐私。

(9) 问题不应该要求被调查者通过推断来猜测。

4. 问题的顺序合理

问卷结构需具有顺序性及逻辑的连续性，究竟如何安排问卷中问题的顺序呢？一般应注意以下几点：

(1) 先易后难，先熟悉后生疏。

(2) 先封闭型问题，后开放型问题。

(3) 先一般性问题，后敏感性问题。

(4) 先行为资料、态度资料，后个人基本资料。

(5) 专业性强的具体细致问题应尽量放在后面。

(6) 对相关联的内容应进行系统的整理，使被调查者不断增加兴趣。

(7) 按逻辑顺序排列：从时间上要由远到近(或由近到远)；由浅入深地按思维逻辑顺序排列；按具体内容分门别类模块化设计，即每个模块由若干道问题构成。

5. 问卷长度适中

问卷长度应适中。对于拦截式调查，问卷的长度应控制在15分钟之内，过长应考虑适当的删减。对于电话式调查，应控制在20分钟之内。对于入户访问，如果超过45分钟，也应当给应答者提供一些有吸引力的刺激物，如现金、小礼品等。

6. 排版打印

问卷的版面格式将影响调查者询问，或被调查者答题时的意愿或情绪，从而影响调查的质量。确定问卷的版面格式应注意以下几点：

(1) 问卷外观要整齐清楚，注重纸质及印刷质量，低档的纸张和粗糙的印刷会引起副作用。

(2) 适当的图案或图表会调动被调查者的积极性。

(3) 问卷应有足够的空间供被调查者填写答案用，同时考虑数据处理的方便性。

(4) 重要的地方要加以强调，以引起被调查者的注意。

(5) 避免将一个题目印到两页，各个题目之间应有一定的间隔，以增加可读性。

(6) 问卷应装订在一起，防止数据丢失。

第二节 问题设计的类型

问题的类型是指研究者设计用什么方法，让被调查者表示其意见或圈选其答案。问题的形式主要有两种：封闭题型和开放题型。封闭题型是指被调查者不能太随意地表达自己的意图，答案的选项已经限定在某种范围内，备选答案的选项已经给定，被调查者只需作出某些选择，即可表达自己的看法或意见，但回答者能够表达自己更为开放的信息的自由空间很小。开放题型指答案的结果事先是不确定的，问卷设计者给予被调查者自由回答的空间。具体地讲，问卷中的问题类型有如下几种。

一、是非题及其变型

1. 是非题

是非题又称二项选择题、真伪题或二分题，属于封闭式的问题，是指提出一些非此即彼的问题，让被调查者从两个答案中选择一个进行回答的提问方法。这样的问题，答案多分为："有"或"没有"，"是"或"否"，"有"或"无"，"对"或"错"等。这两种答案是对立的、互斥的，如"您家有冰箱吗?"，答案只能是"有"或"无"。

2. 是非题的变型

在现实中，当被调查者对一些问题的看法并不确定的情况下，有时往往存在一种中间状态，用传统的是非题中的"是"或"否"已不能准确地表达被调查者的看法。因此，在非此即彼的两端设置了一种表示中间状态的答案，这种题型称之为"是非题的变型"。

[例] 你父亲的职业：(1) □无 (2) □有 请填写________ (3) □不知道

其中"不知道"即是表示一种中间状态的答案。

二、选择题

选择题属于封闭题，是指设计问卷时，对一个问题给出两个以上的答案让被调查者从中选择进行回答。根据要求选择的答案多少的不同，又有三种类型。

1. 单选题

单选题是要求被调查者对所给出的多项问题答案只选择其中的一项。

[例] 请问贵单位所用软水剂是下述何地产品？只可以从以下答案中选择一个答案，请在答案旁边的□内打"√"表示回答。

A. 北京□　　B. 天津□　　C. 上海□

D. 南京□　　E. 安徽□　　F. 其他□

单选题对于了解调查对象最关注的问题，有很好的效果。问题在设计问卷时，应该把初步调查时获得的可能的答案，尤其是回答概率比较高的答案，都尽可能地写在调查问卷上，避免因为被调查者找不到心目中的答案而放弃回答。

2. 多选题

多选题是属于比较复杂的封闭类题型，它要求被调查者从调查问卷设计的若干答案中，选择多个答案的提问方法。一般情况下，都事先规定了可以选择答案数目。

［例］ 您购买商品房屋的原因是：（可以选择3个或3个以下答案，请在答案旁边的□内打√表示回答）

A. 退休后颐养天年享受生活□　　B. 过高级生活□
C. 解决目前居住紧困状况□　　D. 改善居住环境□
E. 实现自己的人生理想□　　F. 追求美好景色□
G. 改善儿女教育环境□　　H. 储物保值增值□
I. 其他原因□　　J. 说不清楚原因□

多项选择可以区分被调查者在态度上的差异程度，而成为调查者设计问卷常用的方法之一。但多项选择题在设计时要注意以下几个问题：① 要求在设计选项时，考虑全部可能出现的结果，且答案不能重复或遗漏。而对于在回答项目中可能设计者不能表达被调查者所有的看法时，可在问题的最后设“其他”项目。② 要注意答案必须互相排斥。在设计答案时，一个问题所列出的答案必须互不相容、互不重叠，否则被调查者有可能作出双重选择。③ 答案选择不能太多，当样本有限时，答案太多，容易使结果分散，缺乏说服力。而且所列选项不能太长，否则应答者可能会被搞糊涂或失去兴趣。一种克服的方法是向应答者出示卡片或与他们一起读下去。

3. 顺序题

顺序题是在多选题的基础上发展出来的一种类型题，是指不仅要求被调查者选出答案，而且要求被调查者对答案进行重要性排序。

［例］ 请挑选下面属于“您购买商品房屋的原因”的题序号码，填写在下面的括号内，并且用符号“>”表示您对“原因”重要性的排列。最关注（最重要）的排在最前面，次关注的排在次前面，最不关注的排在最后面，并且用“>”进行连接，最少需要进行3个以上原因的排列。

（　　）>（　　）>（　　）>（　　）>（　　）

A. 退休后颐养天年享受生活□　　B. 过高级生活□
C. 解决目前居住紧困状况□　　D. 改善居住环境□
E. 实现自己的人生理想□　　F. 追求美好景色□
G. 改善儿女教育环境□　　H. 储物保值增值□
I. 其他原因□　　J. 说不清楚原因□

三、矩阵式和表格式选择问题

在调查问卷设计中，为了使得问题相对集中，便于被调查者回答，或为了节省问卷篇幅，有时将几组类似或关联的问题以矩阵或表格的形式出现。对于被调查者来说，矩阵式和表格式的问题答题要求相对较高。因此，对于这些问题，往往需要专门编写“问卷填写说明”指导被调查者如何填写。

1. 矩阵式选择题

即一种将同一类型的若干问题集中在一起，以矩阵的形式构成一个问题的表达方式。其优点：一是可以节省问卷的篇幅；二是同类问题由于回答方式一致，可以节省被调查者回答问卷的时间。

［例］ 你觉得下列现象在你们学校是否严重？请在每一行适当的方框内打上“√”。

	很严重	比较严重	不太严重	不严重	不知道
1. 迟到					
2. 早退					
3. 旷课					

2. 表格式选择题

表格式的问题其实是矩阵式问题的一种变体，是将同一类型的若干问题，以表格的形式构成一个问题的表达方式。表格式问题简明、集中，而且比矩阵式更显整齐醒目。但是，一份问卷中如果使用太多，就会使人产生呆板、单调的感觉。

［例］ 你觉得下列污染在你所在的城市是否严重？请在每一行适当的方框内打上“√”。

	很严重	比较严重	不太严重	不严重	不知道
1. 灰尘					
2. 噪音					
3. 污水					

四、测量量表

对于相同的产品，不同的消费者会有不同的看法，在态度上和情绪上有不同的倾向性。因此，很多企业和市场调研机构都非常重视对调查对象的态度和情绪的调查。用数量的方法对调查对象的感觉、认识、意见和态度进行测量的方法叫态度测量法。

测量量表，即态度量表是用预先设计好的语言、记号、数目和记分，进行态度测量的一种表格式的心理测量工具。测量量表也是封闭题的一种形式。具体来讲，测量量表有以下几种类型。

(一) 情绪量表

情绪量表也称类别量表，是指把调查对象对某个产品的态度和倾向性情绪，用一种可以区分的语言和表格表示出来，使调查对象的态度更加明确的调查测定方法。情绪量表只能对调查对象的态度进行定性调查和分类，不能进行统计和运算。

1. 可以用两个等级的语言表达情绪

［例］ 您认为哪句话更能够表达您对某品牌的态度？请在答案下面的□打“√”表示回答。

1. 喜欢□　　2. 不喜欢□

2. 可以用 3 个等级的语言表达情绪

［例］ 您认为哪句话更能够表达您对某品牌的态度？请在答案下面的□打“√”表示回答。

1. 喜欢□　　2. 无所谓□　　3. 不喜欢□

3. 可以用 5 个等级的语言表达情绪

［例］ 您认为哪句话更能够表达您对某品牌的态度？请在答案下面的□打“√”表示回答。

1	2	3	4	5
很喜欢	喜欢	无所谓	不喜欢	很不喜欢
□	□	□	□	□

当然，也可以用 7 个，乃至更多的等级差别语言进行调查和提问。

(二) 评分量表

评分量表是把评比态度和分数结合起来，用分数表达调查对象对于某个具体商品或事物态度的测量方法。评分量表不能进行运算，但可以进行统计。具体方法有以下两种。

1. 单一对象评分量表

单一对象评分量表，是指凭调查对象的主观感觉对一个调查内容进行打分的态度量表，调查表格中的分数是不成比例、不对应的。

［例］ 如果把您最喜欢的产品定为5分，给您最不喜欢的商品打1分，那么您会给某产品打多少分呢？请在答案下面的□内打"√"表示回答。

1分	2分	3分	4分	5分
□	□	□	□	□

2. 单一对象等距量表

单一对象等距量表，是指从+5分到−5分的等距离对应的形式，表达调查对象对于某个具体调查内容态度的态度量表。

［例］ 如果用+5分表示您最喜欢的产品，用−5分表示您最不喜欢的产品，那么您会给某产品打多少分数？请在答案下面的□内打"√"表示回答。

−5分	−2.5分	0分	2.5分	5分
□	□	□	□	□

（三）顺序量表

用数字表示调查对象对各种事物的态度在顺序上的关系的调查表格叫做顺序量表。它实际上是把顺序题进行量化，或者表格化的一种提问方法。

［例］ 在您的生活中，您认为最重要的或最担心的给5分，次重要或次担心的给4分，再次重要或再次担心的给3分，不最重要或不担心的给2分，最不重要或最不担心的给1分。认为重要性相同的可以写相同的权数数字。请选择以下列出的答案，可以选择全部答案，但是至少要选择3个答案。请在答案旁边的□内写上权数数字符号表示回答。

A. 收入高且有保障□　　B. 有病能够保证医治□
C. 保障孩子有钱读书□　　D. 干自己想干的事情□
E. 实现人生最大理想□　　F. 家庭和睦儿孙孝顺□
G. 知足常乐心情愉快□　　H. 社会安定生活好□
I. 环境清洁空气清新□

（四）语义差别量表

语义差别量表是由查尔斯·奥斯古德等人研究出来的。语义差别量表是用成对的反义形容词来测试回答者对某一事物的态度。它可以迅速、高效地检查产品或公司形象与竞争对手相比所具有的长处或短处。具体做法如下：将被测量的事务放在量表的上方；然后，将对该事物加以描述的各种反义形容词列于两端，中间可分为若干等级，每一等级的分数从左至右为：7、6、5、4、3、2、1 等，由调查对象按照自己的感觉在每一量表上适当的位置画上记号。

［例］ 以鲜花店为目标让被调查者来评价 A、B 两店的情况，语义差别量表如下：

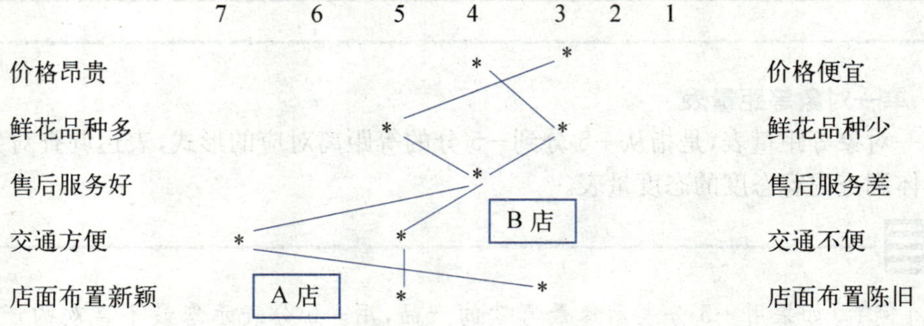

通过语义差别量表，可以得出结论，除了店面布置要改进外，A 店比 B 店其他指标都好，即从总体综合指标看，A 店比 B 店强。

（五）李克特量表

李克特量表（由 R. A. Likert 于 1932 年提出）是由一系列能够表达对所研究的事物是肯定，还是否定态度的问题所构成。要求被调查者回答对每一问题同意或不同意的程度。每一位被调查者所选择的答案都给予一个分数，以便反映他对每个问题同意或不同意的程度。然后，将这些分数加总起来，就可以测定被调查者的态度。

［例］ 要了解舞厅出入者和上夜校的人对工作、生活、学习等的态度，就可以设计以下的肯定或否定的语句量表。

调　查　项　目	完全同意	同意	无所谓	不同意	完全不同意
我能胜任现在的工作	5	4	3	2	1
我不在意工作中的表现	1	2	3	4	5
学习知识对于找工作没有多大的用处	1	2	3	4	5
拿文凭可以改变工作环境	5	4	3	2	1
看书实际上完全是为了消遣	1	2	3	4	5
下班以后应该好好轻松	1	2	3	4	5
我对自己未来的目标有明确的考虑	5	4	3	2	1
我独自能干出一番事情	5	4	3	2	1
……					

> 通过计算总分，可以发现舞厅出入者和上夜校的人对工作、生活、学习等的态度是不是真的存在差异，以及差异是否显著等。

五、问答题

问答题即开放题。由于这种类型的题目可以让被调查者针对问题的主题畅所欲言，表明自己的看法和观点，如“您对国产彩电的质量有何看法?”在问卷设计过程中也经常使用。

1. 问答题的主要优点

(1) 由于没有固定答案，被调查者可以充分表达自己的意见和看法，有利于发挥被调查者的主观能动性。

(2) 适用于潜在答案很多，或者答案比较复杂，或者尚未弄清楚各种可能答案的问题。

(3) 可以避免选项对被调查者的诱导。

(4) 适用于征求建设性的意见和建议。

2. 问答题的主要缺点

(1) 标准化程度低，难于进行定量整理和分析。

(2) 对被调查者所具有的文字表达能力有一定要求。

(3) 受被调查者表达能力差异的影响，容易造成调查偏差。

(4) 对较复杂问题，容易遭到拒绝回答，因此问卷的回收率低。

第三节 问卷设计的技巧

一、通过初步调查形成概念

设计一份问卷不能闭门造车，要走出去，经过初步调查，才能发现有价值的问题。初步调查可以采用多种方法。调查小组可以深入被调查者的圈子了解问题，可以与他们交谈，通过观察、询问了解他们所处的环境，他们的思维方式、谈话风格，以及他们关心的问题。在这个过程中，可以根据平时搜集的资料，以及对被调查者的初步了解，先将一些拟调查的问题列出来，并且初步形成一些答案选项。

二、通过头脑风暴法形成卷子

一个人能力再强，都有其思维的局限性，都有思考不周全的时候，对于设计一份问卷，集体的力量、集思广益非常重要。要激发大家的灵感，无论对错都要说出自己的观点、多提问题，多从被调查者的角度提问题，才有利于形成一份好的问卷。进行一两次正式的或非正式的会议，确定被调查对象可能是消费者个人，也可能是企业员工，也可能是企业管理层，也有可能是政府官员。当一个人充当不同的角色的时候，因思考问题的角度不同，故思考问题的方式也不一样，对问题的理解也不同，因此设计问卷的时候集思广益相当重要。

三、经过反复修改定稿

俗话说，好的文章是改出来。一份好的问卷也不例外，一份问卷经过多次反复修改才可能成为一份好的问卷。修改问卷可以从以下几个方面进行：

第一，主要设计人自身对问卷的审核和仔细斟酌。

第二，一个问卷设计小组往往由多人组成，当问卷设计好以后，设计小组每个成员需反复推敲，斟酌每个问题的字句及设计的选项，尽可能地从被调查者的角度出发考虑问题，发现问卷中存在的问题。

第三，可以请一些专家审核问卷，并提出修改意见。专家包括涉及拟调查主题领域的专业人士，以及长期从事市场调查和问卷设计的专业人员，这些人士属于设计小组圈外的人员，可以从旁观者的角度发现问卷存在的问题。

第四，问卷经过初步修改后，可以先选择一部分被调查者进行小范围调查。除了了解被调查者对调查主题本身的看法外，更重要的是通过预调查充分发现问卷中存在的不足，以进一步修改完善。

第四节　实践指导

一、实践任务

要求学生以小组为单位，选择一个课题，根据课题要求和调研计划安排设计一份问卷。以问卷为主要工具，搜集完成课题所必需的第一手资料。

要求小组中的每位成员结合问卷设计的相关知识，并按照小组的调研计划设计一份问卷，问卷中至少设计10项与课题相关的调查内容，问卷要求能够准确地获取调研所需的第一手资料。之后小组成员共同讨论每份问卷，集思广益形成一份比较完整的问卷。如果有条件可以将设计好的问卷交给业内人士进行评价，听取意见后形成最终问卷作为小组调查所采用的问卷。

二、实践步骤

遵循问卷设计步骤是保证问卷质量的有效方法。调查问卷设计的步骤如下：

(1) 确定调研的主题。

(2) 确定调研目的。

(3) 搜集问卷设计的相关资料，问卷设计者可以通过查阅第二手资料搜集与课题有关的文献资料、相关问题的问卷资料；并采用访谈法或会议讨论法进行预调查，获得比较全面与课题有关的信息资料。

(4) 确定调研的具体内容。

(5) 根据调研的具体内容设计相应的问题。

(6) 确定问题类型。选择问题类型时，要考虑到问答时的方便性。

(7) 写出问题。通常情况下，一个问题只涉及一个项目内容。

(8) 斟酌各个问题的措辞，使得提出的问题符合被调查者的思维习惯。

(9) 确定问题的顺序和问卷的布局。

(10) 问卷草稿设计好后，组织相关人员对问卷进行评价，提出修改意见。

(11) 采用设计好的问卷进行小规模的事先调查。

(12) 根据审查预试的结果，再次修改问卷。

(13) 打印最终问卷。

三、实践要求

(1) 要求教师对调查问卷在企业实践中的作用,以及问卷的基本结构、调查问题的类型、设计程序及设计问卷的注意事项进行讲解和具体的指导。

(2) 要求教师提供"调查问卷设计"的范例,供学生操作参考。

(3) 要求每位学生都根据选定课题设计相关问卷,问卷要求设计至少 10 个问题。

(4) 要求小组成员一起评价各成员自行设计的问卷,并进行筛选、讨论、修改形成一份比较完成的问卷。

(5) 要求小组成员至少请一位业内人士进行问卷评价,进行修改后形成最终问卷,以便调查时使用。

四、实践内容

编写调查问卷。

五、实践范例

读者基本情况调查问卷

我们期待您填写的登记卡,您的回答将严格保密,并进入读者数据库。届时,您可在邮购图书时得到优惠(不但可以免邮寄费,更可享受书价的九折优惠)。你对所购书籍有任何意见,请另附纸张一并寄给我们公司,我们将十分感谢!

请在您选中答案的方框内打"√",或将您的答案填在横线上。

1. 姓名____________

2. 性别:□男　□女

3. 年龄:________岁

4. 您所在单位的行业:

□制造业　□咨询业　□金融业　□服务业　□商业　□机关　□教育

5. 你的职位:□总经理　□营销总监　□部门经理　□职员　□教师　□公职人员　□学生　□其他

6. 您单位的(成)员工数:□100 人以下　□100～500 人　□500～1 000 人　□1 000～1 500 人　□5 000 人以上

7. 您的收入:每月__________元人民币

8. 文化程度:□高中　□大专　□本科　□硕士　□博士

9. 通信地址:________________

邮政编码:________________

10. E-mail 地址:________________

11. 您购买的书名是:________________

12. 你是怎样知道这本书的:□别人介绍　□在书店看到　□杂志　□网络　□报纸　□培训班购买　□其他

13. 您认为这本书的质量怎么样?□好　□中　□差

14. 请在以下几个方面予以评价：

	很好	好	一般	不太好	差
(1) 理论、专业水平的角度	5	4	3	2	1
(2) 实用、可操作性的角度	5	4	3	2	1
(3) 内容新颖、创新的角度	5	4	3	2	1
(4) 文笔、案例生动的角度	5	4	3	2	1
(5) 印刷、装帧质量的角度	5	4	3	2	1

15. 以上是我们最常见的问卷，仔细阅读后回答以下的问题：

(1) 问卷中问题的排序有无不当之处？

(2) 问卷中一些问题的措辞有无不当之处，怎样改正？

案例分析

超市功能设置问卷

先生/女士：

您好！我叫＿＿＿＿，我们正在进行一项有关"顾客对超市的功能设置"的市场研究，这需要耽误您一些时间，您的意见对我们来说非常重要。非常感谢您的帮助与配合！我们将有一份礼品赠送！

S 甄别部分

S1【出示卡片】 请问您或您的家人有没有在以下行业/单位工作的呢？

百货零售、批发行业 …… 1 终止访问

广告、调研公司及媒介记者 …… 2 终止访问

以上均无 …… 3

S2【出示卡片】 请问您本人在过去一个月内有没有接受过任何市场调查研究的访问、有关市场研究的座谈会？

接受过此类访问 …… 1 终止访问

没有参加过 …… 2

S3【出示卡片】 请问您是否在附近的小区居住？

不是 …… 1 终止访问

是 …… 2

A 主体问卷

A1 您以前是否来"某超市"逛过？

没来过 …… 1

来 过 …… 2

A2 从您居住的地址到超市需要步行多长时间？

5分钟左右 …… 1

5～10分钟 …… 2

10～15分钟 …… 3

A3 您认为它还存在哪些问题或不足需要改进？

A4 您购买日常用品通常会去哪里？为什么？

A5 您通常在小区附近的超市购买的商品是：

水果	1	糕点、食品	5
蔬菜	2	洗漱用品	6
饮料	3	纸品	7
烟酒	4	其他______	

A6 您认为还有哪些你去过的超市比较不错，离“某”超市步行有多长时间？

A7 您每次购物的金额是多少？

10元左右	1	50～100元	4
10～20元	2	100元以上	5
20～50元	3		

A8 您平均一周光顾几次？

1～2次	1	3～5次	3
2～3次	2	5次以上	4

A9 您感觉在小区附近暂时购买并不方便，但是您希望买到的商品是：

______

A10 您觉得一个小区超市应该具备哪些功能？（无提示下）

______

提示下：【出示卡片】

______

______

A11 麻烦您对以下这些功能的重要程度打一下分：

A12 对于我们上面讨论的问题，您还有其他什么想法吗？

______

______

F 被访者背景资料

声明：我们获得您的背景资料，只做分析研究所用。我们承诺所得资料一定严格保密，决不做其他用途。

F1【出示卡片】 请问您单位性质：

国有企业	1	集体企业	2	公司制企业	3
国有独资企业	4	其他有限责任制	5	股份有限公司	6
中外合资企业	7	港澳台合资企业	8	私营企业	9

F2【出示卡片】 行业分类：

医疗卫生机构	1	计算机	2	金融保险	3
商业	4	服务行业	5	教育业	6
政府部门	7	科研机构	8	媒体	9
制造业	10	建筑业	11	房地产	12
租赁商务	13	电力/燃气/水	14	电信	15
批发零售	16	住宿餐饮	17	文化娱乐业	18
国际组织	19	销售/广告/市场	20	交通运输/邮政业	21

F3【出示卡片】 请问您的职业：

其他类

个体户 ……………… 1　律师/会计师等专业人员…… 2　出租车司机 …………… 3

导游 ………………… 4　自由职业者 ……………………… 5　家庭主妇(不工作)…… 6

学生 ………………… 7　待业人员/下岗人员 ………… 8　离/退休人员 ………… 9

公务员 ………… 10　警察………………………………… 11　军人 …………………… 12

其他(请注明)

F4【出示卡片】 请问您的职位是：

高级管理人员 ………… 1　中层管理人员 ………… 2　一般管理人员 ……… 3

普通员工 ……………… 4

F5【出示卡片】 请问您的受教育程度属于下面哪一种？

初中或以下 …………… 1　高中/中专/技校 ……… 2　大专 ……………………… 3

大学本科及以上 ……… 4

F6【出示卡片】 请问您的婚姻状况：

未婚 …………………… 1　已婚 ……………………… 2　其他 ……………………… 3

F8【出示卡片】 请问您家常住人口有多少？(常住人口是指一周有3天以上和您居住在一起)

1人 …………………… 1　2人 ……………………… 2　3人 ……………………… 3

4人 …………………… 4　5人 ……………………… 5　6人及其以上 ………… 6

F9【出示卡片】 请问您的个人月总收入是下列哪一项呢？

月收入包括奖金、加班费及兼职。(单选)

F10 请问您的家庭月总收入是下列哪一项呢？

家庭收入包括奖金、加班费及兼职收入。(单选)

	F9	F10
没有收入	1	1
500元以下	2	2
500～999元	3	3
1 000～1 999元	4	4
2 000～2 999元	5	5
3 000～4 999元	6	6
5 000元以上	7	7
不知道/拒绝回答	8	8
年总收入	元	

(资料来源：上海西克商务咨询有限公司)

案例思考题

1. 分析“超市功能设置问卷”的优点和缺点？

2. 如果由你来设计“超市功能设置问卷”，你首先做的工作是什么？你如何修改该份问卷？

练习与思考

(一) 名词解释

调查问卷　是非题　顺序题　测量量表　评分量表　顺序量表

(二) 填充题

1. ________是市场调研的基础。

2. 典型的问卷结构包括____________、____________、____________、____________。

3. 测量量表具体有____________、____________、____________、____________、____________。

4. 问卷设计的技巧有____________、____________、____________。

(三) 简答题

1. 什么是问卷？典型的问卷包括哪些主要内容？

2. 问卷的作用是什么？

3. 问卷设计的原则有哪些？

4. 问卷设计应注意的事项有哪些？

(四) 论述题

1. 如何评价一份调查问卷？

2. 结合实际谈谈怎样才能设计好一份问卷。

第四章

案 头 调 查

学习目标

学完本章，学生应该能够理解、分析和掌握：

1. 理解案头调查的特点、作用、种类和来源；
2. 掌握案头调查资料的辨别、寻找、登录和储存方法；
3. 熟悉搜集资料检索工具的种类和使用；
4. 把握案头调查的步骤；
5. 学会撰写案头调查报告；
6. 掌握案头调查的实践技能。

基本概念

案头调查　静态资料　动态资料　宏观资料　微观资料　内部资料　外部资料

市场调查的目的就在于根据调查课题搜集相关的信息和资料，并在此基础上进行分析和解释，最后得出调查结论，供调查项目委托方参考和决策。就市场调查的操作方式而言，一般可以分为案头调查和实地调查。

案头调查是市场调查的术语，又称为文案调查、文献调查或既存资料调查。所谓案头调查(desk research)，即是针对调查课题，利用尚已存在的资料(即既存资料)进行的调查活动。案头调查通常是市场调查的序幕，其目的是为以后进一步开展调查先行搜集所需的信息和数据。

第一节　案头调查的意义

案头调查是相对于实地调查而言的，“案头”即“书桌上”的意思，既然可以在“书桌上”进行调查，肯定有其内在的特点和操作的必要性。实践证明，案头调查既有其优点，又有其局限性，我们必须正确地加以认识。

一、案头调查的优点

1. 受时空限制较少

首先从时间上看，案头调查不仅可以掌握现实资料，还可获得实地调查所无法取得的历史资料；其次从空间上看，案头调查既能对机构内部资料进行搜集，还可掌握大量的外部环境方面的资料。

2. 成本低效率高

案头调查是搜寻,并研究与调查项目有关资料的过程。其所涉及的资料,有些是经过前人收集整理、分类归纳的,有些则是已经发表或公布的。因此,在一个信息资源充裕的现代社会里,案头调查可以在最短时间内,以最低的成本获取尽可能多的信息。

3. 提供信息总框架

通过案头调查,可为以后的深入调查提供一个总的信息框架。有了这个总框架,可使调查项目的目标更加明确、路径更加明晰。

二、案头调查的局限性

但也必须看到,案头调查存在着一定的局限性,其反映在以下问题上。

1. 时效性问题

案头调查搜集的主要是历史的、既存的资料,其中过时的资料比较多,现实中正在发展变化的新情况、新问题难以得到及时的反映。

2. 适用性问题

首先,由于既存资料是为当时的目的而搜集整理的,其搜集的方法、搜集的工具、搜集的样本及搜集的时间等,均与目前调查项目的要求存在着一定的差异,因此所搜集到的资料往往与调查的课题不能很好地吻合,数据往往也不能完全使用。例如,调查所需的是分月商品销售额资料,而调查者所掌握的是全年商品销售额资料,尽管可计算平均月销售额,但精确度会受到影响。其次,对于某些调查课题,如开发一个新市场或新领域,有时可能不存在既存资料,有时由于形式和方法上的问题,拿到手的资料无法为案头调查所用,这一切都限制了案头调查的开展。

3. 调查者素质问题

案头调查要求调查者有较广的理论知识和较深的专业知识及技能,否则将感到无能为力。

鉴于此,如果调查项目比较复杂,而且时效性强,除了案头调查外,还必须进行实地调查,以获得即时信息和资料。只有这样,才能为调查项目提供更全面、更深入、更及时和更准确的调查材料。

三、案头调查的作用和意义

1. 为调查项目提供背景材料,指导实地专项调查

刚开始调查时,往往需要对整个调查环境有个充分的认识和总体上的把握,这要是全靠实地调查去摸情况是不现实的,因此在很大程度上要依靠既存资料来支持。现成资料的搜集整理和归纳分析即案头调查,既能为调查项目提供背景资料和调查思路,又能作为调查项目的基础和前奏,指导实地调查的设计和展开。

首先,案头调查可以初步了解调查对象的性质、范围、内容和重点等,并提供实地调查无法或难以取得的市场环境等宏观资料,便于进一步开展和组织实地调查。其次,案头调查所搜集的资料还可用来证实各种调查假设,即通过类似调查资料的研究来指导实地调查的设计,将案头调查资料与实地调查资料进行对比,鉴别和证明实地调查结果的准确性和可靠性。最后,案头调查资料还可以用来帮助探讨现象发生的各种原因,并进行解释。

2. 进行事前甄别和筛选，确定调查方向

有时调查项目十分复杂，如在市场调查中面临许多细分市场、在商业环境调查中面临许多待调查的区域，考虑到实地调查代价昂贵，这时案头调研可以提供充足的资料，来确定最有希望的市场和最具代表性的区域，从而提高调查的针对性、准确性和有效性。

3. 对趋势进行分析，对总体参数进行估算

因为实地调查常用抽样方式进行，而用此种方法对了解总体参数是欠缺的。有时案头调查占有的材料更全面、更详尽、更系统，因此，用于对趋势进行分析、对总体参数进行估算就显得更有效。

4. 发现潜在的问题和困难，规避调查风险

作为一个调查项目的先期操作，案头调查可在进行过程中发现潜在的问题和困难，这样就能及时调整调查方式或修改路径，规避调查风险，以保证以后的操作能顺利地进行下去。

5. 在特定情况下，替代实地调查、省时节支

有时需调查的范围广而又路途遥远，如国际性或全国性调查，往往只能采用案头调查的方式进行；有时需调查的项目时间紧迫，实地调查周期又太长，而该项目也只需一个大致的描述，于是也可采用案头调查。还有在新产品开发调查中，采用既存统计数据和新、旧产品技术性能数据进行对比分析后，有时也能写出调查报告。

第二节　案头资料的搜集

开展案头调查，首先要搜集到与调查课题相关的、足够多的资料。本节将对资料的种类、资料的来源和资料的搜集进行阐述。

一、资料的种类

案头资料从使用者的角度来看，可以分为以下几类。

1. 按负载的不同，可以分为书面资料和电子资料

书面资料有手写的，但更多的是印刷的和电脑打印或复印的。这些书面资料不借助于工具，可以随时翻阅，在上面做记号也比较容易，缺点是编辑比较麻烦。另一类电子资料，包括电脑内储存的电子文档和光盘内储存的电子文档。这类资料借助电脑等工具才能阅读，但编辑和传输十分方便。考虑到调查报告的文本最后一般都是要打印的，因此，搜集材料时，尽可能地搜集电子资料，有时还要把书面资料转换成电子文档。

2. 按范围的不同，可以分为宏观资料和微观资料

宏观资料是指全局的、广域的信息资料，如世界经济发展趋势、国民经济发展状况等相关资料；而微观资料指局部的、特定区域的信息资料，如一个机构的文件、会议纪要、台账等相关资料。

3. 按时点的不同，可以分为动态资料和静态资料

动态资料是反映市场在不同时期的发展变化轨迹，静态资料是对某一时期市场活动的说明。对各种动态资料和静态资料进行搜集、整理、归纳和分析，作出调查结论，将是科学预测和决策的重要依据。

4. 以项目委托方为界，可以分为内部资料和外部资料

内部资料是指可在委托调查的单位内部得到的资料，外部资料指从委托调查的单位外部免费获得或有尝取得的资料。

就一个企业来说，内部资料为企业内的各种记录及市场信息系统经常搜集的资料，包括财务部门提供的财务状况和销售额、订单、成本、现金流动等详细数据，制造部门提供的生产进度、生产能力、发货、存货数据，销售部门提供的中间商反映、修理记录、工作报告、竞争对手的活动和市场营销的情况等。通过对内部资料的掌握，可以发现营运中的问题和机会。

外部资料为政府、统计部门、财政部门所公布的政策、法规、统计资料、财政和金融信息等，公开出版的各种报刊、书籍等，各类咨询机构和信息机构提供的文字和数据资料，有关公司提供的商品目录、产品资料及价目表等。外部资料是企业了解外部环境，为适应外部环境，而进行生产经营决策或调整战略策略时的必要依据。

二、资料的来源

资料的来源渠道很多，下面是其中的一些主要渠道。

1. 互联网

互联网的出现改变了人类交流活动的方式，同样改变了传统的资料搜集方式。可以这样说，利用互联网搜集信息是市场调查未来发展的一个重要方向。互联网上每天都有数以亿计的信息在交互，这是一个巨大的信息资料库，其广泛的信息量，方便的搜索、下载和可编辑方式，都大大提高了搜集资料的效率。因此，进行资料搜集时，应首先想到上网搜索。

2. 政府机关和部门

政府机关和部门掌握着大量的信息资料，很多都发表在《统计年鉴》、《政府工作报告》和相关的文件中，可供参考和引用。此外，政府每隔 10 年要做一次人口普查，每隔 5 年进行一次抽样调查。普查和抽样调查的内容包括全国各省的城市人口、农村人口、年龄结构、男女比例、家庭收入、人口增长、经济增长等内容。目前，国家、省、地、县都有抽样调查队，某些大城市还有其他专门的调查机构，这些资料和数据也可供案头调查所用。

3. 行业协会

行业协会一般都会定期或不定期地公布行业统计资料和行业发展趋势资料，这是了解行业现状和发展态势的最好的信息资料来源。

4. 专业组织和研究机构

这里面包括专业组织的报告，如证券交易所、质量监督机构、消费者组织等专业组织发表的统计资料和分析报告；研究机构、咨询公司的商业资料，如其提供的市场报告和研究文章等。

5. 图书馆

公共图书馆是案头调查常去的地方。可在图书馆查阅的资料有以下一些：公开出版的期刊、文献、报纸、书籍、研究报告、工商企业名录、统计年鉴和企业手册等。图书馆的优势是资料多而全，分类清楚而查阅直观；缺点是许多资料的时效性差。

6. 出版社、报馆和杂志社

这包括出版社出版的工商企业名录、商业评论、统计丛书、产业研究及经营管理专著

等；一些报刊为了吸引读者，也经常刊登市场行情和一些分析报道。

7. 企业

包括企业内部各有关部门的记录、统计表、报告及会计账簿等。分类来说，计有：营销方面，包括企业各种营销决策和营运的各种记录、文件和合同等资料；生产方面，包括生产作业完成情况、工时定额、操作规程、产品检验和质量保证等资料；设计技术方面，包括产品设计图纸及说明书、技术文件、档案、试验数据、专题文章和会议文件等资料；财务方面，包括各种账目、收入、成本、利润、资金方面资料，以及财务制度文件等；设备方面，包括设备文件，设备安装、测试、使用、维修的各种记录，设备改装和报废报表等；物质供应方面，包括库存保管、进出料记录及各项制度等。除此之外，其他还有计划统计、劳动工资、培训、后勤、公共关系和横向联合等各个方面，这里就不一一列出。

三、资料的搜集

搜集资料可按以下步骤进行。

1. 查找资料

资料的搜集从查找开始。尽管调查者不可能发现所有与调查课题有关的资料，但他应当能有效地使用各种检索工具(以后章节有详细介绍)，如索引、指南和摘要等，以减少寻找时间，并且扩大信息量。

［例］ 一项企业调查项目需要市场环境方面的资料，可考虑从以下几个方面进行搜集：

顾客方面：包括产品的购买者、使用者、购买动机和购买量等；

市场容量方面：包括市场大小、增长速度和趋势等；

竞争方面：包括同行业的直接竞争者和替代产品制造企业的产品结构、市场营销策略和企业的优劣势等；

销售渠道方面：包括销售成本、运输成本和中间商的情况等；

宏观环境方面：包括国际环境、经济形势、政府政策、行业技术及相关技术的发展等。

上述举例，企业的市场分析报告、顾客档案，以及权威机构的市场研究报告常常具有重要的参考价值。

如果搜集外部资料，可以依据不同的情况，采取不同的方式：

一是具有宣传广告性质的许多资料，免费面向社会提供的，可以无偿取得；而对于那些需要采用经济手段获得的资料，只能通过有偿方式获得。有偿方式取得的资料构成了调查成本，因此要对其可能产生的各种效益加以权衡。

二是对于公开出版、发行的资料，一般可通过订购、邮购、交换及索取等方式直接获得；而有些资料对使用对象有一定的限制或具有相对保密性，则需要通过间接的方式获取。随着国内外市场竞争的日益加剧，获取竞争对手的商业情报已成为市场调查的一个难点。

2. 辨别资料

对从不同渠道搜集到手的资料，首先要辨别其类型，以决定取舍。

(1) 辨别是第一手资料,还是第二手资料。实地调查获取的资料是第一手资料;案头调查搜集到的资料是经前人加工整理过的既存资料,是第二手资料。不要混淆这两类通过不同方式搜集到的资料,因为它们在调查报告中有着不同的用途。

(2) 辨别是文献性资料,还是非文献性资料。一般来说,文献性资料具有一定的权威性,其可信度也较大,应考虑优先选用。

(3) 辨别是静态资料,还是动态资料。案头调查尤其偏重于动态角度,动态资料描述了变化的轨迹,有时更能说明问题。

(4) 辨别是内部资料,还是外部资料。在案头调查中,内部资料的搜集相对比较容易,调查费用低,调查的各种障碍少,能够正确把握资料的来源和收集过程,因此尽量利用内部资料。

3. 登录资料

搜集到所需资料后,还需进行登录。在操作时,一定要记录下这些资料的详细来源(作者、文献名、刊名或出版商、刊号或出版时间及页码等),以便在后来要检查资料的正确性时,调查者或其他人也能准确地查到其来源。

此外,由于案头调查所搜集的既存资料的准确程度较难把握,如有些资料是由专业水平较高的人员采用科学的方法搜集和加工的,准确度较高;而有些资料只是估算和推测的,相对来说准确度较低。因此,所有资料都应明确其来源,并加以说明。

4. 储存资料

登录后的资料应分门别类地归档,以便撰写案头报告时取用,这就牵涉到资料的储存与保管。

(1) 资料储存的管理方式。

一种是实物档案式的储存和管理方式,即把调查资料的实件归入有形的档案中;另一种是电脑储存和管理方式,即把信息资料输入到电脑中,利用电脑对资料进行储存、查找、排序、累加和计算,这种方式不仅可以大大节省储存时间和空间,而且还可以提高数据资料处理的效率和精度。

(2) 资料储存的管理要点。

储存方法:应先根据实际情况编好基本资料目录,按因地制宜、先易后难、逐步完善的原则,有计划、有重点地搜集和储存资料,使资料的搜集和储存有序化。

储存工具:应根据资料的性质和现有的条件选择储存工具,以达到妥善保管资料的目的。一般所用的工具有资料袋、文件夹、录音机、录像机和电脑等。

储存地点:储存地点应根据资料的重要程度加以选择,通常需要有防火、防毁和防盗等措施,以保证资料的安全。

储存时间:要注意资料的时效性,要经常检查分析,对过时资料要果断销毁,以提高储存资料的有效性。

四、工具的使用

案头调查搜集资料离不开检索,这里介绍一下检索工具的种类及其应用。

1. 书籍的检索工具

首先,各类图书馆一般都备有供借阅者使用的检索工具——书目卡,调查者应熟练地掌握利用书目卡检索图书的方法。现在先进的图书馆还配有电脑检索系统,这就更方便了案头调查者对书籍的检索。其次，国家出版局版本图书馆主编的《全国总书目》，是反映我国图书出版情况的工具书，可以加以利用。此外，一些书店的订书目录也提供了图书信息，还有现在一些网站也有大量的购书信息可供检索。

2. 报刊与书面文献的检索工具

以下列举一些这方面相对知名的检索工具，以供参考：

《全国报刊索引》(哲社版与科技版)月刊由上海图书馆编辑出版。该刊以题录的形式收录中央与各地方出版的报纸、杂志资料，是一种综合性的查找全国报刊文献的检索工具。

《人民日报索引》、《光明日报索引》等，是检索该报所发表的文章的重要工具。

《世界经济目录》由中国科学院图书馆编，每期轮流收编中、西、俄、日文中的一种文字的有关篇目。

《中国人民大学复印报刊资料》由中国人民大学书报资料室编辑，收录全国及海外各种主要的中文报刊上登载的文章。

《工业企业经济文摘》月刊由科学技术出版社编辑出版，内容包括世界经济、工业经济的一般问题，冶金、电力、纺织等各工业部门的经济和生产组织。

3. 政府资料的检索工具

政府公布的各种信息是案头调查很重要的资料来源，一般可在相应的政府网站上进行检索。

4.《名录》检索工具

可以将各种《名录》作为检索工具，较常用的有：

《中国企事业名录大全》由经济科学出版社出版，收入全国数以万计的企事业单位，每个名录包括名称、地址、电话电报、产品或业务范围等。

《中国工商企业名录》由各地分别出版，按工业类型分类，每个名录包括厂名、地址、职工人数、主要产品与产量、电话等。

《中国企业概况》由中国企业概况编辑委员会编辑出版，是一部全面介绍中国企业情况的大型工具书，收有中国近万家企业的基本情况，其中包括企业的中英文名称、负责人、通讯联系方式、发展简史、现状、最近几年的经济效益、技术特点、主要产品等。该书收录全国性企业和特大型企业，按行业分卷，而各行业分省、市编排。

《中国企业登记年鉴》由国家工商行政管理局主编，每年按特辑、专辑和分册出版。

5. 搜索引擎检索工具

搜索引擎的出现使得信息可在非常有效和方便的情况下获得。网上有着众多的文献目录，目录里包括作者、文献名、出版商，以及在某些情况下文献的摘要。文献目录通常是通过键入关键搜索词来检索的。

6. 其他检索工具

除了上述的检索工具外，还有一些其他的检索工具。例如，由中国科技情报所的下属单位编辑的各种科技文摘刊物，是检索国外科技文献的重要检索工具。此外，还有关于博士、硕士学位论文的摘要，关于各高校的学术论文及研究报告等的索引。

值得注意的是，搜集资料除了利用检索工具外，有时还得利用人工线索。例如，去图书馆查询资料，可询问图书管理员，他们对图书馆的资料有充分了解。又如，要查找经济管理方面的资料，可找一些这方面的专家，他们也许能为你提供一些你所不知道的新信息源，从而使资料搜集事倍功半。

第三节 案头调查的步骤

面对搜集到的众多的信息和资料,如何充分地加以利用,从而达到调查的目的,并解决具体问题,是成功开展调查的重要标志,此中涉及案头调查的程序和步骤。一般来说,案头调研可分以下几个步骤进行。

一、评估案头资料

案头调研所搜集到的资料,一般都是前人或其他机构所积累的既存资料。在资讯爆炸的年代,可以通过各种方式搜集到许多资料,但不一定都与调查课题有关,关键是调查人员要根据调查课题对眼前的资料进行评估,甄选与课题相关的内容。评估可从以下几个方面进行:

(1) 内容的有用性:现有的资料是否全面,是否能满足调查课题的要求。

(2) 水平的高低性:资料的专业程度和水准如何。

(3) 时间的有效性:资料所涉及的时期是否适当,时效性如何。

(4) 数据的准确性:数据的精确性如何,是否可信。

(5) 途径的便捷性:资料的获得成本大小和迅速程度如何。

基本上可以从上述这些方面对既存资料进行综合评价,当然实际情况千变万化,可灵活掌握和运用。

二、筛选案头资料

资料搜集后,调查人员应根据调研课题的需求,剔除与课题无关的资料和不完整的情报。这就要求调查人员有一定的技术水平,对资料的取舍得当。例如,调查人员在分析该进入哪些市场时,就可以通过筛选和过滤,留取"产品的可接受性"、"分销渠道"、"价格"、"竞争情况"、"市场消费能力和潜力"等方面的资料和内容,而舍去其他不相关的资料。

三、运用案头资料

在运用案头资料时,一定要注意以下几点:

一是要紧扣课题。有些资料与调查课题相去甚远,绝不可以牵强附会、滥竽充数硬塞进调查报告;也不可以因为个人的喜好,不肯割爱,将不相关的内容装进调查报告,冲淡调查主题。

二是要把握时效。有时因为找不到所需资料,调查人员就将过时的、其他地区或领域的资料改头换面、重新包装,写进调查报告中,这是十分错误的,因为这会误导调查报告使用人的决策。

三是要坚持标准。在运用案头资料时,首先要了解提供资料的人员或机构是否具有权威性和公正性,对于那些不严肃、不严密、可疑的材料,宁可不用;其次,还要注意数据资料搜集的方法是否科学,是否是调查项目委托方所需要的,那些失真的资料坚决不用。

四、分析案头资料

除了运用案头资料,更重要的是对案头资料进行分析,从而得出相应的调查结论。对一个企业来说,以下是一些常见的分析方法。

1. 市场趋势分析

即通过搜集各种市场动态资料，并加以分析对比，以观察市场发展方向。

2. 相关和回归分析

即利用一系列相互联系的数据进行相关和回归分析，以研究现象之间相互影响的方向和程度，并可在此基础上进行预测。

3. 市场占有率分析

即根据各方面的资料，计算出该企业某种产品的市场销售量占该市场同种商品总销售量的份额，以了解该企业所处的市场地位。

4. 市场覆盖率分析

即以该企业某种商品的投放点与全国该种产品市场销售点总数相比较，反映企业商品销售的广度和宽度。

五、撰写案头报告

可以这样说，调查报告是对调查工作的总结，是对调查成果最终的阐述和展示。撰写案头报告时，应注意以下几点。

1. 针对性强

要紧紧围绕调查课题，不偏题、不跑题。必须掌握一个要领，凡与主题相关的，要说清、说透；凡与主题无关的，要坚决舍弃。切忌卖弄，使用那些生造的、晦涩的、除了你自己以外谁也弄不明白的词和句子。

2. 注重时效

案头报告应选用最新的资料和数据，以使调查项目委托单位能根据最新的情况作出判断和决策。千万不能拿到篮里就是菜，为了图方便和省费用，拿那些陈旧的、失效的资料和数据充数。如没有最新的资料和数据，就要考虑进行实地调查作业，而不能用年代久远的东西忽悠人，这是调查工作者的职业道德。

3. 有说服力

案头报告的分析要有理有据，要经得起推敲；选用的数据要确凿，并要注明出处；制作的图表要精确，使人一目了然。

4. 简洁明了

报告要撰写得层次清楚、条理分明、不枝不蔓。文中尽可能地用统计图表来反映问题，使阅读者能快速地、直观地了解具体情况，并进行有效的比较和分析。

5. 结论明确

这是案头报告的意义和价值所在，因此非常重要。不要模棱两可，不要写一些自己也不明白的话或一些圆滑的话；不要人云亦云，不动脑筋，照搬前人资料的结论；不要故作高深，把结论写得云里雾里，使人百看不得其解。

第四节 实践指导

一、实践任务

在调查项目进行的过程中，既存资料能够帮助调查者了解这个领域其他人员关于此类问题的研究成果,有价值的既存资料可以使得整个调研项目事半功倍。因此,本章的实践任务是要求学生根据调查计划的安排,运用案头调查方法去搜集资料,写出案头调查报告。

二、实践步骤

(1) 确定调查课题。可以由教师列出不同的调查课题,由学生选择;也可以由学生自己寻找调查课题,由教师认可。

(2) 领会调查目的。在进行案头调查之前,必须弄清此次调查的目的,深刻理解调查课题的含义,有针对性地进行资料搜集。如果调查目的搞错了,搜集到再多的资料都是徒劳的,最后就是把这些东西硬写进调查报告也没用,因为这不是调查项目所需要的。

(3) 搜集所需资料。在彻底搞清调查目的后,就要针对性地着手搜集所需的资料。这个环节要注意两个问题:一是判定资料的来源和判别资料的类型,弄不清资料的来源,没有方向地漫天寻找,只能是无功而返;二是要求充分利用互联网、年鉴及各种检索工具,工具运用不当,也会出现吃力不讨好的情况。

(4) 评估和筛选资料。对搜集到的既存资料要进行必要的评估和筛选。评估和筛选资料的重要标准就是与调查课题的关联度,关联度越高,资料就越有价值。

(5) 撰写案头调查报告。在撰写案头调查报告前,一定要列一份写作提纲,经过初步讨论后定下来,再着手写作。写作过程中,如发现已搜集到的资料尚不足于支持文章内容,可再进行补充搜集。

三、实践要求

(1) 要求教师对既存资料搜集的重要性、操作技能和操作要求进行具体的讲解,对既存资料的来源作适当的提示,必要时可以提供一部分资料。

(2) 要求教师对案头调查报告的写作方法和写作要点进行相应的指导。

(3) 要求学生第一步根据调查课题和调查计划的要求,采用案头调查方法,完成对既存资料的搜集任务;第二步对所搜集的资料信息做好规范的"索引"说明工作,注明资料的标题、作者和出处;第三步列出案头调查报告的写作提纲,交指导老师通过后,写出案头调查报告。

四、实践内容

1. 内容

开列一份案头调查清单。例如:

(1) 商业规划调查所需要的资料:城市规划、经济发展数据(GDP、地方财政收入、城镇居民人均可支配收入、社会消费品零售总额等)。

(2) 商业调查所需要的资料:该行业发展状况(行业概况、行业趋势等)。

(3) 品牌调查所需要的资料:该品牌发展状况(品牌概况、品牌趋势等)。

2. 要求(针对上述举例)

(1) 城市近 5 年的相关数据。

(2) 行业近 5 年的相关数据。

(3) 品牌发展近 3 年的相关数据。

五、实践范例

1. 具体范例

金山区朱泾镇商业环境调查

朱泾镇为上海浦南重镇,经济和文化在金山区占有重要地位。该镇地处长江三角洲地区,位于沪、浙交界处,地理位置得天独厚。镇域面积49.618平方公里,镇区面积5.4平方公里。朱泾镇自然环境舒适宜人,水陆交通便捷,物产丰富。

2005年受朱泾镇政府委托,上海西克商务咨询有限公司对该镇的商业环境进行了案头调查和实地调查,撰写出《金山区朱泾镇(新农镇)商业环境调查报告》。调查报告全文分为五个章节和一个附录。报告前部为案头调查,分别为"镇区综合环境调查"、"镇区发展趋势调查"和"镇区商业环境调查"等三个章节,其目录提纲如下。

第一章　镇区综合环境调查

一、区位环境分析

1. 区位分析

2. 交通分析

二、资源环境分析

1. 农产品分析

2. 土特产分析

三、人文历史环境分析

四、旅游环境分析

五、经济环境分析

1. 历年经济发展状况分析

2. 2004年经济发展状况分析

3. 投资环境分析

4. 农业生产环境分析

5. 城镇建设分析

第二章　镇区发展趋势调查

一、镇区定位

二、人口发展规模

三、2020年发展目标

1. 经济发展目标

2. 社会发展目标

3. 住宅建设目标

四、镇区规划布局

1. 规划导向

(1) 居住区域

(2) 公共设施

(3) 商业金融

2. 规划布局

(1) 朱泾镇老城区布局

(2) 朱泾镇城南新区布局

(3) 朱泾镇工业区布局

第三章 镇区商业环境调查

一、朱泾镇商业的历史沿革

二、商业业态业种概况

三、主要商业网点分布

（资料来源：上海西克商务咨询有限公司）

2. 操作方法

作为案头调查，第一步应想方设法搜集材料、尽可能多地占有资料。着手操作时，首先要想到运用现代化的搜索手段，即上政府网站进行搜索。政府网站上一般都有“地区概况”这一栏，在该栏中可以搜集到一些有关区位环境，如地理位置、交通、气候、本地资源、历史沿革、人文环境及旅游景点等资料；在经济栏或新闻栏里可以搜索到经济发展的一些举措和情况；在统计栏里可以搜索到历年的地区经济发展统计数据，有的网站上还公布有完整的各年的《统计年鉴》。如果嫌政府的综合网站资料不够详细，可以上有关的专业网站，如统计网、各委办局的网站等，以获取更专业、更详尽的资料。也可以打入主题词，在搜索引擎上搜索有用的文章和资料。除了上网搜索以外，还可向相关的机构或个人索取所需的资料，如向规划局索要该地区的城市发展规划、向旅游局索要旅游规划、向商贸局索要商业网点资料、向地区政府索要历年的政府工作报告和地方志、向专家索要专著和论文等。再就是可以到图书馆、书店借阅或购买有关的书籍和资料。

在充分占有材料的基础上，第二步就是整理和评估这些材料。首先要把电子文档材料过滤一遍，把那些有用的资料挑出来，把无用或重复的资料删去；其次将书面材料中，有用的部分转化为电子文档；最后把所有这些材料都分门别类地放在不同的文件夹内备用。

第三步就是撰写案头调查报告。首先要根据调查项目目的和思路，列出相应的写作提纲，经讨论确认；然后将已整理好的资料按需纳入各个段落；最后加上调查结论，再将全文进行润色。

第四步应将初稿交由调查项目委托方和有关专家讨论，再根据相关意见进行修改、完善和补充，直到委托方满意为止。

案例分析

房地产市场调查工作方案

某咨询公司为一家房地产公司作市场调查，制定了如下《调查工作方案》。

第一部分 调查内容

一、房地产市场环境调查

1. 政治法律环境调查

(1) 国家、省、城市有关房地产开发经营的方针政策，如房改政策、开发区政策、房地产价格政策、房地产税收政策、房地产金融政策、土地制度和土地政策、人口政策和产业发展政策、税收政策等。

(2) 有关房地产开发经营的法律规定,如《房地产开发经营管理条例》、《中华人民共和国房地产管理法》、《中华人民共和国土地管理法》。

(3) 有关国民经济社会发展计划、发展规划、土地利用总体规划、城市建设规划和区域规划、城市发展战略等。

2. 经济环境调查

(1) 国家、地区或城市的经济特性。

(2) 包括经济发展规模、趋势、速度和效益。

(3) 项目所在地区的经济结构、人口及其就业状况、就学条件、基础设施情况、地区内的重点开发区域、同类竞争物业的供给情况。

(4) 一般利率水平,获取贷款的可能性及预期的通货膨胀率。

(5) 国民经济产业结构和主导产业。

(6) 居民收入水平、消费结构和消费水平。

(7) 项目所在地区的对外开放程度和国际经济合作的情况,对外贸易和外商投资的发展情况。

(8) 与特定房地产开发类型和开发地点相关因素的调查。

(9) 财政收支。

3. 社区环境调查

社区环境直接影响着房地产产品的价格,这是房地产商品特有的属性。优良的社区环境,对发挥房地产商品的效能,提高其使用价值和经济效益具有重要作用。社区环境调查内容包括:社区繁荣程度、购物条件、文化氛围、居民素质、交通和教育的便利、安全保障程度、卫生、空气和水源质量及景观等方面。

二、房地产市场需求和消费行为调查

1. 消费者对某类房地产的总需求量及其饱和点、房地产市场需求发展趋势

2. 房地产市场需求影响因素调查

如国家关于国民经济结构和房地产产业结构的调整和变化,消费者的构成、分布及消费需求的层次状况,消费者现实需求和潜在需求的情况,消费者的收入变化及其购买能力与投向。

3. 需求动机调查

如消费者的购买意向,影响消费者购买动机的因素,消费者购买动机的类型等。

4. 购买行为调查

如不同消费者的不同购买行为,消费者的购买模式,影响消费者购买行为的社会因素及心理因素等。

三、房地产产品调查

(1) 房地产市场现有产品的数量、质量、结构、性能、市场生命周期。

(2) 现有房地产租售客户和业主对房地产的环境、功能、格局、售后服务的意见及对某种房地产产品的接受程度。

(3) 新技术、新产品、新工艺、新材料的出现及其有房地产产品上应用情况。

(4) 本企业产品的销售潜力及市场占有率。

(5) 建筑设计及施工企业的有关情况。

四、房地产价格调查

(1) 影响房地产价格变化的因素，特别是政府价格政策对房地产企业定价的影响。

(2) 房地产市场供求情况的变化及趋势。

(3) 房地产商品价格需求弹性和供给弹性的大小。

(4) 开发商各种不同的价格策略和定价方法对房地产租售量的影响。

(5) 国际、国内相关房地产市场的价格。

(6) 开发个案所在城市及街区房地产市场价格。

(7) 价格变动后消费者和开发商的反应。

五、房地产促销调查

(1) 房地产广告的时空分布及广告效果测定。

(2) 房地产广告媒体使用情况的调查。

(3) 房地产广告预算与代理公司调查。

(4) 人员促销的配备状况。

(5) 各种公关活动对租售绩效的影响。

(6) 各种营业推广活动的租售绩效。

六、房地产营销渠道调查

(1) 房地产营销渠道的选择、控制与调整情况。

(2) 房地产市场营销方式的采用情况、发展趋势及其原因。

(3) 租售代理商的数量、素质及其租售代理的情况。

(4) 房地产租售客户对租售代理商的评价。

七、房地产市场竞争情况调查

(1) 竞争者及潜在竞争者(以下统称竞争者)的实力和经营管理优劣势调查。

(2) 对竞争者的商品房设计、室内布置、建材及附属设备选择、服务优缺点的调查与分析。

(3) 对竞争者商品房价格的调查和定价情况的研究。

(4) 对竞争者广告的监视和广告费用、广告策略的研究。

(5) 对竞争情况销售渠道使用情况的调查和分析。

(6) 对未来竞争情况的分析与估计等。

(7) 整个城市，尤其是同(类)街区同类型产品的供给量和在市场上的销售量，本企业和竞争者的市场占有率。

(8) 竞争性新产品的投入时机和租售绩效及其发展动向。

八、商业地产调查内容

(1) 商圈调查：主要的商业街区和商圈的分布、范围、特征、租金，商圈的吸引力分析和消费潜力评估。

(2) 主要的商业物业调查：主要零售商、批发商业态分布、硬件特征、品牌状况、营运能力、服务水平、合作方式、入场条件、物业管理。

(3) 典型竞争对手调查：竞争对手的定位、价格、营销及销售能力、基本物业状况、装修条件、交铺标准、行业地位。

(4) 商业资源调查，供应商状况、品牌状况，各类业态、业种的代表商家调查。

第二部分 工作步骤

一、初步调查

1. 研究搜集的信息材料

研究企业外部材料。从各种信息资料中，了解一些市场情况和竞争概况，从中了解目前市场上哪类房产最好销？其价格如何？当地消费者对房产有什么偏爱？

分析企业内部资料。对公司的各种记录、函件、订货单、年度报表等内部资料进行分析、从而找出产生问题的原因的线索。

2. 与企业有关人员进行非正式谈话

从这些人的谈话中，寻找市场占有率下降的原因。例如，市场营销经理可能认为房产价格定得太高；工程部经理可能认为设计并不十分合理，材料供应质量不高；材料部经理可能认为，物价指数上涨太快，所划拨的经费不能全部采用进口或国内各种名牌材料；等等。

3. 了解市场情况

消费者对本公司所开发经营的房产态度，就是反映企业市场营销水平的重要标志，也是初步调查的关键内容。如为什么消费者不购买本公司商品房，就需要对用户进行调查研究。

二、设计调查表及问卷

(1) 当地房地产资源统计表，包括房地产分布、面积、类型、单位价格、单位总价、开发程度、居住密度、交易状况和规模、使用期限、抵押保险、政策限制、竞争程度、发展远景、其他具体情况和调查日期等项目。

(2) 房地产出租市场统计表，包括出租房地产名称、所在地区、出租面积、租金水平、出租房的类型和等级、室内设备状况(暖气、煤气、电话、家用电器、厨卫设备)、环境条件(庭房租市场的最大因素、具体房东记录、房地产出租公司)的资料和调查日期等项目。

(3) 房地产出售统计表，包括已售和待售房地产的名称、地区、开发商、数量、结构类型、成交期、成交条件(预付款、贷款额和利率、偿还约束、其他附加条款等)、出售时的房龄和状况、客户资料和调查日期等项目。

(4) 房地产个案市调分析表，包括案名、区位、投资公司、产品规划、推出日期、入伙日期、基地面积、建筑密度、土地使用年限、单位售价、付款方式、产品特色、销售策略、客源分析、媒体广告、调查日期等项目。房地产市场调查中普遍采用抽样调查，即从被调查总体中选择部分样本进行调查，并用样本特性推断总体特性。在实地调查前，调查人员应该选择决定抽查的对象、方法和样本的大小。一旦明确下来，参加实施地的调查人员必须严格按照抽样设计的要求进行工作，以保证调查质量。

三、调查前期准备

(1) 人员准备。

(2) 计划制订、表格问卷设计、资料准备。

(3) 调查内容、步骤方法分析。

四、调查资料的整理分析

五、撰写和提交调查报告

（资料来源：上海西克商务咨询有限公司）

案例思考题

1. 根据以上《调查工作方案》，请指出哪些方面应进行案头调查？
2. 应从哪些渠道搜集案头调查材料？如何对这些材料进行整理和加工？
3. 请撰写一份案头调查报告写作提纲。

练习与思考

(一) 名词解释

案头调查　静态资料　动态资料　宏观资料　微观资料　内部资料　外部资料

(二) 填充题

1. 案头调查所搜集的资料可用来证实各种调查______，即通过类似调查资料的研究来指导实地调查的设计，将案头调查资料与实地调查资料进行对比，鉴别和证明实地调查结果的______和______。

2. 搜集资料除了利用检索工具外，有时还得利用______。

3. 利用______搜集信息是市场调查未来发展的一个重要方向。

4. 政府机关和部门掌握着大量的信息资料，很多都发表在《______》、《______》和相关的文件中，可供参考和引用。

(三) 单项选择题

1. 案头资料按负载的不同，可以分为(　　)。

A. 手写资料和印刷资料　　B. 书面资料和电子资料
C. 出版资料和非出版资料　　D. 内部资料和外部资料

2. 案头调查受(　　)限制较少。

A. 成本　　B. 时空　　C. 人为　　D. 组织

3. 按(　　)的不同，可将案头资料分为动态资料和静态资料。

A. 范围　　B. 程度　　C. 对象　　D. 时点

4. 有时案头调查占有的材料更全面、更详尽、更系统，因此，用于对(　　)进行分析，对总体参数进行估算就显得更有效。

A. 财务　　B. 市场　　C. 趋势　　D. 企业

(四) 多项选择题

1. 评估案头资料可从以下(　　)方面进行。

A. 水平的高低性　　B. 时间的有效性
C. 途径的便捷性　　D. 形式的多样性
E. 数据的准确性　　F. 内容的有用性

2. 在运用案头资料时，应注意(　　)。

A. 坚持标准　　B. 点面结合
C. 紧扣课题　　D. 把握时效
E. 形式多样

3. 撰写案头报告的基本要求是(　　)。

A. 结论明确　　B. 注重时效
C. 简洁明了　　D. 有说服力
E. 针对性强

(五) 简答题

1. 案头调查有什么优点?
2. 如何正确认识案头调查的局限性?
3. 举例说明什么是内部资料,什么是外部资料。
4. 案头调查资料一般有哪些来源?
5. 如何搜集案头调查资料?

(六) 论述题

1. 联系调查项目的实际,试论案头调查的作用和意义。
2. 根据案头调查的特点,试论案头调查的操作步骤。

第五章

实地调查和网络调查

学习目标

学完本章，你应该能够理解、分析和掌握：

1. 理解实地调查和网络调查对市场调查的重要性；
2. 掌握现场调查的内容及重点；
3. 掌握现场调查的策略、方法及实施；
4. 掌握网络调查的策略、方法及实施。

基本概念

实地调查　网络调查　观察法　问卷法　访问法　座谈法　实验法

当企业面临重大营销问题或重大营销挑战时，当政府规划面临重大变化时，往往先从“营销问题”、“消费需求意愿”或“推动经济发展”着手，确定市场调查的目的，然后对市场调查项目作一个完整规划，以期从最合理成本、最合宜的方式及最适当的时间来执行实地市场调查和网络调查，进而获得最适用的市场资讯。当问卷调查方式的选定、问卷设计、抽样设计、人员选择及访前训练等工作全部完成后，实地调查和网络调查就可以开展了。

实地调查是在周详、严密的计划和组织管理之下，由调查人员直接向被访问者搜集第一手资料的相互来往过程。第一手资料又称为初级资料，系指首次搜集到的资料。网络调查则是利用互联网进行问卷及其他调查的有效形式。

第一节　实地调查和网络调查的重要性

在市场调查中，实地的现场调查非常重要。许多重要的数据都产生于实地，许多鲜活的资料都来自实地，许多概念的形成都完成于实地。同样，在问卷调查时，网络调查也可以产生接近的效果。这是我们对实地和现场调查及网络调查最深切的体会。

一、重要数据的撷取地

实地调查是现场采集第一手资料，客流量的数据和其他许多资料必然来自实地现场调查。一家超市、一个购物中心或商业区域的客流量是经常会变化的，商家要提高经营业绩，就必须提高客流量，而客流量的变化则必须通过实测来取得。以下以超市为例说明这个问题。

超市以其低廉的价格和丰富的商品，吸引了大量的顾客，超市客流量是一个随季节、气候、货源、人们经济状况，以及商家促销手段等多种因素变化的量。对测试数据的分析发现，其客流量呈以下规律。

1. 客流量呈三峰分布

与典型的商场客流量双峰分布规律不同，超市的客流量呈三峰分布，这是因为超市营业到深夜，而人们也在晚餐后到超市购物。例如，周末客流量峰值出现在10:00～11:00、14:30～15:30、18:30～19:30，工作日客流量峰值出现在10:00～11:00、14:30～16:30、18:30～20:00。

2. 周末与平时峰值的差异

一般，周末全天的平均客流量约相当于一天中峰值客流量的71.1%，工作日全天的平均客流量相当于一天中峰值客流量的64.5%～77.1%。从此结果可以看出，工作日和周末相比，上午客流量峰值出现时间一致，而下午则持续较长。原因在于周末人们不上班，因此选择下午购物的人数增加。

3. 周末与平时下午客流量的差异

对于工作日来说，下午客流量峰值小于晚间，而对于周末则相反。这是因为周末在家休息的人一部分选择了下午购物，而不是像平常一样晚间购物。

二、新鲜资料的发现地

市场调查，特别是实地调查虽然是一件比较艰苦的工作，但它的最大收获是可以获得许多案头上搜集不到的新鲜资料。特别是今天的中国市场，商业发展非常迅速，业态的变化、零售业的转接、商品的迅速流行及迅速衰落，某商场的突然蓬勃兴起和突然萧条败落，在实地调查中均可以记录到其踪影。

［例］ 2006年我们在无锡市进行调查时，发现政府和开发商对站前商贸区有着良好的愿望："使火车站地区成为对外开放的新窗口，经济交流的新平台，环境景观建设的新亮点，商务观光购物的不夜城。"但事实上，当时的站前商贸区并没有形成"不夜城"，而是一座"半空城"。由于两年来招商陷入困境，使相当一部分面积已由浙江商人接盘搞市场，形成了"一街、六场、七宾馆"的局面，非常萧条。因而作为异地投资肯定是不成熟的。

三、概念的形成地

在为一个新的市场、新的产品定位时，开始时往往会没有把握，形成不了准确的概念。但在实地调查时，望着潮起潮涌般的人流、鳞次栉比的商业建筑、如梦如幻般的灯光，再靠现场调查员数据的汇总及一天调查重点的汇报，灵感的火花就会在刹那间闪亮。

［例］　我们在为上海淮海商业集团机场公司作经营定位时，首先对虹桥机场作了为期一周的目标顾客及经营环境的调查，得出出入机场的商务旅客是目前各个消费场所中最为突出的消费群，这个消费群的主要特点是：

(1) 比较成熟，有理性。据调查该消费层以 25～55 岁年龄群为主，因而，对商品的鉴别能力较强，购买时较有理性。

(2) 比较富有，有一定的货币支付能力。空港旅客大部分是因公出差，一部分是比较富有家庭的旅游者，他们的货币支付能力都较高。

(3) 层次较高，有一定的文化品位。空港旅客大部分是大公司白领、国家公务人员及其他文化层次较高的人士，因而对购物环境及商品有一定的品位要求。

另外，机场由于交通通道的特点和商务旅客的特点，商品的最佳卖点：一是休闲小食品；二是精致小礼品；三是随携小药品。

第二节　实地调查的内容及重点

实地调查启动后，首先应每天审核调查结果，将非统计性偏差降至最低，以增加抽样调查的精准度；其次应每天掌握调查工作进度，保证调查工作如期完成；再次应进行日常调查工作检讨，以使调查工作品质日益提高。进行此项工作时，通常以小组讨论方式进行，必须以脑力激荡法或充分讨论方式进行，以求实际效果。

一、调查的内容

作者曾在课堂上问参加过市场调查的同学："什么是实地调查？"

有的学生的回答说："实地调查就是发问卷进行调查"；有的学生的回答说："实地调查就是现场观察、统计"；还有的学生则回答说："是前面两位同学意见的综合。"

这些同学对实地调查的定义是否对呢？都有些对，但只看到了自己曾经做过的实地调查的一部分，不够全面。那么，什么是实地调查呢？

（一）从工作内容看

实地调查包括以下几方面。

1. 客流量的观察统计调查

包括一般统计、购物率统计等：

(1) 地区主要路段的客流量观察统计，得到该城市或地区商业流动人口数量，如上海徐家汇地区、南昌八一广场地区等。

(2) 商业街客流量的观察统计，得到该商业街商业流动人口数量，如上海南京路步行街、南昌孺子路餐饮街等。

(3) 商业城或商场客流量的观察统计，应在商场各进出口设点统计，如上海新世界商城、豫园商城、乐购超市等。

2. 商业网点的统计调查

包括：

（1）在城市商业规划调查中，应包括各条主要商业街的商业网点的统计调查。

（2）在商业城或商场竞争力分析中，应包括所在商业街涉及的竞争性商业网点的统计调查。

（3）在品牌店引进分析中，应包括所在城市涉及的竞争性品牌的统计调查。

3. 现场消费者的拦截式调查

包括：

（1）在城市商业规划调查中，主要是针对消费意愿及期望的问卷调查。

（2）在消费品调查中，主要是针对消费习惯及消费愿望的问卷调查。

4. 居民的入户调查

包括：

（1）在城市商业规划调查中，主要是针对消费意愿及期望的问卷调查。

（2）在消费品调查中，主要是针对消费习惯及消费愿望的问卷调查。

5. 经理人员、营业人员的访问调查

调查内容应深入一些，包括：

（1）针对该地区消费习惯及消费愿望的深入访问调查（也可结合问卷）。

（2）针对该地区品牌消费习惯及消费愿望的深入访问调查（也可结合问卷）。

（3）针对该地区发展建设和大型设施引进可能性的深入访问调查。

（二）从工作程序看

实地调查包括以下几方面。

1. 调查前的人员选择与培训

（1）调查前的人员选择，不同地点、不同内容选择人员有区别，如化妆品调查最好用女青年、电脑调查最好用男青年。

（2）到现场后的简短培训，犹如军队的战前动员。

2. 调查前的组织工作

包括各种准备工作：

（1）调查员胸卡的印制、准备。

（2）问卷和其他统计表的印制、分类、准备。

（3）礼品的购买及准备等。

3. 调查前的现场踏勘

包括地形、客流量进入口、问卷调查点的选择等：

（1）商业城或商场地形踏勘，以正确设立客流统计点。

（2）商业中心或大型社区地形踏勘，以正确设立问卷调查点。

（3）城市主要商业街的考察，以确立需要进行网点统计的地方。

4. 调查过程中的现场协调及督导

包括：

（1）派出督导进行现场监督，这一点千万不可疏忽。

（2）督导特别要注意与商业街管理者、保安进行协调，以保证调查正常进行。

5. 调查过程中的信息反馈及工作调整

包括：

（1）调查过程中，发现问题要及时开会，及时进行纠正。

(2) 调查过程中,发现调查员违规要及时批评教育。

6. 调查后的总结和核查

包括:

(1) 对整个调查过程的总结,包括表扬、批评和希望。

(2) 调查后的问卷数量、缺漏等的核查。

(3)调查员印象、直感的一句话总结。

7. 调查后的缺漏及补充工作

二、实地调查组织工作的重点

从上述的工作内容和工作程序看,有人会问:这么多内容,叫我何从着手啊?我们认为,应从做好组织、领导和控制着手,保证调查工作的质量。其中,搞好组织工作的关键是抓住重点。那么,什么是市场调查工作的重点呢?

1. 抓好"人"

现场调查,调查员非常重要,有的人善于沟通,有的却羞于沟通;有的人能深入发掘材料,有的人却表面材料都收集不全。因此,应做好调查人员的选择和培训。

2. 注意"时"

要选择好调查的最佳时间。例如,目前商场一周的销售情况,往往如图 5-1 所示。

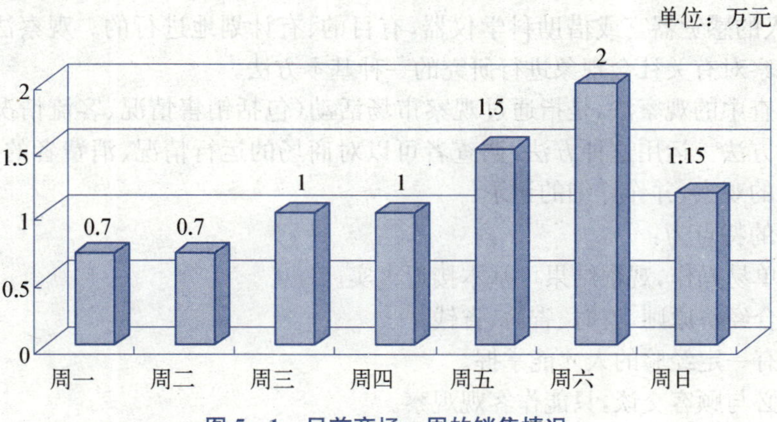

图 5-1 目前商场一周的销售情况

这从一个侧面反映了客流量情况,所以消费意向的问卷调查最好是放在客流量最大的星期六。而到了星期日,人们主要是休闲观光,对你的问卷或许兴趣不大了。

3. 留意"地"

调查工作的组织者要选择好调查统计的地点。例如,在进行上海豫园商城的客流量统计时,商城有十几个进口,有的可以归类,有的虽小但一定不能忘记,其中停车场地、自行车停放点等都不可缺漏。所以,事先要踏勘选择,便于正式统计时安排人员。此外,问卷调查的地点选择也很重要,如设在人们来去匆匆的交通要道口是不适合的,一定要设在一个人们可以停留小憩,乃至于有凳椅小坐的地方。例如,在南京路步行街进行调查,选择世纪广场这块花园绿地周围,就是一个很好的点。再如,在浦东新上海商业城进行调查,八百伴商城门口也是一个很好的点。

4. 控制"量"

(1) 样本的总量要掌握。有时往往会考虑成本而忽略样本数,这样调查的数据不准,反而得不偿失。例如，一个商业区域的调查，没有 1 000 份问卷量是绝对不行的；一个商厦的调查，没有 500 份问卷量也是有问题的。

(2) 调查员的调查问卷数量要控制。调查员问卷数量的控制要依据以下方面情况而定：

① 调查员素质。如是否有经验，生手还是熟手？沟通能力是否强，技巧是否高？

② 工作进度。如任务紧、人手紧张时，量可以多一些，但培训时要讲清目标、任务，激励工作要跟上。

第三节　现场调查的方法及实施

一、现场调查的方法

现场调查的方法有观察法、问卷法、访问法、座谈会和实验法等多种方法，下面将逐一阐明。

(一) 观察法(observatianal method)

观察，是指人们对周围存在事物的现象和过程的认识，这种认识是基于研究者对事物的现象和过程的理解。科学的观察，是在自然存在的条件下，对自然的、社会的现象和过程，通过人的感觉器官或借助科学仪器，有目的、有计划地进行的。观察法，则是指运用科学的观察对有关社会现象进行研究的一种基本方法。

市场调查中的观察法，是指通过观察市场活动(包括销售情况、客流情况等事实)以搜集资料的方法。运用这种方法，调查者可以对商场的运行情况、消费者的消费倾向等情况作直接的观察，并作详细的记录。

观察法的特点为：

(1) 简单易操作，观察结果可基本接近事实。

(2) 符合经济原则，省时、省力、省钱。

(3) 需有一定经验的人才能掌握。

(4) 不必与顾客交谈，只能作客观观察。

观察法可以运用于各种市场调查中，主要有以下几种。

1. 客流量的观察统计

要求调查员把商场或某商业中心的客流量的观察数据作详细的记录，然后再整理统计出来，如表 5 - 1 所示。

表 5 - 1　2000 年 10 月港汇广场客流量统计　　(单位：人)

路口 \ 时间			正门	南大门	地铁口	北侧门	内街	合计
上午	9:30～10:00	平时	180	498	630	468	186	1 962
		双休	319	720	261	972	237	2 509
	10:30～11:00	平时	264	684	870	504	294	2 616
		双休	292	732	1 000	1 031	402	3 457

（续 表）

路口	时间		正门	南大门	地铁口	北侧门	内街	合计
上午	11:00～11:30	平时	348	642	1 098	468	306	2 862
		双休	251	1 090	1 542	800	270	3 953
	11:30～12:00	平时	342	702	846	306	228	2 424
		双休	235	1 152	1 680	1 100	348	4 515
	12:00～12:30	平时	294	594	828	348	204	2 268
		双休	142	810	2 014	960	288	4 214
下午	12:30～13:00	平时	192	450	756	402	150	1 950
		双休	161	726	2 124	820	402	4 233
	13:00～13:30	平时	162	384	720	348	192	1 806
		双休	335	465	2 780	790	468	4 838
	13:30～14:00	平时	138	246	696	468	210	1 758
		双休	319	534	3 000	1 000	411	5 264
	14:00～14:30	平时	150	216	546	411	216	1 539
		双休	415	396	2 560	732	639	4 742
	14:30～15:00	平时	144	192	624	216	168	1 344
		双休	354	306	3 110	606	555	5 231
	15:00～15:30	平时	126	168	690	348	120	1 452
		双休	672	222	2 500	576	504	4 474
	15:30～16:00	平时	114	150	726	246	180	1 416
		双休	738	366	465	480	612	2 661
	16:00～16:30	平时	84	132	810	288	132	1 446
		双休	695	246	3 960	630	702	6 233
	16:30～17:00	平时	168	114	786	312	216	1 596
		双休	798	306	4 362	636	118	6 220
晚上	17:00～17:30	平时	114	264	990	258	246	1 872
		双休	720	465	4 072	558	180	5 995
	17:30～18:00	平时	126	234	1 068	312	254	1 994
		双休	660	612	4 256	516	280	6 324
	18:00～18:30	平时	120	168	1 152	258	288	1 986
		双休	630	312	4 362	402	1 364	7 070
	18:30～19:00	平时	84	186	1 218	192	312	1 992
		双休	582	246	4 212	304	1 680	7 024

（续　表）

路口 \ 时间			正门	南大门	地铁口	北侧门	内街	合计
晚上	19:00～19:30	平时	86	194	1 230	208	330	2 002
		双休	612	256	4 268	316	1 698	7 102
	19:30～20:00	平时	72	150	1 092	180	258	1 752
		双休	732	210	4 456	270	1 612	7 280
	20:00～20:30	平时	0	132	1 080	132	222	1 566
		双休	660	150	1 824	180	1 090	3 904
	20:30～21:00	平时	6	90	900	183	156	1 335
		双休	666	280	1 840	250	780	3 816
	21:00～21:30	平时	0	36	336	133	60	565
		双休	642	290	1 854	180	1 090	4 056
	21:30～22:00	平时	0	12	228	92	12	344
		双休	412	306	1 237	125	480	2 560
合　计		平时	3 302	6 575	18 690	6 873	4 610	39 845
		双休	12 042	11 662	59 471	13 918	14 512	110 573

2. 卖场环境及促销方式对顾客吸引力的观察

大型综合超市(大卖场)和社区购物中心内设置专卖店及环境良好的餐饮场所，能否滞留顾客、提高其购买欲望及增加卖场气氛？哪一种专卖店及餐饮对顾客更有吸引力？这些都可以通过观察调查得出结论。

3. 商场人流量与购买力关系的观察

(1) 百货店提高档次后人流大增，但销售额为何下降？通过观察可以得到顾客对商品及价格的敏感度。

(2) 枢纽商业(如地铁、机场、火车站)内人流不少，生意如何？上升的原因是什么？下降的原因又是什么？也可通过观察调查得出结论。

(二) 询问法(questionaire method)

询问法即问卷法，指调查者为了某一调查目的，设计好可填写及询问的表格，对消费者进行各种不同的询问，以便提出问题，找出答案。

询问法可分成以下几类。

1. 面谈法(personal interview method)

面谈法一般通过拦截式问卷、入户问卷，对顾客及其他对象面对面地提出问题，让其回答指定的问题，以完成调查的目的。

运用面谈法调查时，必须注意以下几个问题：

(1) 对于同一课题，调查时要用同一形式、用语和态度向消费者询问，不能随意更换内容，以保证调查的科学性。

(2) 调查人员一定要注意仪容、礼貌和态度，要以诚恳的态度和周到的礼貌保证面谈问卷的完成。

(3) 调查人员要动脑筋克服障碍，促进沟通，保证面谈问卷的完成。

(4) 问卷设计要简洁，访问面谈要抓紧时间，免得引起对方的反感。

2. 电话法(telephone method)

电话法，即用设计好的问卷表格，以电话"采访"的方式进行询问和了解。

在发达国家和地区，由于有私人电话名录，开展电话询问法调查较容易，且费用较低。但在我国大陆，由于没有面对面的沟通和赠品的吸引，一般很难对陌生人进行电话询问，而只能对熟悉的人进行电话访问。

3. 邮寄法(mail survey method)

邮寄法即通信法，是调查单位将有关问卷表格寄给调查对象，以询问到有关内容的方法。这种方法在资讯十分发达的e时代已较少用，一般只在企业的DM广告中难得运用，还须以得大奖或酬宾的方法为诱饵。

4. 网络调查法(internet method)

随着网络时代的发展，通过电脑上网调查询问也变成非常普通的事。为适应上网高节奏、快速的特点，网上调查询问的问卷一般设计得比较简单。(另节阐述)

(三) 座谈法(symposium/conversazione method)

座谈法调查是指召集有关调查对象，就某个调查主题开展讨论，以取得调查结果的方法。座谈调查法由于国内特殊的历史背景，可以广泛地运用。

1. 座谈法的特点

(1) 许多人在一起，可以集思广益，起到头脑风暴法的作用。

(2) 由于开展广泛的讨论，因此可以对某个主题进行深入探讨。

(3) 由于多人在一起，也许与会者某些敏感的问题不敢谈。

(4) 容易偏离主题，会议主持人要及时引导，并把握好会议时间。

2. 座谈法的运用

(1) 座谈法要注意运用好时机：

一是在入户调查遇到障碍时可以运用，召开座谈会时问卷调查可一并进行；

二是在某个调查主题需要深入了解时可以运用，召开座谈会可以让大家畅所欲言，使调查获得意想不到的好效果。

(2) 座谈法要注意运用好技巧：

一是必须请组织协助，如对居民调查必须由居委会出面；

二是必须事先有调查提纲，使座谈会能顺利进行；

三是必须对座谈对象有一个考虑，如男女比例、老中青比例、职业和收入比例等。

(四) 实验法(experimental method)

实验法顾名思义起源于自然科学的实验求证。例如，由理论推测某药具有抗癌作用，但需等临床实验证实后，才能正式批量生产推向市场。我们日常见到食品展销会上的品尝会，就是采用了实验法。

市场调查中的实验法，即在将产品大规模投放到市场前，在小范围、特定场景内进行促销，并加以研究的方法。例如，川崎公司的调料产品拟大规模进入上海，乃至全国的副食品商场和菜场，以什么销售方式为好？以什么价格定位为好？还可以开发些什么商品？必须首先找一家关系良好、有代表性的副食品商场进行实验，以对下一步的市场营销工作起到积极的指导作用。

为谨慎起见，在一个“实验市场”取得销售成果后，还应在不同地区、不同类型的其他“实验市场”检验以此为样板的经验，然后再大规模地推向整个市场。

实验法是一个综合性的方法，应以其他方法，如询问法(问卷、电话法)、座谈法、观察法等加以辅助，才能取得综合效应。

实验法的特点：

(1) 综合性强，融合各种调查方法，可以取得综合效应，如获得促销效果、树立企业形象等。

(2) 反馈性强，可以马上看出消费者的喜好及对价格的态度。

(3) 实践性强，能在实验过程中锻炼培养经营管理干部。

(4) 受一定条件的限制，如实验地点、社会关系和实验成本等。

二、现场调查的策略

(一) 大商场调查策略

大商场调查分两种，一种是为大商场作调查分析，自然可以得到商场的大力支持；二是为产品进入市场而对大商场进行调查，则要花费精力。我们这里主要讨论的是第二种。

1. 大商场调查的重要性

商品主要是在大商场进行销售的，“消费者调查”使我们可以得到一部分顾客的需求意向，但“商场调查”使我们可以得到大部分消费者的意见。因为一个在第一线的商场主管或营业员，其在一段时间内能接触许多顾客和商品。

2. 大商场调查可取得的资料

(1) 某类产品的销售数据。

(2) 顾客对产品质量的主要意见。

(3) 顾客对产品价格的可接受度。

(4) 顾客对产品款式、口味的要求。

(5) 该类产品的发展趋势及其替代品。

3. 大商场调查的策略

(1) 善于观察现场。

到大商场调查，在拿不到数据的情况下，其实观察现场也是一个很好的方法。例如，竞争者品牌有哪一些？其价格是多少？卖场陈列及气氛如何？消费者是否满意？等等都可以观察到。此外，也可以通过与营业员套近乎、闲聊的方法得到有关资料。表 5－2 所示是 2000 年在上海妇女用品商店内，通过现场观察记录到的服装品牌及价格汇总。

表 5－2　2000 年上海妇女用品商店的服装品牌及价格汇总

序　号	品　　牌	选 用 面 料	价格幅度(元)
1	黛安芬	全棉、莱卡、化纤	150～800
2	安莉芳	全棉、莱卡、化纤	150～800
3	达吉思	全棉、化纤	100～200
4	奇丽尔	全棉、化纤	100～400
5	曼妮芬	全棉、化纤	100～400
6	爱　慕	全棉、化纤	50～150
7	百利安	全棉、化纤	50～200
8	欧迪芬	全棉、化纤	100～300

（2）选准关键人物、关键商场。

对大商场调查，一般的营业人员只知商场运营的冰山一角，还有的则知之甚少，故一定要找到主管人员。例如，对运动鞋类市场的调查，一定要找到商场经理、部主任、柜长或其他主管人员，他们对市场熟悉、敏感性好，从他们那儿可以直接得到所需要的市场资料。

当然，还要选择好商场。在上海，如对女装市场的了解，不可不对太平洋百货进行了解；如对传统男装市场的了解，不可不对市百一店、永安公司进行了解。

（3）利用有利时机。

当我们在对一个商业区域进行调查时，需要听取众多经营者的意见时，什么是有利的场所和场合呢？那就是学校或培训场所。例如，众多商场经理都在双休日参加同一个MBA课程班的培训，找到培训地点，请老师和学员配合一下，就能得到几十份问卷的调查，或开一个小小座谈会就能听取意见了。

（二）小老板调查策略

当我们为一家健康娱乐中心或餐饮业饭店的选址开业作市场调查时，众多的小店主、工厂主便进入我们的视野。这是因为：① 小店主、工厂主本身有较多的休闲娱乐餐饮的需要；② 小店主、工厂主因业务需要必须会见许多客户，而谈生意、订合同一般则需要找一个比较宽松的环境进行。

对小老板的调查一般应由有经验的和年长的资深调查员担任，不宜由一般学生担任。

对小老板的调查策略应注意以下几点：

第一是，进门套近乎。小店主按其经营分为不同类型，如经营瓷器的广东潮汕人为多，经营木材、建材的福建人为多，经营花店、修理铺老板一般本地人较多，经营小商品温州人为多。进门后，要马上掌握对方为何方人士，问商品、谈经营、拉家常、套近乎，逐步接近主题。

第二是，提问看时机。当你要拿出卷子来问对方问题时，且慢！先看看对象在干什么——气色好不好？生意忙不忙？

气色不好，正遇到什么烦心事，你再去打扰他，肯定会碰到一鼻子灰，还是“改换门店”换一家调查对象吧！

生意太忙，人家正在做生意，你去打扰他，搅了人家好事，肯定给你看白眼。稍稍等一下，一场生意做下来，老板正好想休息一下，找个人聊一下，正是你的调查好时机！

第三是，互帮互助深入谈。小老板在经营过程中会碰到一系列问题，诸如商品品种是否适销对路？进货渠道是否得当？商品陈列是否合理？周边环境改造对生意的影响如何？等等。有经验的调查人员可以和他（她）一起在轻松的闲聊中分析问题，为其出主意。在这样的气氛中，他就更能配合你深入调查了。有时，是否富有经验就是调查成败的关键。

（三）消费者拦截式调查策略

消费者拦截式调查策略有两种：一种是给以一定配比要求的调查，另一种是现场随机抽样的调查。但无论哪种调查，都要求调查员掌握一定的技巧。在写这本书时，我们请了许多调查员座谈，他们的体会有以下几点。

1．“拦”要看人

拦截式调查要从匆匆行人中、茫茫人海中把调查对象拦截下来，对新手来说是要有点勇气和技巧的。拦截“看人”要做到“三要三不要”：

（1）要拦年纪轻反应灵敏的，而不要找年纪太大或反应迟钝的，以避免其反应迟钝而耽搁调查时机（当然前提是根据抽样要求）。

(2) 要拦空身轻装的，而不要找提包携物的，以避免给后者带来麻烦，同时你也避免吃闭门羹。

(3) 要拦携儿结伴的，而不要找单身行色匆匆的，因为小孩对调查员的小礼物比较感兴趣，而爸爸妈妈因此会接受调查。

同时，在男女性别上，女性似乎更容易接受调查些。

2. "问"要快捷

拦截式调查一般在市中心或商业街进行，对象是浏览购物者，因此问卷快捷是一门学问。

一是拦截对象要快。如坐在商店门口等开门的、逛街累了停下来休息的，这些对象一出现，马上要"捕捉"他们。

二是进入角色要快。拦到对象后马上提问，说明来由，逐个提问。

三是问卷过程要快。除了单个的询问对象外，调查员中的"高手"往往一下捕捉几个对象，同时发下卷子填写。当然，首先应看是什么卷子，只有简单的才可以这样操作；其次，调查后一定要认真复查，避免出现误差。

3. 适当深入

无论问卷中有开放式的问题，还是无开放式的问题，但在调查前的培训中，都要求调查员对一些关于调查主题的问题，需对部分调查对象(如5%～10%)深入询问一下调查对象的态度。

[例] 在"常州百货商场调查"中，我们选用了：

- 你认为"常百"最缺少的商业设施及商品是什么________
- 你认为常州市商业中心最缺少的商业设施及商品是什么________

在"虹桥镇商业环境调查"中，我们选用了：

- 您对吴中路商业开发的建议
- 您对虹梅路餐饮娱乐街开发的建议

当然，要选准对象，如在调查过程中要善于寻找对这些问题有看法、有见地的人，寻找文化、职业层次较高的人等。

(四) 居民入户调查策略

居民入户调查策略是最为困难的一种调查方式，它既劳心——如何突破居民的门登堂入室，又劳力——穿街走巷一家一户地深入调查。我们在这里介绍几种调查的策略。

1. 自我突破

要鼓励调查员有自我突破的精神与技巧。例如，怎样进入指定小区，按响门铃后怎样自我介绍，怎样说服主人开门让你入内，怎样顺利地开展入户询问调查，等等。

但随着生活水准的提高，高档住宅楼就越来越难进入，如小区内有保安，为第一挡；住宅楼有电锁，为第二挡；即使进去后，家庭门锁为第三挡，你还是无法接触主人，难！

因此，在调查时必须加强督导，以随机应变地进行相关指导，并及时提供各种帮助。

2. 守株待兔

一般调查都在双休日进行，调查员可选择适当时间，如上午8:30至10:30居民出门时在小区门口等候，或居民买菜回家时劝说其开门接纳你进门。

“守株待兔法”使用时要耐心。当然，督导要随时指导，并在掌握该小区规律后进行，以免空手而归。

3. 寻求帮助

调查公司或组织者为避免入户调查的阻力和低效率，一定要寻求各方面力量的帮助。

一是寻求委托方的帮助。例如，我们在对乡镇商业环境调查时，委托方是政府，于是由政府出面，先请居委会主任召集座谈会，并请其宣传和组织，提供调查的方便。

二是寻求居委会帮助。例如，某项调查必须作大量中高档住宅区的入户调查，调查员在入户时又恰恰遇到阻碍，就应寻求居委会帮助，通过居委会组长介绍和引领，以免吃闭门羹。

三是寻求其他帮助。例如，先从派出所户籍警处获得有关资料，调查时就有针对性了；也可在保安处获得帮助，帮你在“守株待兔”时寻找对象。

第四节　网络调查

随着网络的普及，利用网络进行市场调查已成为一种非常有效率的调查形式。网络的快捷、灵活及广阔的地域性，为市场调查提供了新的快捷方便的方法；同时，这种新型的通讯交流手段也已被越来越多的人所接受。可以这样说，在线市场调查已经成了市场调查领域中的一个新地标。

一、网络调查的目的及调查对象

（一）网络调查的目的

网络调查需要耗费一定的成本，而且具有一定的风险，所以需要明确网络调查的目的，以使调查结果更加准确和有效。

1. 识别公司站点的访问者

在网络上进行市场调研，目的是了解站点的访问者。当有人进入站点时，需要让他提供必要的个人信息和需求信息。如果掌握了这些信息，就可以勾画出目标客户群体的整体结构，然后有针对性地展开营销活动。

2. 客户/员工满意度调查

客户的满意度与忠诚度是衡量公司产品与服务在客户心中位置的重要指标，它将直接影响公司的发展与利润。对这一指标进行有效的调查、评估和管理，对企业的日常操作行为与长期的策略制定具有极其重要的指导意义。

3. 新产品测试

企业需要不断地推出新产品，为了准确了解客户的需求，运用网络调查的方式，对新产品进行宣传与调查，分析产品的优缺点。

4. 网站价值评价

网站作为网络虚拟社会概念的进一步拓展与延伸，有其巨大的号召力和影响力，因此更应利用这一新的媒体进行市场营销与产品的促销。与此同时，在网站上，网络调查本身也成为一种广告的存在方式，具有一定的广告效应。

(二) 网络调查中的调查对象

由于网络调查是存在于网络上的，其针对面和普及度也是非常高的，在这种情况下，通常调查对象分为以下几种人群。

1. 企业产品的购买者

购买者可以通过网上购物的方式来访问公司站点，而厂商也可以通过网络来跟踪消费者，了解消费者对产品的意见及建议。

2. 企业的竞争者

厂商可以通过网络进入竞争对手的站点，查询面向公众的所有信息，及时调整营销策略。

3. 企业合作者和行业内的中立者

针对调查对象，公司可能会提供一些极有价值的信息和评估分析报告。

二、网络调查的特点

和传统的市场调查方法相比较，利用网络进行市场调查有很多优点，主要表现为调查周期短、调查费用少及空间领域广的特点。

1. 调查周期短

传统的市场调查，通常要求调查人员与调查对象进行一对一的沟通来完成调查过程；而网络市场调查则利用网络，以及先进的多媒体技术来替代调查人员的工作，这可以使调查同时直接面对更多的调查对象，在短时间内就能完成预期的目标。

2. 调查费用少

传统市场调查中的费用，包括市场调查策划费用、调查人员费用、原材料费用（纸张及印刷等），以及市场调查的礼品费用。而对于网络调查来说，虽然需要增加多媒体技术的开发，以及网络使用的相关费用，但调查人员和原材料的费用可以忽略不计，而礼品费用可以使用多媒体技术实现，如赠送相关的积分等，这样成本就得到了控制。

3. 空间领域广

网络调查的媒介是网络，在现今网络普遍推广的时代，调查可以在全国，乃至于全球的空间领域上面对更多的调查对象。同时，网络调查更为及时，能为企业营销和政府规划的决策提供更为正确、及时的数据。在市场调查中，对于调查对象的分类是非常重要的，调查对象的性别、收入和年龄会直接影响到调查结果的实用性。网络市场调查可以更多地接触到所需要的调查对象，以使调查相关数据更加具备可行性。

三、网络市场调查的技术和环节

(一) 网络市场调查的技术

在网络上进行市场调查与书面形式的市场调查有着本质上的区别，因为网络调查须完全依赖于网络技术，以及现今拥有的信息技术。从现今的网络技术来看，有以下几种类型的网络调查。

1. 基于浏览器的数据库

基于浏览器的数据库，包括简单的文本文件字段和复杂的附有图表和格式化文本的主页。这种数据库文件一般有合理的大小，方便使用。

2. 链接型数据库

这种数据库像其他文本文件一样，数据库文件能被写入链接，通过往数据库中写入链接，提供数据库原材料，创造高质量的数据库。

3. 基于服务器的数据库

基于服务器的数据库是那些包含非常巨大的信息量，或者需要及时更换信息的数据库。这种数据库使用 HTML 表单，不仅能够显示日常的信息，而且还允许使用者键入新信息。

（二）网络市场调查的环节

网络市场调查作为一项新型的市场调查方式，虽然拥有很多传统调查所没有的优点，然而网络市场调查也是存在很多风险的，为了使调查结果达到预期的目标，网络市场调查的每一个环节都需要严格把关。

1. 设计在线调查问卷

首先是在线调查问卷的设计工作，网络调查的调查问卷不同与传统形式的问卷，除了问题的设计以外，更重要的是多媒体技术的运用。为了使被调查者能够顺利地完成问卷，并且使调查结果统计不出差错，技术上的运用起到了决定性的作用。

2. 吸引更多的人参与调查

网络市场调查可以面对更多的调查对象，与此同时，也有越来越多的网络调查出现。为了能够吸引更多的人来参与调查，首先需要让被调查者对调查放心，公布保护个人信息声明是一项非常重要的工作。其次，对于参与调查的人需要设置合理的奖项，这样做除了能调动调查者的积极性，同时也能起到一定的推广作用。

3. 网络调查结果具备可行性

对于市场调查来说，最重要的一定就是市场调查的结果了，得到的数据具不具备可行性也就决定了该次调查的成败。以下原因会影响调查结果的不完善：首先是样本分布的不均衡。样本分布直接决定了调查结果的可信度，因此每一次市场调查都应对被调查的人群分布有一定的要求，其对于下一步实际工作的操作也能起到事半功倍的效果。其次是减少调查废卷。对于调查结果需要经过严格的检查，以防有滥竽充数的现象发生，已经发现，需要及早删除。还有就是对于网络调查可以采用多种网上调查手段相结合的方式，除了在线问卷的形式，也可以进行诸如论坛讨论、在线意见征求、行业网站资料搜集等相关的调研手段，并将得到的建议与调查结果相比较，为网络调查打上一个双保险。

网络调查：股指期货问卷表

郑重声明：

请您如实填写相关内容，我们将严格按照客户资料保密原则妥善保管您的问卷。

1. 您是否想参与股指期货交易：

   a. 是　　b. 否

2. 您的资金水平：

   a. 50 万元以下　　b. 50～200 万元

   c. 200～1 000 万元　　d. 1 000 万元以上

3. 您想参与股指期货交易的资金水平：

   a. 50 万元以下　　b. 50～200 万元

   c. 200～1 000 万元　　d. 1 000 万元以上

4. 您参与股指期货交易的目的是：
a. 套期保值交易 b. 投机交易
c. 两者兼顾
5. 您以前是否参与过期货交易(商品期货和国债期货)：
a. 是 b. 否
6. 您对股指期货业务的风险了解程度：
a. 不了解 b. 了解一些，但不是很全面
c. 比较了解
7. 您对股指期货结算业务中追加保证金和强行平仓业务了解程度：
a. 不了解 b. 了解一些，但不是很全面
c. 比较了解
8. 您是否参与过权证交易：
a. 是 b. 否
9. 您参与过权证交易有多长时间：
a. 3个月以下 b. 3～6个月 c. 6个月以上
10. 你参与过权证交易的资金水平：
a. 50万元以下 b. 50～200万元
c. 200～1 000万元 d. 1 000万元以上
11. 您交易权证的月交易额：
a. 1 000万元以下 b. 1 000～5 000万元
c. 5 000万元～2亿元 d. 2亿元以上
12. 您做权证交易盈亏情况：
a. 盈利 b. 亏损 c. 持平
13. 您是否参与目前中金所的股指期货仿真交易：
a. 是 b. 不是
14. 您在参与仿真股指期货交易时，对仿真股指期货交易软件认识程度：
a. 使用不熟练 b. 一般 c. 非常熟练掌握
15. 您是否想得到我们有关股指期货的资料(可多选)：
a. 开户流程说明 b. 收费情况
c. 简单的介绍手册 d. 开通仿真交易账户
16. 您是否希望我们提供有关股指期货的业务培训：
a. 是 b. 否 c. 无

客户姓名：(签字)　联系电话：

您的宝贵意见：

第五节　实践指导

一、实践任务

实地调查法是直接针对调查对象的原始资料搜集方法，是搜集第一资料的方法。

要求学生走出课堂、走向社会，深入市场和企业，搜集第一手资料。

实践任务一：以小组为单位，根据课题要求设计一份调查问卷，组织一次街头拦截（或入户访问）的问卷调查，调查对象为问卷所涉及的消费者，要求学生在1小时内完成10～15份的问卷调查任务。

在实地调查方法中，街头拦截问卷调查法和入户访问法是运用比较广泛的方法，又是有一定难度的调查方法。通过这种方法使学生掌握实地调查的方法和技巧，锻炼学生接触社会的胆量，以及语言表达能力。

实践任务二：学生选择一个课题，并选择适合的对象进行一次深度访谈。在对有关人士进行访问时，要求学生列一份调查提纲，在访问过程中对访问内容做好记录。通过深度访谈的方法，获得与课题有关的第一手资料，并锻炼学生的沟通能力。

二、实践步骤

1. 街头拦截问卷调查法

(1) 确定调查目的。

(2) 设计调查问卷，并对问卷进行编号。

(3) 确定调查地点与调查时间。

(4) 根据课题与问卷的要求，选择街头拦截的对象。

(5) 进行简单培训，说明街头拦截的注意事项。

(6) 小组成员每个人负责10～15份问卷，进行街头拦截问卷调查。

(7) 回收问卷，整理问卷。

(8) 小组成员独立写一份调查心得，并进行交流。

2. 深度访谈法

(1) 确定调查目的。

(2) 根据调查目的列一份访谈提纲，提纲问题不少于10个。

(3) 选择最合适的被访者。

(4) 安排访问时间与访谈地点。访谈地点的选择应以有利于被访者顺利回答问题为原则，如工作单位、被访者家中、茶室、公园、酒吧等。

(5) 准备访问用品。在约定时间和地点后，访问员还要准备好一些必备的访问用品，如介绍信、工作证（学生证）、录音笔、摄像机、纸、笔及小礼品等。如需使用摄像机和录音笔，要事先征得被访者同意。

(6) 访问前的约访。事先通过信函、电话等方式与被访者联系，说明本次访问的一些事项，并承诺对访问内容进行保密。

(7) 正式访问。初次拜访要进行自我介绍，准备好开场白，并对这次访问给被访者带来的麻烦表示歉意。开场白要简明扼要，并能引起被访者的兴趣和热情。

访问中注意紧扣主题，控制好时间。如遇外界干扰，访问者要耐心等待，并记住被打断的地方，以便重新开始。

(8) 访问记录。在访问过程中，用适当的工具对访问内容进行记录；在访问结束前，为确保访问内容的可靠性和准确性，消除被访者的顾虑，应就访问记录的内容征得被访问者的认可和核对。

(9) 访问结束及结束后的工作。访问结束时，再次向被访者表达诚挚的谢意，并在适当时候发送礼品。访问结束后整理访问记录。

(10) 每人独立写一份调查心得，并进行交流。

三、实践要求

(1) 要求教师详细讲解实地调查方法的具体操作步骤，以及注意事项，尤其是对街头拦访调查法和深度访谈调查法进行详细讲解。

(2) 要求教师要鼓励学生大胆走出校园与人沟通，以便学生按时、按量完成任务。

(3) 本章的两个实践任务都需要学生走出校园，务必要求小组成员互相关心，注意安全事项。

四、实践内容

1. 内容(1)：组织一次商业街或产品的实地调查

(1) 重点在问卷调查的现场组织。

(2) 商业网点调查。

(3) 客流量调查。

(4) 产品上市种类调查。

(5) 证券业务调查等。

2. 内容(2)：通过因特网了解和学习网络调查的特点和环节

(1) 重点了解学习网络调查问卷的设计。

(2) 了解学习网络调查与实地调查的区别。

3. 要求

(1) 街头或入户问卷调查必须面对面进行。

(2) 商业网点调查必须现场统计、摄影。

(3) 客流量调查必须按照时间段进行，并统计出峰值。

(4) 产品上市种类调查必须在相关店铺进行现场统计。

(5) 网络调查必须掌握其基本特点和环节。

五、实践范例

客户评价商场服务质量表

(如果您不介意，请填以下内容，并在您选中答案的方框内打“√”或将答案填在横线上)

姓名____________ 电话____________ 邮编____________

通讯地址____________________________________

采购日期____________

1. 您的年龄：□20～25 □26～34 □35～44 □45～54 □55～64 □65 以上
2. 您习惯的采购方式：□进商场 □电话/传真 □电子商务
3. 您喜欢的支付方式：□现金 □支票 □信用卡
4. 您半年中来商场的次数：□1～3 □4～6 □7～9 □10～15 □15 以上
5. 您选择商场的原因：(可多项选择)
□外资企业 □公司品牌 □商品品牌 □品种齐全
□服务态度 □价格适中 □退调方便 □营业时间
□购物环境 □企业指定 □地段
6. 您采购的路线：□直达商场 □路过看到
7. 您喜欢的采购时间段：
□9:00～12:00 □12:00～15:00 □15:00～17:00 □17:00～19:00 □19:00～20:00
8. 您喜欢的商品：□进口 □国产 □无所谓
9. 您的文化程度：□初中以下 □高中/中专 □大学/专科 □研究生以上
10. 您所在的行业：
□国家机关 □国有企业 □外资企业 □民营企业 □部队 □事业单位
□其他________
11. 您从何处知晓商场：□公交广告 □网上查询 □旁人介绍 □其他________
12. 您在采购时，对哪些服务项目不满意？(可多项选择)
□商场引导标识 □柜台问讯 □支付手续 □商场环境
□送货 代办订货 □包袋寄存 □退调商品
13. 您在同商场接触中，下面哪些环节服务令人不满意？(可多项选择)
(1) 柜台接待：□态度 □语气 □业务程度 □品牌介绍 □商品捆扎
(2) 电话问询：□语言规范 □耐心解答
(3) 传真问询：□报价速度 □报价单规范 □推荐品牌
(4) 网上问询：□回复速度 □报价速度 □货源保证 □送货
(5) 退调商品：□服务态度 □质量责任确认
(6) 延期交货：□信息沟通 □调换品牌 □办理退货 □合同赔偿
(7) 送货服务：□清点商品 □货单相符 □按时送货 □补缺处理
(8) 票据结算：□接待态度 □唱票 □验证、票
(9) 商场环境：□通道太小 □商品标识 □休息场所 □包袋寄存 □商场整洁
14. 您对商场服务有否抱怨？□有 □没有
15. 您心目中满意的商场有哪些？(可多项选择)
□迪卡侬 □运动 100 □nike town □21 世纪运动城
□傲运会 □跨世 □其他________

(资料来源：上海商学院学生作业)

案例分析

证券公司营业部客户需求调查

随着证券行业竞争的日益激烈，投资者对证券公司的服务提出了越来越高的要求，证

券公司也逐渐意识到，以优质的服务和产品取代单纯的低佣金策略才是公司的发展之道。

某证券公司营业部为了详细了解客户对公司研发产品的需求，以及核心客户对差异化服务的需求，从而为投资者提供更具针对性、个性化的资讯服务，设计了一份客户需求深度调查的问卷，对研发体系构架和核心客户服务两大部分的内容进行了调查和分析。

证券公司营业部客户需求深度调查（研发产品客户需求部分）

营业部：____________

一、研发体系构架

1. 请对现有主要研发产品重要度给予评价，三选一，在对应项下画"√"。

产品名称	非常重要	重要	一般	产品名称	非常重要	重要	一般
投资点金				公司分析			
市场午评				策略报告			
观察哨				创新报告			
权证攻略				债券分析			
基金分析				年报点评			

2. 请对以下创新产品按需要度给予评价，三选一，在对应项下画"√"。

产 品 名 称	非常迫切	迫 切	一 般
套利模型的建立			
资产组合的建立			
资产证券化产品分析			
分离交易可转债分析			
将上述模型转化成实用型软件			
专题报告			
内部培训			
海外市场研究			

除上表列示之外，营业部其他迫切需要的研发产品有：

3. 对研发中心视频会议有何建议？

(1) 召开时间，请选择：

保持现在时间，盘后或开盘前　　（　）

盘中及时召开　　（　）

(2) 会议内容，请根据营业部实际情况对每项内容需要程度给予评价，三选一，在对应项下画"√"。

会 议 内 容	非常迫切	迫 切	一 般
市场分析、大势研判			
行业动态介绍			
重点上市公司分析			
权证交易策略			
股指期货等创新业务介绍			
基金分析			

4. 请根据营业部实际情况，对巡讲内容的需要程度给予评价．三选一，在对应项下画“✓”。

巡 讲 内 容	非常迫切	迫 切	一 般
市场分析、大势研判			
行业动态介绍			
重点上市公司分析			
权证交易策略			
股指期货等创新业务介绍			
基金分析			

5. 除巡讲外，是否有必要由研发中心组织营业部研究人员进行内部培训、学习和交流？

二、核心客户服务

1. 贵营业部对核心客户的定义是，请选择：

按资产划分 (　　)，请注明核心客户资产额标准是________万元以上

按净佣金贡献划分 (　　)，请注明核心客户佣金贡献标准是________万元以上或佣金占比达______%以上

其他，请注明：

2. 贵营业部的核心客户数量：

核心客户构成类别主要有：

机构客户构成类别	数 量	百分比
市场主流机构，如基金、保险等		
一般机构客户		
个人核心客户		

3. 贵营业部客户数量统计略表：

客户资产额	2006 年			2007 年第一季度		
	数量	佣金贡献（万元）	佣金占营业部总佣金收入之比(%)	数量	佣金贡献（万元）	佣金占营业部总佣金收入之比(%)
1 亿元以上						
5 000 万元～1 亿元						
2 000～5 000 万元						
1 000～2 000 万元						
500～1 000 万元						
100～500 万元						
50～100 万元						

4. 贵营业部佣金贡献情况统计略表：

(1) 请将贵营业部 2006 年、2007 年第一季度佣金贡献前 10 名客户按资产分类填入下表中。

客户资产分类	2006 年			2007 年第一季度		
	数量	佣金贡献	百分比	数量	佣金贡献	百分比
1 亿元以上						
5 000 万元～1 亿元						
2 000～5 000 万元						
1 000～2 000 万元						
500～1 000 万元						
100～500 万元						
50～100 万元						

(2) 请将贵营业部 2006 年、2007 年第一季度佣金贡献前 20 名客户按资产分类填入下表中。

客户资产分类	2006 年			2007 年第一季度		
	数量	佣金贡献	百分比	数量	佣金贡献	百分比
1 亿元以上						
5 000 万元～1 亿元						
2 000～5 000 万元						
1 000～2 000 万元						
500～1 000 万元						
100～500 万元						
50～100 万元						

5. 对核心客户是否有必要提供差异化服务？差异化应主要体现在哪些方面？

6. 如果有必要对核心客户提供差异化服务，请对以下研发产品的需要度给予评价，三选一，请在对应项下画“√”。

研究报告内容	非常迫切	迫　切	一　般
行业动态分析			
行业比较分析			
重点上市公司调研报告			
客户投资组合评估			
资产配置报告			
QFII 动态跟踪			
债券市场研究			
套利模型			
海外市场研究			
各类专题研究			
股指期货研究			
套利/估值等实用型软件开发			

其他，请列示：

7. 是否有必要由研发中心组织核心客户召开投资报告会？

8. 研发中心的研发产品，如果按照重要程度进行评级，并且对于高级别研究报告通过设置密码方式仅向核心客户提供，此种方法是否可行？

9. 核心客户需要什么样的沟通方式？

分析师在线，实时交流　（　　）

电话沟通　（　　）

QQ 或 MSN 互动　（　　）

其他：＿＿＿＿＿＿＿＿

（资料来源：中国民族证券上海营业部）

案例思考题

1. 在研发体系构架部分公司对哪几类研发产品进行了调查？

2. 公司对营业部核心客户的结构和数量作了哪些方面的调查，这与了解核心客户的服务需求有什么联系？

3. 如果你是一名核心客户，你会如何选择差异化的服务，你希望用什么样的沟通方式？为什么？

练习与思考

(一) 名词解释

实地调查　网络调查　观察法　问卷法　访问法　座谈法　实验法

(二) 填充题

1. 消费者拦截式调查策略有两种，一种是给以__________的调查，另一种是__________调查。

2. 面谈法一般通过________、________，对顾客及其他对象面对面地提出问题，让其回答指定的问题，以完成调查的目的。

(三) 单项选择题

1. 实地调查是采集(　　)的现场。

　A. 第一手资料　　B. 第二手资料　　C. 市场数据　　D. 信息资料

2. 市场调查中的实验法，即将产品大规模投到市场前，在(　　)内进行促销，并加以研究的方法。

　A. 特定范围、特定场景　　B. 小范围、特定场景

　C. 特定时间、特定环境　　D. 特定范围、特定环境

(四) 简答题

1. 简述大商场调查的策略有哪几个方面。
2. 从工作内容看，实地调查包括哪几个方面？
3. 简述拦截式调查的策略有哪几个方面。
4. 网络调查的特点是什么？

(五) 论述和实践题

1. 联系调查实际，论述在现场调查时应把握哪些要点。
2. 按照实践内容和网络调查的技术环节，设计一个网络调查方案。

第六章

调查访问人员的选择及培训

学习目标

学完本章，你应该能够理解、分析和掌握：

1. 知晓调查访问人员的来源渠道；
2. 理解调查访问人员的选择标准；
3. 掌握调查访问人员培训的内容和重点；
4. 掌握调查访问人员培训的方法和技巧。

基本概念

兴趣　沟通　性格　提问互动培训法　情景模拟培训法　角色扮演培训法　现场培训法

中国是一个人力资源非常丰富的国度，似乎并不缺少调查访问人员，但事实上却是挑选一个合格的调查访问人员并非易事。

因此，调查访问人员的选择和培训不能掉以轻心，一定要仔细选择，认真培训，以确保调查工作的严谨性，并使调查工作得以顺利开展。其原因是，实地调查人员承担了搜集第一手原始资料的重要责任，起着完成市场调查最基础工作的作用。

第一节　调查访问人员的来源渠道

市场调查访问人员的可选择渠道是比较多元的，如可以选择在校学生、企业内部员工、专业人员及社区成员。

一、在校学生

1. 选择原因

在校学生是市场调查过程中聘用最多的调查人员，其原因是：

(1) 在校学生对参加社会实践活动非常有兴趣，他们既把其作为了解社会、接触社会、锻炼自己能力的途径，又把其作为勤工俭学，获取一定助学补贴的方式。因而，他们热情高，有积极性，肯投入。

(2) 在校学生年纪轻、有活力、接受新生事物快，他们认为参加调查活动对自己是一种挑战，因此能全身心地投入。

(3) 青年学生在调查中，热情而有亲和力，一般能得到被调查者的支持、理解和配合。

(4) 青年学生容易接受培训，并且诚实可靠，除个别外一般绝少弄虚作假。

2. 在校学生的征选方式

(1) 通过学校征选。

实践证明，征选学生一般与经济类院校合作较好。具体操作时，可以通过学校的学生管理部门，委托它们代为征选，再由调查主持单位考核复审，主要是通过面试、口试，决定是否录用。由于学校本身在组织社会实践及实习等教学环节上有需要，因此一般都能积极配合。

(2) 通过教师征选。

经济类院校在企业管理、市场营销学、公共关系等课程中，都有市场调查的内容，有的甚至开设专门的市场调查课程。有经验的教授比较熟悉市场调查的方法和程序，由其征选的学生更直接、更实用。

(3) 通过学生或学生组织征选。

一是优秀的学生参与调查访问工作后，可以通过他们推荐带动一批对市场调查工作有兴趣、有热情的同学来参加。实践证明，由比较熟悉的同学在一起组成小组，对开展调查更为有利。二是现在市场调查的项目越来越多，一般大专院校学生会都有兴趣接纳调查项目，因此可以通过学生组织进行征选，即使在假期里也可以征选到调查人员。

二、企业内部员工

如调查项目在异地进行，又适逢学校考试，客户单位又想锻炼培训一下新进的青年员工，可以让企业内部员工担任调查访问员。

1. 吸收企业内部员工参加调查的积极意义

(1) 企业可以直接了解整个调查过程，可以及时地进行沟通和反馈，并在可能时进行必要的调整。

(2) 可以帮助企业培养一批调查人员，使企业在之后可以自行开展一些小规模的、简单的调查活动。

2. 选用企业内部调查员的注意事项

(1) 企业调查员必须经过选择、面试与培训后才能上岗；

(2) 在调查过程中，必须对企业调查员加强督导，发现问题及时解决。

三、社区成员

1. 居委干部

鉴于学生调查员在入户调查中会遇到许多障碍，影响调查工作的进度，因此可争取居委干部的支持，以保证入户调查的正常进行。其方法有以下几种：

(1) 请居委召开居民座谈会，这样既可以在会上作问卷调查，又可以对某问题进行深入探讨。但此举也有一定缺陷，因为来参加座谈会的一般都是老年居民，他们常年在家，对外界事物不甚了解。

(2) 委托居委干部在方便时与居民进行沟通和联系，以获得调查所需要的最直接、最真实的信息。

2. 社会待业人员

有的调查项目时间要求非常紧，而学生一般只能在假日参加。如遇到期中、期末考试，调查人员就十分匮乏。这时应想到还有一个社会资源可以利用，那就是已毕业，但由于种种原因在家待业的青年。他们虽然在心态上没有在校学生那么好，但已有了几分社会经验，且有充足的时间可以参与调查工作。

四、专业人员

每个调查项目都有一定的专业性，特邀一些专业人员参加调查，可使调查内容更具科学性和准确性。

（1）在进行化妆品项目调查时，可请一些从事化妆品经营的女性业余参与，她们的调查技巧、询问方式更专业。

（2）在进行汽车项目调查时，可请一些从事汽车销售的人员参与，他们对生产商、产品及客户更熟悉，这可使调查的内容更实际、更可信。

（3）在进行商业区域项目调查时，可请有经验的商业经营人员参与，他们对经营单位、对企业访谈更具经验，可提出有价值的建议。

第二节 调查访问人员的选择标准

从事任何一项工作都必须靠基础能力、特长、兴趣和责任心。据此，调查访问人员的选择标准是什么呢？一是兴趣与热情，二是责任心与负责态度，三是年轻与活力，四是沟通能力与性格优点。

一、兴趣与热情

（一）兴趣

1. 兴趣的定义

所谓兴趣，是指一个人积极探究某种事物及爱好某种活动的心理倾向。即是人认识需要的情绪表现，它反映了人对客观事物的选择性态度。例如，你对某种职业或活动感兴趣，就会对该种职业活动表现出肯定的态度，并积极思考、探索和追求。

2. 兴趣的种类

根据兴趣的目的不同，可分为直接兴趣和间接兴趣。

由于事物本身在情绪上引人入胜，而引起的兴趣称为直接兴趣。例如，学生对生动的课程、活动等的兴趣就是直接兴趣。直接兴趣具有非稳定的特点，时常会发生转移。

间接兴趣是指对某种事物或活动本身没有兴趣，但对其结果感到需要而产生的兴趣。例如，有的人对某些活动并不感兴趣，甚至感到乏味，但意识到参与这些活动对增长才干、服务社会有重要作用，因此积极投入，并对此产生兴趣。间接兴趣具有较稳定的特点，但在一定条件下可以转化为直接兴趣。

3. 兴趣的三个阶段

兴趣的产生和发展一般要经历这样三个阶段：

第一个阶段：有趣。这是兴趣发展的低级阶段，其非常之不稳定，往往短暂易逝。处于这一阶段的兴趣常常与人对某一事物的新奇感相联系，随着这种新奇感的消退，兴趣也会自然地逝去。

第二个阶段：乐趣。这是兴趣发展的中级阶段，其是在有趣定向发展的基础上形成的。在这一阶段中，人的兴趣会变得专一、深入起来，对一些感兴趣的事或活动，也许会整天沉溺于其中。

第三个阶段：志趣。这是兴趣发展的高级阶段，当乐趣同人的社会责任感、理想、奋斗目标结合起来时，乐趣便变成了志趣。志趣具有社会性、自觉性和方向性，是取得成就的根本动力，是成功的重要保证。

兴趣是在一定需要基础上，在社会实践中形成的，兴趣实际上是人需要的延伸。

4. 兴趣对工作的影响

兴趣对工作的影响主要表现在以下三个方面：

第一，兴趣是最好的老师，是一种强大的精神力量。获得诺贝尔物理奖的华人丁肇中说过："兴趣比天才重要。"实践证明：在影响工作开展的众多主观因素中，兴趣就像一双无形的手，起着重要的作用。因为兴趣可以使人集中精力去获得你所喜欢的职业知识，启迪智慧并创造性地开展工作。当一个人对某种工作发生兴趣时，他就能发挥整个身心的积极性；就能积极地感知和关注该职业知识、动态，并且积极思考、大胆探索；就能情绪高涨、想象丰富；就能增强记忆效果，增强克服困难的意志。反之，"强按牛头喝水"，是不会取得良好效果的。

第二，兴趣可以提高工作效率，充分发挥个人才能。一个人对某一方面的工作有兴趣时，枯燥的工作会变得丰富多彩、趣味无穷。兴趣使工作不再是一种负担，而是一种享受。因为兴趣可以调动人的全部精力，以敏锐的观察力、高度的注意力、深刻的思维和丰富的想象力投入工作，促进你能力的发挥，兴趣和能力的合理结合会大大提高工作效率。曾有人进行过研究：如果你从事自己感兴趣的工作，则能发挥你的全部才能的80%～90%，而且长时间保持高效率而不感到疲劳；而对所从事工作没有兴趣，只能发挥你全部才能的20%～30%。

第三，兴趣是保证工作成功的重要因素。对某一工作有浓厚的兴趣，是智力开发的"孵化器"。兴趣是工作动力的主要源泉之一。对于一个人来说，对工作感兴趣，就愿意钻研，就会出成就——这正是兴趣的作用所在。兴趣是工作成功的一个重要因素，它能将人的潜能最大限度地调动起来，使之长期专注于某一方向，作出艰苦的努力，取得令人注目的成绩。

综上所述，做好一项工作的首要条件是在于你有没有兴趣。有了兴趣，则能焕发热情，超常发挥能力；没有兴趣，则会意志消沉，困乏怠惰。从事市场调查工作，尤其是进行问卷调查更是如此，因为作为一名调查访问员，有时要整天不断地重复询问陌生人同样的问题，有时要统计一条街上几百家业态接近的商店，这不能不说是一种考验。所以，在甄选面试调查访问员的时候，一定要问清：你有没有兴趣！

这里特别需要一提的是，对青年学生的兴趣要加以引导。当报名参加市场调查的时候，有的学生将兴奋点集中在"玩"上，有的学生将兴奋点集中在"打工挣钱"上，因此要把他们的兴趣引导到参加社会实践锻炼才干、接触经济工作实际上来。当然，适当的物质报酬也是非常重要的，报酬发放得当，兴趣才能持久和巩固，热情才能持续和延伸。

（二）热情

法国寓言家拉·封丹曾经说："无论做任何事情，应遵循的原则都是追求高层次。你是第一流的，你就应该有第一流的选择，在工作中加入'热情'。"这就是说，你如果不能使自己的全部身心都投入到工作中去，你无论做什么工作，都可能沦为平庸之辈。因此，工作态度是衡量一个人是否敬业的重要标准，假如一个人连基本的工作态度——热情主动、干事不拖拉都没有的话，他又如何能对所从事的工作尽职尽责呢？

成功除了取决于人的才能，还取决于人的热忱。爱默生说过："有史以来，没有任何一件伟大的事业不是因为热情而成功的。"这个世界为那些真正具有自信心和充满热情的人大开绿灯，有的人直到生命终结的时候，依然热情不减当年，无论出现什么困难，他们总是满怀热情地把工作目标变成现实。

一个缺乏热忱的人，一定是一个无精打采的人，即使是最简单的工作，也会稀里糊涂地把它办糟。对工作热情的人，不论工作有多少困难，或需要付出多大的努力，始终都会以正确的态度去进行，并且最终能够出色地完成任务。

同样一份工作，由同一人来干，有热情和没有热情结果是截然不同的。前者使你变得有活力，工作干得有声有色，创造出好的业绩，使别人对你刮目相看；而后者，使你变得懒散，对工作冷漠处之，当然就不会有什么好业绩，你的潜能也无法发挥。

鉴于此，热情对于开展调查工作具有非常重要的作用：一是热情可以感染调查对象，诱发其回答调查问卷上的种种问题；二是热情可以感染同事，使群体产生更大的工作动力；三是热情可以推动整项调查工作的顺利进行。

那么，怎么来辨别一个调查人员是否有热情呢？人的性格有内、外向之分，外向者往往热情有余，但内向者不等于与热情无缘。后者的热情比较含蓄、深沉，如管理、激励得当，可能他（她）的热情更持久，在工作中表现得更出色。

二、责任心与负责态度

（一）责任心

1. 责任是永恒的职业精神

责任是一种与生俱来的使命，它伴随着每一个人生命的始终。

从出生到离开这个世界，我们每时每刻都要履行自己的责任，如对家庭的责任、对工作的责任、对社会的责任。一个缺乏责任心的人，或者一个不负责任的人，会失去自己的信誉和尊严，失去别人对自己的信任与尊重，甚至失去社会对自己的认可。

此外，责任是永恒的职业精神。一个组织缺少勇于负责的精神，这个组织就难以生存；一个人缺少勇于负责的精神，这个人就难以立世。可以看到这样的情况，在工作中往往并不缺少有能力的人，但缺乏有责任心的人。事实上在工作中，只有那些勇于承担责任的人才有可能被赋予更高的使命，才有可能获得成功。

2. 责任心是调查员职业道德的核心

责任心是一个人职业道德的核心部分。这种素质既来源于他（她）的家庭教育和社会背景，又来源于他（她）自身的学习和对自己的要求。一个有责任心的人，必定是爱岗敬业、把细节做得完美的人。在责任心的驱使下，他们会积极挖掘自我潜能，会坚忍和执著，会充满激情地勤奋工作。我们说，一个人无论多么优秀，其能力都要通过尽职尽责的工作才能完美地展现出来。可以这样说，一个不愿意担负责任的人，从事任何工作都不会有出色的业绩。

事情做不好的根本原因是什么，可能每个人都有一番自己的见解。不管怎么说，最关键的一点就是责任心的缺乏，正是因为缺乏责任心，才导致我们不是认真地去做事情，才导致我们只强调客观而不讲主观，大谈外因而闭口不谈内因。

一个没有责任感的人，在工作时一定不会认真，对自己的工作是否有成绩也不会很细心地去检讨，也不愿去承担工作失败的后果。他往往凡事推诿，工作懒散。有时他的聪明或许可以掩盖工作上的失误或不圆满之处，但他只要缺少一种真正的责任心，日久天长，他的工作就难免会因一再的疏漏而产生负面的后果。

对于个体而言，责任是一个人有所成就的不竭动力；对于组织而言，只有每个人的责任汇聚为整个团队的价值，这个组织才能生存和持续发展。当前，很多组织都深受责任缺失之害，人们将之形象地称为"责任缺失综合症"。个体责任感缺乏，就像病毒一样在组织机体的各个层面上扩散，极大地削弱了团队的战斗力，损害了组织的凝聚力。为什么要求今天完成的工作，总要拖延到明天？为什么需认真细干的工作，却马马虎虎干了交差？原因是多方面的，但毫无疑问，缺少负责精神和落实意识是深层次的原因。所以，要提升组织战斗力，就必须从提升个体责任心开始。

因此，对一名调查员来说，迫切需要学习的，并非什么先进的理念和知识，而是最基本、最朴实的一个课题：责任！

责任心对一名市场调查员非常重要，假如没有责任心，他可能会出现造假、虚填问卷等情况，这既影响了调查工作的准确性，又影响了调查机构的声誉；假如没有责任心，会导致整个调查工作的失误，甚至失败。因此甄选调查员时，在责任心这一点上，一定不能放低标准。

（二）负责态度

负责态度是指工作高度认真，一丝不苟。其在市场调查工作中表现为：一是培训中，遇到疑问能负责地提出来，不走过场；二是调查中，遇到障碍能主动想办法解决，不知难而退；三是统计分析时，遇到问题能及时指出，不使数据出现偏差等。

在市场调查的过程中，要善于发现选拔和造就一批有责任心、对工作具有一丝不苟精神的，即不"捣糨糊"的调查人员。因为只有这样，才能保证实地调查的质量。

三、年轻与活力

（一）年轻

青年人朝气蓬勃，在市场调查中，他们的优势与中年人相比：一是对调查工作的兴趣与热情要高得多；二是对市场情况要敏感得多；三是对问卷中的疑问发现更敏感、更快捷。因此，被调查者往往更易接受他（她）们的调查与访问。

（二）活力

1. 活力的定义

什么是活力？"活"指的是人的奋发向上、积极进取、敢于面对、激情乐观的状态，而"力"则是促使人们达到这种状态的一种推动力。人是有思维和意志的个体，所以这种推动力的源泉来自人的内心。

2. 活力源

人的活力是从哪里来的？让我们思量一下，一个人从小到大做什么样的事情会愿意去做？喜欢、有兴趣、偏好、特长的事，能得到肯定的事，有收益的事，能赢得尊重的事……而所有这些都与成功快乐有关，做这些事，人们往往会表现出活力。

当然还有另外一种情况，由于每个人都有趋利避害的本能，在趋利避害的过程中也会产生活力。比如，你已经很疲乏了，只想躺下来休息，可这时有老虎来了，你会马上有了活力，飞奔起来。根据脑神经学的研究，人在恐惧的状态之下，分泌的是肾上腺和皮质激素，分泌肾上腺最重要的表现就是肌肉紧张、有更大的能力和力量、快速作出反应，表现得非常有活力。

从恐惧能产生活力这个角度看，就是凡事要有游戏规则，如果没规则、没有制度，没有违反规则的肉体或精神层面的惩戒，人就不可能奋发向上、积极进取。但恐惧之后，如果不能得到成功的快乐，压力也不可能转化为动力。使人恐惧是个施压过程，使人快乐是享受成果的过程，两者结合在一起，才能产生活力。

3. 市场调查人员需要具有活力

年轻当然具有活力，但有活力者不一定全是年轻人，学校的老师、教授，行业协会中的离退休人员，也都会在市场调查中焕发出活力。因此，充满活力的老、中、青调查人员，可以根据调查的不同层次，担纲不同的访谈调查：

高层访谈调查可考虑指派具有一定资历及背景的人员进行，如安排专家、教授等有声望的人亲自出马，他们可以找以前的学生打开局面；也可安排行业协会的离退休干部，他们可以找以前的下属打开局面。当然，年轻人有能力担纲访谈则更好。

基层、中层座谈或专访可考虑安排具有一定经验的人员进行，如中年经营管理者等，因为容易与这个层面沟通。

至于一般拦截式或入户调查，则安排年轻的学生调查员即可。

但必须注意的是，以上三个层次的调查人员都必须具有活力，才能随机应变地把实地调查推向纵深。

四、沟通能力与性格优点

（一）沟通能力

1. 沟通的定义

沟通在我们生活当中无处不在，从某种意义上讲，沟通已经不再是一种职业技能，而是一种生存方式。

沟通是指人与人之间以视觉、符号、工具为媒介交换信息的方法。

2. 常用的沟通方式

在进行沟通的时候，经常要经过这样一些方式：

一是语言沟通。在生活和工作中，时刻都在进行着语言的沟通。

二是文字沟通。在企业中，每到年终都要写总结报告；在实施一个项目调查的时候，需要给客户提供一个调查报告，这些都是文字的沟通。

三是肢体语言沟通。我们需要充分、合理地利用肢体语言，来表达出自己的意图。

四是借助工具和技术进行沟通。以前上课，老师坐在讲台上，学生们在下面，这是“我说你听”的沟通。现在老师可以用投影仪、幻灯片、笔记本电脑和学生们进行沟通，多媒体技术的应用，突出了沟通的效果。

3. 沟通方式的选择

在选择沟通方式的时候，我们需要注意以下方面：

一是肢体语言。人在传达信息的时候，语言表达实际上只占表达方式的35%，而65%是靠你的肢体语言去传达的。说同样的一句话，如果加上手势和表情，会带来不同的效果。

二是形象沟通，如表、图像等。在会议中或做报告的时候，除了文字以外，更直观的一种方式是用图表、图像，这些可以使你的意图更直观、形象地表达出来。比如说，企业今年年终销售额比去年增加了20%，直接用饼图或柱状图，使沟通更形象直观。

三是语言沟通。用语言沟通的时候，同样一句话，你用了这种语气，或者用了另一种表达方式，可以达到不同的效果。

4. 如何提高调查人员的沟通能力

提高沟通能力，要从两个方面考虑：一是提高理解别人的能力，二是增加别人理解自己的可能性。

首先应评价一下自己的沟通状况。例如，我对哪些情境的沟通感到愉快？对哪些情境的沟通感到有心理压力？是否常感到自己的意思没有说清楚？是否常误解别人，事后才发觉自己错了？然后评价一下自己的沟通方式。一是通常情况下，自己是主动与别人沟通，还是被动沟通？主动沟通者与被动沟通者的沟通状况往往有明显差异。一般来说，主动沟通者更容易与别人建立并维持广泛的人际关系，更可能在人际交往中获得成功。二是在与别人沟通时，自己的注意力是否集中？沟通时，保持高度的注意力，有助于了解对方的心理状态，并能够较好地根据反馈来调节自己的沟通过程。没有人喜欢自己的谈话对象总是左顾右盼、心不在焉。三是在表达自己的意图时，信息是否充分？在表达自己的意图时，一定要注意使自己被人充分理解。沟通时的言语、动作等信息如果不充分，则不能明确地表达自己的意思；如果信息过多，则也会引起信息接受方的不舒服。在对自己的沟通状况和沟通方式进行评价后，应针对性地进行改善。

调查人员必须具有与被调查对象交流沟通的能力。特别应把从事调查工作的青年学生的沟通能力发掘开发出来。例如，一些学生各方面素质都很好，但刚开始调查时有些怯场，督导员要耐心地训练他、引导他；两三个对象调查下来，他稍有进步，摸到门道，就要鼓励他、推动他，使他进一步提高自信心。又如，一些外地或郊县的学生（尤其是郊县的）在大城市调查会羞于自己的乡音，造成沟通障碍，督导员要鼓励他用普通话，但关键是提高他们的自信心。

（二）性格优点

1. 性格的定义

性格这个词最早是由著名的古希腊学者提奥夫拉斯塔（Theophrastus）首先提出来的，其意思是：人的特征、标志、属性、特性等。现代心理学家对性格的定义各不相同，其中比较一致的看法是：性格是一个人较稳定的、对现实的态度，以及与之相应的习惯化的行为方式。

性格表现既包括行为的方式，又包括实践的方式和思维、意志、情感等心理活动的方式。这些心理特征在类似的情境中不断出现，有一定的稳定性，以至习惯化，这便形成人们独特的性格。性格是个性的主要组成部分。某人一向稳重，但有一次却一反常态向工作对象发了脾气；这位学生的性格还是稳重的，而急躁是偶然表现出来的，不能算作他的性格。一个人的性格是在社会实践中逐渐形成的，性格一经形成就比较稳固，但也不是不可以改变的。在生活中，某些重大打击会使一个人的性格变得判若两人，如当某人得知自己患了癌症,性格变得沉默寡言了。

2. 性格的特点

性格是组成个性的重要心理特征。其特点:

一是性格的后天社会性;

二是从态度表现出来的性格的内心深在性;

三是从行为表现出来的性格的外在表露性。

3. 性格的表现

一是通过各种态度表现出来。例如,对待同学、同事、单位的态度,包括是否善于人际交往、人际关系的亲疏、忠诚或虚伪、同情或冷酷等。又如,对待学习、工作、任务的态度,包括勤劳或懒惰、认真或马虎、细致或粗心、富有首创精神或墨守成规、节约或浪费等。再如,对待自己的态度,包括谦虚或骄傲、自信或自卑等。

二是通过意志表现出来。例如,行为是否具有独立性、目的性、组织性、纪律性、冲动性、盲目性、散漫性等。又如,是否具有主动性和自制力等,遇到困难时是否镇定、果断、勇敢、顽强等。再如,工作是否有恒心、坚韧性等。

三是通过情绪表现出来。例如,情绪感染和支配程度、情绪起伏和波动程度、情绪持久或短暂等。又如,心境的稳定程度。

四是通过认识心理特点表现出来。例如,认识是否易受环境干扰等。又如,认识是否注意细节、是否善于概括、能否有持续性,判断是否敏锐而精细等。再如,是否善于想象、善于提出问题或喜欢借用现成答案,是否爱好分析或爱好综合等。

4. 性格类型

由于各人所处的客观环境不一样,先天的素质不同,形成了各种各样类型的性格。

(1) 按性格结构中的主要成分,可划分为:

理智型:深思熟虑,沉着冷静,善于自控。

疑虑型:犹豫不决,过敏多疑,易受暗示。

情绪型:心境多变,多愁善感,容易冲动。

(2) 按心理活动的主要倾向,可划分为:

外倾型:活泼开朗,善于交际,独立性强,不拘小节。

内倾型:沉郁文静,不善交际,处事拘谨,应变力差。

混合型:以上特点俱有,多数人属这种类型。

5. 塑造良好的性格特征

鲜明突出的性格并不等于就是完美、健全的性格,如葛朗台的吝啬、阿Q的愚昧等都是令人生厌的。还有生活中常见的懒惰、自私、傲慢、胆小怕事、不关心团体等不良性格特征,都是不可取的。那么,怎样才算是完美、健全的性格呢?我们应怎样去塑造自己的性格呢?

心理学家认为,性格特征有几十种,甚至上百种。因此,所谓完美、健全的性格,并不是这些性格特征的机械总和,而是把许多良好的性格特征有机地统一起来加以培育。塑造良好的性格特征一般可以从以下几个方面要求自己:

一是在对社会生活的态度方面,应热爱团体、热爱生活、勤俭、正直、朴实、谦虚、有礼貌、守纪律、肯助人、有首创精神、踏实、认真等。

二是在性格的意志特征方面,应自觉、主动、自制、勇敢、果断、坚毅、严谨、有恒心等。

三是在性格的情绪特征方面,应观察精细、敏锐、富于想象、独立思考,以及善于分析、综合、概括问题或善于描绘事物等。

实践证明，不同性格的人都有其内在的优点。例如，热情外向及善于交际的性格可以使组织充满生气，能推动调查工作的迅速完成；耐心而细致的性格能发现问卷中的问题，且能忍受某些被调查对象不合作的态度；温和而合群的性格能增强组织的团结及合力；等等。因此，在开展实地调查时，应将不同性格的调查员按调查课题的需要组合在一起，从而使整个调查团队发挥最大合力。

第三节　调查访问人员的培训

调查访问人员初上岗时，一定要经过必要的培训。培训可使调查访问人员了解调查的目的、程序和方法，提高责任心，掌握调查访问的技巧，避免走弯路。

一、培训内容

调查访问人员的培训内容，一般包括调查项目介绍、礼仪训练、调查程序、操作技巧等。

（一）调查项目介绍

对调查访问人员进行培训，首先要对调查项目作一个整体的介绍，使调查访问人员对调查课题有一个较为全面的认识和了解，以增加他们在调查中的自觉性和主动性。

1. 调查的目的和内容

培训中，一定要向调查访问人员讲清调查的目的和内容。由于调查的类型很多，这里只举商业服务业调查的例子。

中国的城市化运动推动了商业服务业的高速发展，地区政府为了进行商业服务业功能定位和制定商业服务业发展规划，前期一般都需要对商业服务业现状进行调查。进行此类调查时，要在培训中讲清：

(1) 该地区所处的环境特点，如上海闵行区虹桥镇，其环境特点可进行如下讲解(2000 年项目)。

上海闵行区虹桥镇环境特点

虹桥镇由于紧靠市中心的徐汇、长宁区，地理位置优越；吴中路贯穿全镇，连通内环线高架、延虹高架、外环线、七莘路、沪闵路，交通条件良好。因此，20 世纪 90 年代经济得到快速增长，其经济发展的主要特点是：

- 吴中路经济带的崛起
- 高档住宅楼盘群的建设
- 特色餐饮休闲街的形成

(2) 该地区的人口特点，包括：原城镇及农村人口的人数及比例，市区动迁人口的人数及比例，中、高档住宅楼导入人口的比例及人数，流动人口（包括外地打工者）的人数及比例等。

上海市闵行区虹桥镇人口特点

虹桥镇的人口特点，如下表所示。

虹桥镇人口特点

	户籍人口	导入人口	流动人口
人口数（万人）	2.67 左右	2.67 左右	2.67 左右
所占比例	1/3 左右	1/3 左右	1/3 左右
主要对象	本地农民/市区动迁户	中、高档商品房购买者	外地小商贩、民工

（3）该地区商业零售业的概况，如百货店有多少、超市有多少、大卖场有多少、便利店有多少等。

（4）该地区居民生活的状况，如新村数、社区商业规模、管理状况等。

2. 调查的方式和范围

（1）调查方式。

为了能顺利地进行调查操作，必须要向调查人员讲清此次调查的方式。一般来说，调查是有具体分工的，因此要对不同分工的调查人员详细介绍不同的方法，如问卷调查、入户调查、电话调查、座谈会调查、网络调查的操作方法等，直到他们能比较熟练地掌握基本要领为止。

（2）调查范围。

每一个市场调查项目都有一个明确的调查范围，培训时也必须讲清楚。例如，问卷调查的定点范围，包括哪些社区、哪些商业街；商业网点调查的统计范围，包括哪些商业大道、哪些专业街；品牌调查的统计范围，包括哪些商业街、哪些商场等。

3. 调查质量的要求和把握

调查质量对一个调查项目来说是根本性的，因此必须在培训中向调查人员说清调查质量的要求和如何进行把握。调查的质量要求，包括数据来源的可靠性、数据采集的真实性、数据整理的正确性和数据分析的科学性等。

（二）礼仪训练

实地调查是个“求人”的活儿，没有被调查者的配合什么事情也干不成。周到的礼仪，既给被调查对象留下良好的印象，又使被调查对象产生信任感和放松感，从而使调查过程顺利而又愉快。因此，在培训中必须加强对调查人员礼仪方面的训练。

1. 接触时的礼仪

初次接触的时候，调查人员首先应礼貌地向被调查对象致以问候，紧接着应主动介绍自己的身份，并亮出自己的胸卡，随后再介绍调查的目的。态度要诚恳，语言要轻柔，举止要得体，要给被调查对象以良好的第一印象。下面是《舟山普陀区商贸服务业环境调查问卷》的引言，可以作为调查开场白的参考。

《舟山市普陀区商贸服务业环境调查问卷引言》

先生/小姐：

您好！我是舟山普陀区商贸服务业发展规划课题组的访问员，我们正在进行一项关于舟山普陀区消费者消费习惯及其对商业服务业设施建设的愿望的调查，希望得到您的合作！

2. 交流时的礼仪

当作进一步接触时，一定要以感激的心态、热情的语态及谦和的姿态与被调查对象进行交流，切不可流露出不耐烦的情绪，更不可以居高临下的态度待人。但也不能死皮赖脸地硬缠着被调查对象，使被调查对象产生厌恶和抵触的情绪。

3. 结束时的礼仪

调查结束后，一定不能忘记向被调查对象致谢。一是感谢他们对调查项目的支持，二是感谢他们对调查过程的配合，最后对他们提供的信息和提出的建议再次表示衷心的感谢。必要时可送上礼品，以表示心意。

（三）调查程序与操作技巧

1. 迅速锁定目标

实地调查有时给出的时间很紧迫，如在大街进行拦截式问卷调查，往往需要能一眼看准过来的行人是否属于调查的对象，因此要求调查人员练就一双火眼金睛，能在人群中迅速锁定目标，从而提高调查的效率。要做到这点，第一步要深刻理解实地调查的目的，知道哪些人才是真正的调查对象；第二步要懂得一些心理学知识和姿态语言，从走过来的人的神态、步伐和语言中，判断哪些人会积极配合做调查，而哪些人则很难沟通。对愿意积极配合的人应趁热打铁，给予适当的赞扬和鼓励；而对于那些木讷、内向和不愿配合的人，则不应强求，应迅速转换对象。

2. 作好自我介绍

目前，街上各式各样的调查层出不穷，有时可以看到这样的情景，某些调查人员不顾场合、不顾对象、不择手段地对调查对象进行"围"、"逼"、"堵"，死皮赖脸地硬要人家做问卷，搞得人家退避三舍。因此，要提倡说好第一句话，通过自我介绍，迅速消除人们的戒备心理。一般来说，自我介绍时态度要诚恳、语言要得体，要给人一种落落大方和有较高修养的感觉。在作政府项目调查时，可特别强调自己调查的身份，以增加被调查人员的信任。

3. 强调调查价值

在进行实地调查时，一定要向被调查对象讲清调查的目的及其价值，要让被调查对象切实了解此次调查与己有关，并能为自己带来现实的好处或潜在的利益，只有做到这一点，被调查对象才能积极地配合调查。

4. 询问并作记录

在实地调查中，往往要针对调查项目进行必要的询问，如开座谈会时的提问。询问时一定要围绕调查目的进行，有时为了调节气氛，可以说一些题外话，但应及时拉回来，不要漫天地谈一些不着边际的话，以至最后连调查的目的都忘记了。该问什么，怎样一步一步问下来，都应该事先缜密地想好，一旦出现冷场，应积极进行引导；如离题太远，也应及时引回正题。

询问时，可以边问边做记录，事后再进行整理；也可以事先列好题目，将询问的结果一一对应记录在问题下面。记录下来的内容即作为资料，供调查分析时使用。

5. 诚恳表示谢意

作为调查程序的最后一个环节，调查完毕后，千万不要忘记对被调查对象进行致谢，衷心地感谢他们对调查的参与、对调查内容提出的宝贵意见及对调查做出的贡献。这不能单单看作是一种礼节，同时也是一种职业道德。致谢可以当面进行，如在被调查对象做完问卷时表示感谢、在开座谈会结束时发言表示对全体与会者的感谢；致谢也可以以书面形式进行，如向被调查单位发出感谢信。

(四) 调查中应注意的事项

1. 保持良好积极的心态

由于目前各种调查名目繁多，个别调查人员无理纠缠，以致社会上人们对调查，特别是大街上拦截式的问卷调查存有戒备心理。他们一是担心被无休止地缠住脱不开身；二是担心个人隐私泄漏；三是担心推销产品。在这样的氛围下，就增加了实地调查的难度。因此，在调查时调查人员应保持良好的心态，这表现在：首先，事先要有心理准备，问卷调查有可能出现不配合、不理解，甚至抵触的情况；开座谈会有可能出现冷场、答非所问、一无所获的情况。其次，事中要有心理承受能力，无论被调查者说出什么难听的、过激的话，都不应反唇相讥；无论座谈会开得怎么一无所获，都不应当场流露出失望的情绪，而应以良好的职业态度坦然应对之。

2. 书面问题口语化

调查特别是专业调查，一般都会涉及许多专有术语。这就要求调查者在询问和解释时，要将书面问题口语化，把那些难懂的名词尽量用通俗的语言进行解释。在这方面千万不能书生气十足，认为自己懂的，别人一定懂。因此要有耐心，要给被调查者以思考的时间，要不厌其烦地解释问题，直到对方理解为止。

3. 有针对性地控制调查时间和范围

实地调查一定要强调调查效率。例如，在作拦截式调查时，要力争在单位时间内问卷收回最多；在开座谈会时，要力争在单位时间内解决的问题最多。要提高调查效率，必须有针对性地控制调查时间和范围，不要在无望的对象上浪费精力，不要在枝节问题上浪费时间，不要在没有价值的区域铺开摊子。

4. 巧妙转移话题

实地调查需要一定的机敏和机巧，这表现在有时要巧妙地转移话题。首先，在调查开场白后，要将话题巧妙地转移到调查的主题上来；其次，在调查中，如被调查对象扯得太远，也要巧妙地转移话题，使之重回正题；再次，在调查中，如发现气氛过于严肃、话题过于沉重，也可以暂时转移话题，待情势扭转后，再回到正题上来。巧妙转移话题的能力属于控场能力，这一定要在调查实践中不断总结经验，不断地进行修炼，才能具有对各种场面应付自如的能力。

5. 把握调查过程的连贯性

在调查中，要注意把握调查过程的连贯性。一是纵向连贯性，即调查问题设计前后要一致，不能前后矛盾；二是横向连贯性，即对同一调查问题，不能在这一区域是这些内容，而在那一区域又是另外一些内容。前后矛盾及内容错位,会使最后调查资料无法整合。

(五) 所调查产业的基本知识

几乎各行各业都需要调查,因此调查涉及的产业很多。限于篇幅,这里只介绍商业行业和房地产行业调查所需要的一些基本知识种类。

1. 商业行业知识

在调查活动中,有可能涉及的商业常识性问题有:

(1) 商圈、业态、业种的定义和种类。

(2) 地区生产总值、第三产业增加值、三种产业结构比例、社会消费品零售总额、财政总收入、城镇职工年平均工资、农民年人均纯收入、居民年末储蓄余额等经济数据。

(3) 商业市场的一些基本的专业术语等。

2. 商品相关知识

至于商品知识一般要讲清以下几点:

(1) 产地、厂名、企业规模。

(2) 商品种类。

(3) 制造方法及用途等。

在培训时,如能出示样品进行讲解和分析就更好,因为这样既可直观地了解商品,又可引发受训者的兴趣,从而提高培训的效果。

3. 产品市场知识

某产品欲进入一个城市的商场和超市,都必须进行市场调查。如作此类调查,培训中则要讲清:

(1) 市场分布及特点,如区域内有多少商场和超市、该产品主要在哪些商场销售、这些商场的情况及特点等。

(2) 消费者情况,如运动休闲装的穿着对象,其购买欲望及购买力等。

(3) 销售渠道及通路,如如何进货、如何出样、如何配送、如何销售等。

(4) 各品牌竞争状况,如品牌种类、广告策略、促销策略、各种品牌在各大商场出样及销售情况等。

4. 房地产行业知识

在调查活动中,有可能涉及的房地产常识性问题有:

(1) 物业的基本结构、建筑风格。

(2) 消费者购买需求与市场潜力的关系。

(3) 房地产市场的一些基本的专业术语等。

(六) 讲解调查问卷

由于调查项目及调查对象不同,因此每次培训都要对问卷的内容进行认真的阐释。阐释时,应注意以下几个方面:

(1) 开始时,应对问卷的总体及分类情况进行解释。例如,我们在做《港汇广场的商业环境调查》(为豫园商城进入该市场作前期调查)时,问卷分为"徐家汇购物心理调查"、"对徐家汇及港汇广场的印象"、"对港汇豫园老街开设的建议及要求"、"顾客个人资料"等四大类。

(2) 对卷内问题的含义应进行逐条解释。如果问卷是自己设计的,解释时就比较清楚;但遇到外单位委托调查的卷子,则先要阅读理解清楚,再行培训,防止调查时出现偏差。

(3) 对选择性问题,应将卷面上所提供的全部答案逐个加以说明,并要特别指明是单选还是多选，否则在调查时会产生废卷。

（4）对开放式问题，则要告之受训者，在调查时应尽力启发被调查者填写。

（5）对问卷结构的逻辑安排要讲清，如《2000 年夏令家电市场消费意愿调查》是这样安排的：

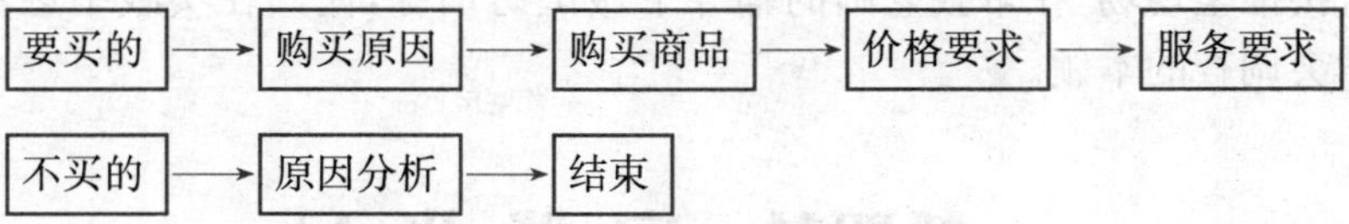

（6）在培训时针对图片或实物进行讲解，并回答有关产品包装、设计及商标等问题。讲解时，应把握三个原则：一是不厌其烦的原则；二是通俗易懂的原则；三是边讲边练的原则。

二、培训方式

所谓培训方式是指为完成培训任务、实现培训目标，在培训过程中采用的教学活动的途径。形式和内容只有尽可能完美的统一，才能产生完美的效果；同样，有了很好的培训内容，但方法不得当，内容便不能得到充分的诠释，受训人员不能正确理解和消化，就可能使培训效果打折扣。

1. 常用的培训方式

常用的培训方式一般有：

（1）课堂讲授法。这是最基本、用得最多的一种培训方法。即通过教师在课堂上向学员讲授，以达到培训目的的培训方式。

（2）提问互动法。即通过教师提出问题，由学员作出回答，然后再由教师对学员的回答予以反馈的一种培训方式。

（3）案例研讨法。即培训时提供案例的描述，然后让学员在讨论、分析案例的基础上提出解决的办法，并相互交流的培训方式。

（4）情景模拟法。即把学员置于模拟的环境中，让学员反复操作训练的一种培训方式。

（5）角色扮演法。即让学员在给定的场景中扮演不同角色，通过体验角色、教师点评来接受教育的培训方式。

（6）现场培训法。即让学员在带教老师的指导下，在现场进行实践操作的培训方式。

（7）电化教育法。即通过运用电影、闭路电视、VCD、录像和网络等手段进行的培训方式。

2. 调查人员培训的方式

调查人员培训涉及的方式一般有以下几种：

（1）课堂讲解。

培训应视不同的对象采用不同的方式进行讲解。对于经常参加调查访问的人员，只要把调查目的、环境特点、对象要求和问卷内容阐释清楚，稍加讨论即可。对于偶尔参加调查访问的人员，则除了上述要求外，还须把一些调查细节、对不同调查对象的把握及提问技巧讲清楚，并在此基础上展开讨论，有问题当场解决。而对那些从未参加过调查访问的人员（有两类，一类是在校的学生，另一类是企业员工），则在培训时更要注意加强调查基本知识的讲解，加强对问卷内容不厌其烦的阐释，加强对调查中可能遇到的问题及处理方法的说明。

（2）讨论、示范和演练。

讨论及示范演练的形式可有三种：一是相邻两位学员之间手持问卷互相提问和讨论，

以理解问卷内容及发现疑问；二是请优秀的、有经验的调查员以身说法，介绍如何调查、如何沟通的技巧；三是随机抽学员上台演练，教师现场讲评，如发现问卷中的疑问，当场予以解决。

(3) 现场试访训练。

培训不一定在教室中进行，有必要时可在调查现场进行。可将那些第一次参加调查的人员直接推至现场，在带教老师的辅导下做试访训练，使其在实践中逐步增加调查的知识和学会调查的本领。

第四节 实践指导

一、实践任务

本章的实践任务是练习如何有效地进行调查人员的培训。由于培训的方式很多，本次主要是实践怎样用"角色模拟"的方法进行培训。

本章的实践可以以小组为单位在课堂上完成。各小组成员设置有关实地调研的情景，进行角色模拟，以掌握一些调查基本礼仪、实地调研的技巧。

实地调查法对人的心理素质要求很高，通过角色模拟可培养学生的良好心态。

二、实践步骤

(1) 组建角色模拟小组，小组成员在4～5人左右。

(2) 设置街头拦截式访问或深度访问的情景，每人充当实地调查中的不同角色（被访者或采访者），进行调查过程模拟。每位小组成员应竭尽所能地模仿现实中每个角色可能产生的行为，以使整个调查过程逼真而有实用意义。

(3) 进行角色互换，再次进行模拟，使学生既体验到调查者的心理和行为，又体验到被调查者的心理和行为，从而采取有效的应对策略。

(4) 总结交流角色模拟的体会和感受，由老师进行点评，再次提醒各位学生进行实地调查应注意的事项和应掌握的技巧。

三、实践要求

(1) 要求指导教师介绍一些社交礼仪和沟通技巧。

(2) 要求学生丢开羞涩，尽快进入角色，在"角色模拟"中掌握实地调查的本领和技巧。

四、实践内容

主要是模拟调查人员向被调查者进行问卷调查。在实践过程中，"调查人员"应：

(1) 向被调查者致意。

(2) 向被调查者亮明身份。

(3) 向被调查者说明调查的目的。

(4) 向被调查者介绍调查的内容。

(5) 导引被调查者完成问卷内容。

(6) 回答被调查者的问题。

(7) 让被调查者确认所回答的内容。

(8) 向被调查者致谢。

五、实践范例

下面介绍一份《调查人员培训大纲》，以供参考。

调查人员培训大纲

一、点名及分组

二、基本知识讲授

(1) 实地调查的概念

(2) 问卷式调查的要领

(3) 拦截式调查的技巧

(4) 调查的一般程序

(5) 调查中的礼仪知识

(6) 调查中的专业知识

三、实战训练

1. 调查过程操作训练

(1) 本次调查介绍

(2) 调查问卷解释

(3) 调查问卷答疑

2. 调查礼仪训练

(1) 初步接触时的问候

(2) 进一步交流时的礼节方式

(3) 调查结束后的答谢

3. 调查技巧训练

(1) 寻找目标

(2) 判断目标是否有效

(3) 营造持续的交流氛围

(4) 把握调查过程的连贯性

案例分析

MP3 市场调查

某 MP3 生产厂家委托上海西克商务咨询公司进行其产品调查。接到该项目后，西克公司撰写了如下的《MP3 市场调查计划》。

一、引言

MP3 是一种集娱乐性和学习性于一体的小型播放器，因其方便实用而在学生和市民中广泛流行，因此市场潜力巨大。

为摸清某MP3产品的市场占有率,评估MP3的行销环境,制订相关的营销策略,预先进行MP3市场调查大有必要。

本次市场调查将围绕市场环境、消费者、竞争者为中心来进行。

二、调查目的

要求详细了解MP3市场的现状,为该产品在上海市场的扩展制订科学、合理的营销方案提供依据,特撰写此市场调研计划书。

1. 全面摸清企业品牌在消费者中的知名度、渗透率、美誉度和忠诚度。
2. 全面了解本品牌及主要竞争品牌在上海的销售现状。
3. 全面了解目前上海主要竞争品牌的价格、广告、促销等营销策略。
4. 了解上海消费者对MP3消费的观点及习惯。
5. 了解相关的人口统计学资料,预测MP3市场容量及潜力。

三、调查内容

市场调研的内容要根据市场调查的目的来确定。其主要调查内容有以下几方面。

(一) 行业市场环境调查

1. MP3市场的容量及发展潜力。
2. 该行业的营销特点及行业竞争状况。
3. 市民生活环境对该行业发展的影响。
4. 当前MP3种类、品牌及销售状况。
5. 该行业各产品的经销网络状态。

(二) 消费者调查

1. 消费者对MP3的购买态度,购买过什么品牌、购买地点和选购标准等;消费心理,如必需品、偏爱、经济、便利和时尚等。
2. 消费者对各MP3品牌的了解程度,包括功能、特点、价格、包装等。
3. 消费者对品牌的意识、对本品牌及竞争品牌的观念及品牌忠诚度。
4. 相关消费群平均月开支及消费比例的统计。
5. 消费者理想的MP3描述。

(三) 竞争者调查

1. 主要竞争者的产品与品牌优、劣势。
2. 主要竞争者的营销方式与营销策略。
3. 主要竞争者市场概况。
4. 本产品主要竞争者的经销网络状态。

四、调研对象及抽样

鉴于MP3在高校的普遍性,此次调查决定选择3所高校进行重点调查。全体在校学生都是调查对象,但因为家庭经济背景的差异,全校学生月生活支出还是存在较大的差距,导致消费购买习惯的差异性,因此他(她)们在选择MP3的品牌、档次及价格上都会有所不同。

为了准确、快速地得出调查结果,此次调查决定采用分层随机抽样法:先按其住宿条件的不同分为两层(住宿条件基本上能反映各学生的家庭经济条件)——公寓学生与普通宿舍学生，然后再进行随机抽样。此外，分布在校周边的各经销商、专卖店也是本次调查的重点对象，因其规模、档次的差异性，决定采用判断抽样法。具体情况如下。

1. 重点对象抽样数：

(1) 学生消费者：400 名(其中住公寓的学生占 50%)；

(2) 购物中心：　　　　　1 家；

(3) 大型家电商城：　　　2 家；

(4) 专卖店：　　　　　　10 家。

2. 消费者样本要求：

(1) 家庭成员中，没有人在 MP3 生产单位或经销单位工作；

(2) 家庭成员中，没有人在市场调查公司或广告公司工作；

(3) 消费者没有在最近半年中接受过类似产品的市场调查测试；

(4) 消费者所学专业不能为市场营销、调查或广告类开展工作。

五、调查员的选择和培训

六、人员安排

在高校及市区进行本次调研需要的人员有 3 种：调研督导、调查人员、复核员。具体配置如下：

督导员：2 名；

调查人员：20 名，其中 15 名对消费者进行问卷调查、5 名对经销商进行深度访谈；

复核员：1～2 名，可由督导兼职，也可另外招聘。

注：问卷的复核比例为全部问卷数量的 30%，全部采用电话复核方式，复核时间为问卷回收的 24 小时内。

七、市场调查方法及具体实施

(一) 以问卷调查法为主

对消费者以问卷调查为主，具体实施步骤如下：

1. 完成市场调查问卷的设计与制作，以及调查人员的培训等相关工作后，即可开展问卷调查。

2. 把调查问卷平均分发给各调查人员，统一选择中餐或晚餐后两段时间开始进行调查，因为这时学生们多数待在宿舍里，便于集中调查，以节约调查时间和成本。

3. 调查员在进入各宿舍时说明来意，并特别声明在调查结束后将赠送每位被调查者小礼物一份，以吸引被调查者的积极参与。

4. 调查过程中，调查员应耐心等待，切不可催促。记得一定要求其在调查问卷上写明学生姓名、所在班级、寝室、电话号码，以便以后复核。

5. 调查员一般可在现场收回问卷，也可以在第二天收回，但不宜时间拖得太久。

(二) 对经销商以深度访谈法为主

由于调查形式的不同，对调查者所提出的要求也有所差异。与经销商进行深度访谈的调查者相对于实施问卷调查的调查者而言，其专业水平要求更高一些。并注意以下几点：

1. 调查员对经销商进行深度访谈以前，一般要预约好时间，并承诺付与一定报酬。

2. 访谈前调查员要做好充分的准备，列出调查所要了解的所有问题。

3. 调查者在访谈过程中，应占据主导地位，把握着整个谈话的方向，能够准确筛选谈话内容，并快速做好笔记以得到真实、有效的调查结果。

(三) 通过网上查询或资料查询调查湘大人口统计资料

调查者查找资料时，应注意其权威性及时效性，以尽量减少误差。因为其简易性，该工作可直接由复核员完成。

八、调查程序及时间安排

(一) 调查程序

1. 准备阶段：其一般分为界定调研问题、设计调研方案、设计调研问卷或调研提纲三个部分。

2. 实施阶段：根据调研要求，采用多种形式，由调研人员广泛地搜集与调查活动有关的信息。

3. 结果处理阶段：将搜集的信息进行汇总、归纳、整理和分析，并将调研结果以书面的形式——调研报告表述出来。

(二) 时间安排

在客户确认项目后，有计划地安排调研工作的各项日程，用以规范和保证调研工作的顺利实施。

项　　目	工作日	项　　目	工作日
调研方案、问卷的设计	2	数据预处理阶段	2
调研方案、问卷的修改、确认	1	调研报告撰写阶段	7
项目准备阶段(人员培训、安排)	1	论证阶段	2
实地访问阶段	4		

九、经费预算

序　号	项　　目	费　　用(元)
1	策划费	
2	交通费	
3	调查人员培训费	
4	公关费	
5	访谈费	
6	问卷调查费	
7	统计费	
8	报告费	
9	评审费	
总　计		

十、责任落实

项　目	负 责 人	项　目	负 责 人
项目负责人		调查数据处理	
调查方案、问卷的设计		调查数据统计分析	
调查方案、问卷的修改		调查报告撰写	
调查人员培训		论证人员	
调查人员		调查计划书撰写	

（资料来源：上海西克商务咨询有限公司）

案例思考题

1. 根据以上《MP3 市场调查计划》，请指出哪些部分应进行实地调查？

2. 根据以上《MP3 市场调查计划》的要求，该怎样选择实地调查人员？并如何对其进行针对性的培训？

3. 请列出一份培训提纲。

练习与思考

（一）名词解释

兴趣　沟通　性格　情景模拟培训法　角色扮演培训法　现场培训法

（二）填充题

1. 不同性格的人都有其内在的优点，如________的性格可以使组织充满生气，能推动调查工作的迅速完成；________的性格能发现问卷中的问题，且能忍受某些被调查对象不合作的态度；____________的性格能增强组织的团结及合力等。

2. 对开放式问题，则要告之受训者，在调查时应尽力____________。

3. 在作政府项目调查时，可特别强调____________，以增加被调查者的信任。

（三）单项选择题

1. 在培训时，针对图片或实物进行讲解时应把握（　　）等三个原则。
   A. 不厌其烦、深入细致、边讲边练
   B. 不厌其烦、通俗易懂、系统全面
   C. 观点鲜明、通俗易懂、边讲边练
   D. 不厌其烦、通俗易懂、边讲边练

2. 实地调查时，应注意（　　）等三个环节的礼仪。
   A. 接触时、询问时、结束时
   B. 接触时、交流时、总结时
   C. 接触时、交流时、结束时
   D. 介绍时、询问时、引导时

(四) 简答题

1. 简述调查访问人员有哪些来源渠道。
2. 简述调查访问人员的选择标准。
3. 在实地调查中,应注意哪些事项?

(五) 论述和实践题

1. 如何有效地对调查访问人员进行培训?
2. 设计一份产品调查问卷,并对其内容作出阐释。

第七章

市场调研数据的综合及分析

学习目标

学完本章，你应该能够理解、分析和掌握：

1. 掌握各种市场调查数据的类型；
2. 理解市场调查数据的整理、综合和分析对市场调查的重要性；
3. 掌握市场调查数据的整理、综合和分析的技术。

基本概念

直接调查　社会消费品零售总额　SPSS　平均值分析　横列表法

经过一段时间的艰苦调查，各类数据渐渐地集中到了调查主持人的手里，这里有：一叠叠消费者及居民的问卷资料，一页页各种座谈会的记录，一份份竞争对手的分析材料。但是，且慢！——这时，千万别让材料淹没了你的思想，而应该牢牢记住调查的主题这个纲，理清资料的脉络，给以编辑归类、分析解释及图表化处理。我们应该认识到：市场调查和研究是系统地识别、搜集、分析、分配和使用信息，目的是发现营销问题(机遇)，并提出有效的对策(解决方案)；市场调查和研究是使用科学的方法，搜集和分析数据，以检验事先提出的假设；市场调查和研究是客观的，能为企业提供真实的、反映客观事实的准确信息；市场调查和研究涉及信息的识别、搜集、分析、分配和使用，这一过程的每一步骤都很重要。因此，我们首先应该分清各种市场调查数据的类型，加以编辑整理；然后再运用不同的统计工具加以统计分析；最后进行综合分析，以得出调查该数据的结论，提出建设性的意见。

第一节　市场调研数据的类型

一、通过直接调查得到的数据

直接调查，即现场、实地、面对面的调查。通过直接调查得到的数据，有问卷得到的资料、观察得到的资料、座谈或专访得到的资料等。

(一) 消费者构成数据

消费者构成数据由问卷调查取得，一般包括来源构成、年龄构成、收入构成、学历构成、性别构成及职业构成等。此外，还可作乘坐交通工具构成分析。

例如,《上海崇明县长兴岛商业规划调查》是通过四大企业220份和岛内居民及乡镇所属单位150份问卷调查,取得消费习惯及消费意愿资料的,以下是长兴岛四大企业员工的消费者构成数据。

长兴岛四大企业员工基本情况调查

1. 年龄

年　龄	百分比	年　龄	百分比
16～25岁	36.7%	46～65岁	12.9%
26～35岁	38.8%	66岁以上	0%
36～45岁	11.6%		

2. 家庭总收入(每月)

家庭收入	百分比	家庭收入	百分比
1 000元以下	4.1%	4 100～5 000元	8.2%
1 100～2 000元	9.5%	5 100～1万元	23.1%
2 100～3 000元	17%	1万以上	9.5%
3 100～4 000元	20.4%		

3. 居住区域

居住区域	百分比	居住区域	百分比
长兴岛	3.4%	上海其他郊县	4.8%
崇明岛	1.4%	外省市	48.3%
横沙岛	0.7%	国外及台港澳地区	0%
宝山区	4.8%	其他	0%
上海市区	36.7%		

4. 婚姻状况

婚姻状况	百分比	婚姻状况	百分比
已　婚	44.2%	未　婚	55.1%

5. 性别

性　别	百分比	性　别	百分比
男	79.6%	女	19.4%

6. 职业

(1) 企业管理人员	43.5%	(4) 后勤服务人员	3.4%
(2) 专业技术人员	42.2%	(5) 其他	5.4%
(3) 工人	4.8%		

7. 文化程度

文化程度	百分比	文化程度	百分比
大学及以上	35.4%	高中(中专职技校)	11.6%
大　　专	49%	初中及以下	4.1%

(二) 消费者行为数据

消费者行为数据也由问卷调查取得，包括消费心理、消费习惯、购买地点及品牌爱好等。我们在各地调查居民的消费行为和消费意愿时，汇总的材料发现都反映了该地区的消费特点，同时也反映出了该地区商业网点的现状。例如，上海浦东埃蒙顿广场项目的居民消费习惯调查分析显示的数据如下。

上海浦东埃蒙顿广场的居民消费习惯调查

1. 周边居民购买力调查分析

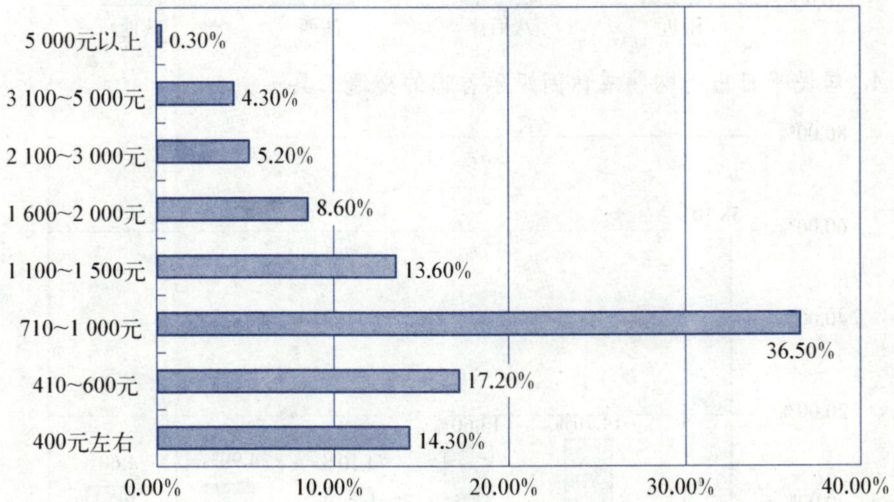

2. 居民对购物场所的选择

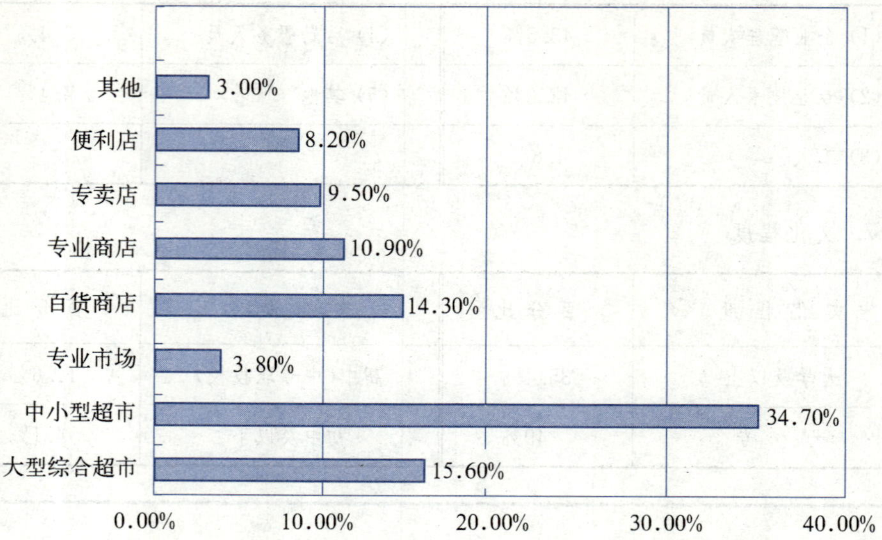

3. 居民对购物地点的选择

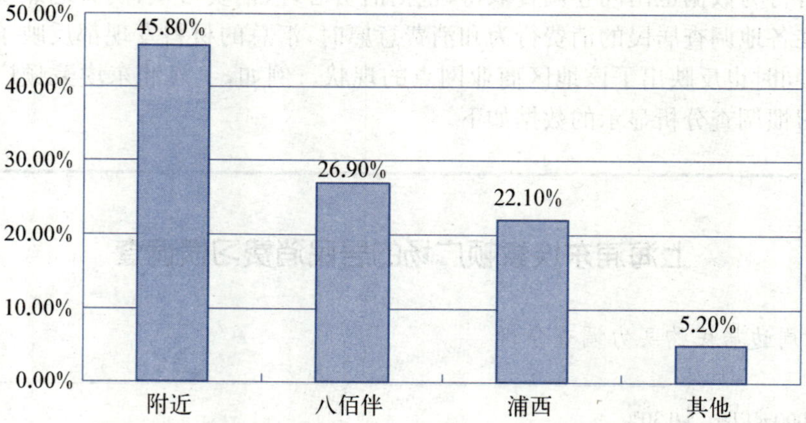

4. 居民平日出行购物或休闲娱乐首选的交通工具

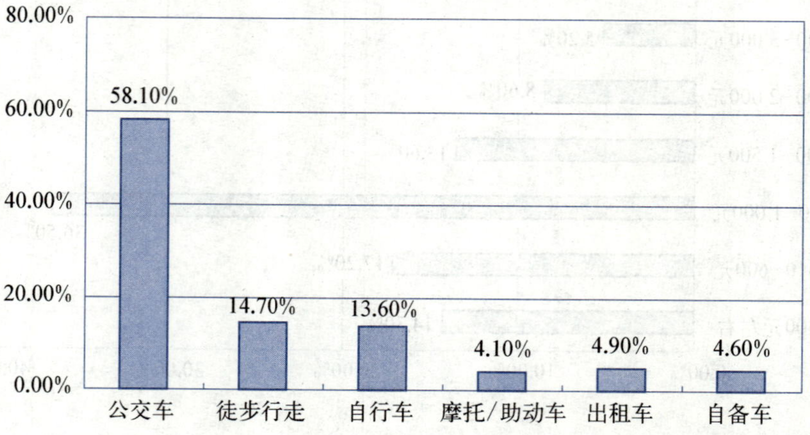

5. 居民休息时间安排

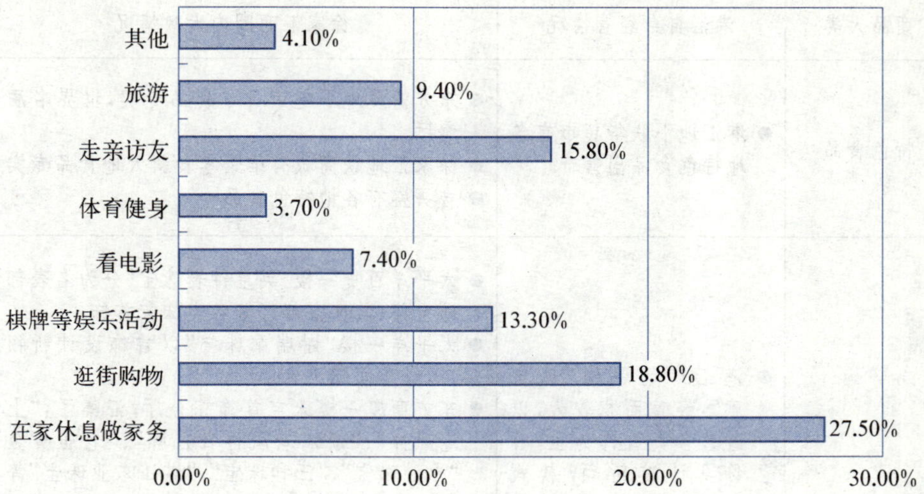

(三) 竞争环境资料

竞争环境资料由现场观察搜集取得，如上海豫园商城欲进入上海港汇广场。那么，上海徐家汇商城"东、太、六、汇、新"(指东方商厦、太平洋百货、六百、汇金百货、新路达)的同类商品竞争环境如何呢？即要通过观察搜集有关资料。

豫园大类商品在徐家汇的竞争状况(2000年材料)

从消费者调查看，豫园各大类商品在徐家汇应受到欢迎。但徐家汇商圈各大商厦经营情况如何呢？为此我们走访了徐家汇各大商场，将其经营情况归纳如下表所示。

豫园大类商品在徐家汇的经营情况

商品大类	港汇自身经营情况	徐家汇商圈内大致情况
中药药材	● 联华超市有保健品及复星药业连锁	● 太平洋地下生活超市设有"童涵春堂"专柜，经营面积较小 ● 太平洋地下生活超市另有"宝明堂"专柜专售各类参药补品 ● 东方地下超市也有"宝明堂"专柜专售各类参药补品
土特产	● 联华超市有部分经营	● 东方地下超市有日本商品专售，另外也有少许中国土特产

（续　表）

商品大类	港汇自身经营情况	徐家汇商圈内大致情况
特色食品	● 港汇地下联华超市有各地特色食品出售	● 东方商厦地下超市日本食品专卖，世界名酒专卖厅 ● 徐家汇地铁商城有维豪零食新天地食品专卖店 ● 吉买盛有各地特色食品
黄金珠宝首饰	● 港汇广场一楼“珠宝廊”，经营面积较大，以经营各类首饰为主，首饰设计较新颖，款式多样 ● 港汇一楼“银镇银饰”经营面积不大，采用店中店的专卖店形式，专卖各种银饰品，其中不少来自各国名家设计，款式前卫 ● 港汇二楼“天宇珠宝”经营面积较大，经营各类玉器器皿为主 ● 富安百货二楼有“老凤祥”、“美国舒舒珠宝”	● 太平洋百货一楼“英皇钟表珠宝”分为名表部和珠宝部，其珠宝部经营各类珠宝首饰 ● 太平洋一楼“谢瑞麟珠宝”以首饰设计新颖闻名，经营面积不大 ● 东方商厦一楼珠宝首饰综合厅，汇集了，“上海老凤祥”、“浙江老凤祥日月牌”、“老庙黄金”、“永胜珠宝”、“三和珠宝”、“湛江东业珠宝”等各大厂商 ● 六百一楼也是厂商云集的综合珠宝厅。计有：“上海钻石厂”、“维多利亚珠宝”、“老庙黄金”、“老凤祥”等 ● 汇金一楼美国“思彼垂银”银饰专卖，经营各类银质首饰，品种繁多 ● “东华钻饰”位于汇金一楼，经营面积较大，以钻石饰品为主 ● 汇金一楼“香港点倩琳”的首饰设计细腻、温馨 ● 汇金一楼有“永胜珠宝”经营面积较小 ● 汇金一楼还有“美国舒舒”专卖厅，面积较小 ● 汇金侧门还有“老凤祥银楼”专卖店，以经营黄金饰品为主 ● 在徐家汇天钥桥路 20 号，有“今亚金店”其以设在二楼的“今亚首饰医院”为经营特色

（四）专访汇总资料

专访汇总资料，是指调查者针对某个专题进行访问调查后汇总的第一手材料。其特点是：针对性强，针对某个特定层次；专业性强，针对某个特殊行业；实用性强，由于调查对象层次较高，所以该材料是决策的重要依据。例如，某证券公司针对高端客户“2007 年夏季投资策略报告会”的客户意见反馈表汇总，就是这类材料。

客户意见反馈表汇总

投资策略报告会共有 58 名客户参加，意见反馈表回收 35 张，回收率为 66%。具体情况汇总如下表。

	满意	一般	有待提高	备　注
您对这次报告会的总体感觉如何	32	3	—	
您对这次报告会的形式是否满意	31	4	—	
您对这次报告会的内容是否满意	28	5	1	1人无意见
您对这次报告会的议程和细节安排上是否满意	26	8	1	
您对研究员的专业水平是否满意	24	7	—	4人无意见
您对哪位研究员比较满意	徐一钉(20)；贾国文(8)；赵大晖(3)；樊锐(3)；符彩霞(1)；王晓艳(1)；3位客户对全部研究员都较满意			
您是否直接需要跟我们的研究员联系，以此获得咨询服务	是(22人)；否(5人)			
您希望的投资咨询服务方式	提供研究报告(17人)；提供投资建议书(19人)；面对面的交流(8人)；小范围的研讨会(17人)			

客户的其他建议及需求：

1. 希望研究内容更广一些；
2. 分析还不够细致、详细(这一点是因为时间比较紧，只能点到为止)；
3. 多一点对市场的趋势分析；
4. 希望类似的活动定期举办；
5. 研发中心的信息要及时与营业部沟通，并及时传递给客户；
6. 行业的龙头个股还须详细分析；
7. 多一点研究政策，及时研判政策对股市的影响；
8. 希望银行、保险、传媒方面的研究还要加强。

二、通过间接调查得到的数据

在市场调查中，为了追求调查的全面性和效率，往往要采用一些间接的资料和数据。这些资料和数据的来源有：企业的财务数据、地区的统计数据、报章杂志及网点的行业资料等。

(一) 地区或企业的财务数据

地区或企业的财务数据包括销售额资料、利润情况，分析后可得出其成长性、安全性和危险性。以下资料引自上海经济发展的相关数据。

上海经济发展的相关数据

1. 人口增长

近几年，上海户籍人口的增长基本得到了控制，增长速度相对缓慢。

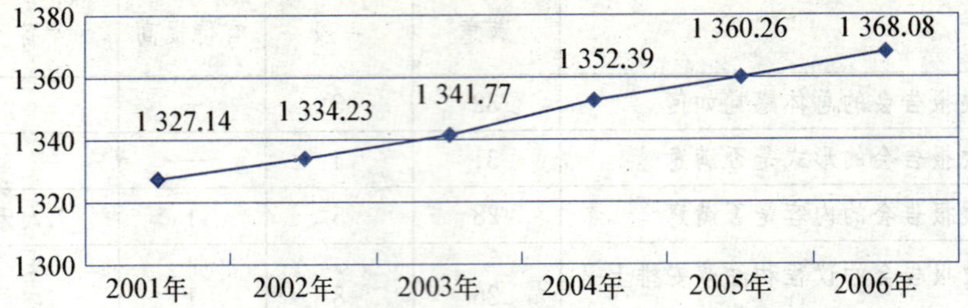

2001—2006 年上海户籍人口

2. 收入水平

2001—2006 年上海市城市人均可支配收入(元)

2001 年		2002 年		2003 年		2004 年		2005 年		2006 年	
金额	增幅	金额	增幅	金额	增幅	金额	增幅	金额	增幅	金额	增幅
12 883	9.9%	13 250	11.5%	14 867	12.2%	16 683	12.2%	18 645	11.8%	20 668	10.8%

3. 产业结构发展趋势比较

上海作为一个国际性的金融贸易中心,在三大产业的结构上总体上还是以第二和第三产业为主。

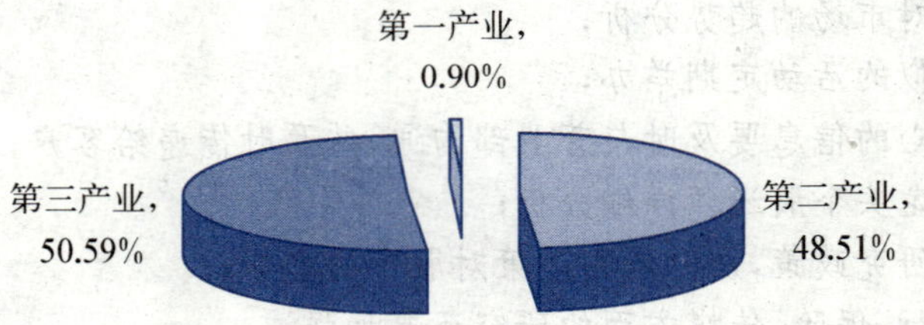

2006 年上海三大产业结构比例

4. 2004—2006 年上海汽车业销售水平

指　标	2004	2005	2006
汽车销售量(万辆)	51.94	55.32	58.02
# 零售量	8.91	9.08	9.55
汽车销售总额(亿元)	1 163.58	1 179.98	1 192.89
# 零售额	200.53	207.76	213.27
轿车销售量(万辆)	48.01	49.65	53.07
# 零售量	8.30	8.32	8.80
# 私人轿车	6.37	6.49	6.95
轿车销售额(亿元)	1 109.03	1 117.86	1 166.48
# 零售额	196.85	200.03	209.31
二手车交易量(万辆)	15.44	16.55	22.23
# 轿车	6.80	7.50	11.77

(二) 城市或地区的统计数据

当一个企业的品牌欲进入一个城市或地区时,必先对该地经济环境作一个概括的调查,这时,搜集城市或地区的统计数据就是非常必要的了。而对经济环境、消费环境的分析需要哪些统计数据作参照呢?

1. 国内生产总值(GDP)的增长值

关于国内生产总值 GDP 增长值资料,以上海为例如下。

近 6 年上海国内生产总值(GDP)增长值

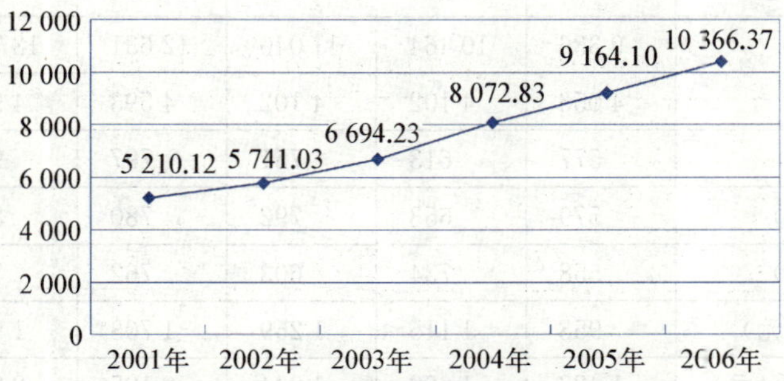

2001—2006 年上海国民生产总值(亿元)

2. 第三产业发展数据

我国第三产业的划分范围包括流通部门和服务部门的两大部分。其分为四大层次:

第一层次:流通部门,包括交通运输业、邮电通讯业、商业饮食业、物资供销和仓储;第二层次:为生产和生活服务的部门,包括金融业、保险业、地质普查业、公用事业、居民服务业、房地产业、旅游业、咨询信息服务业和各类技术服务业等;第三层次:为提高科学文化水平和居民素质服务的部门,包括教育、文化、广播、电视事业、科学研究事业、卫生、体育和社会福利事业等;第四层次:为社会公共需要服务的部门,包括国家报关、政党报关、社会团体,以及军队和警察等。

近 20 年来,我国第三产业迅速发展,正在接近发达国家的水平。一个城市第三产业的发展,是城市发展和文明的标志。以下是上海 1990—2006 年第三产业增长发展数据。

16 年内上海第三产业的发展巨大

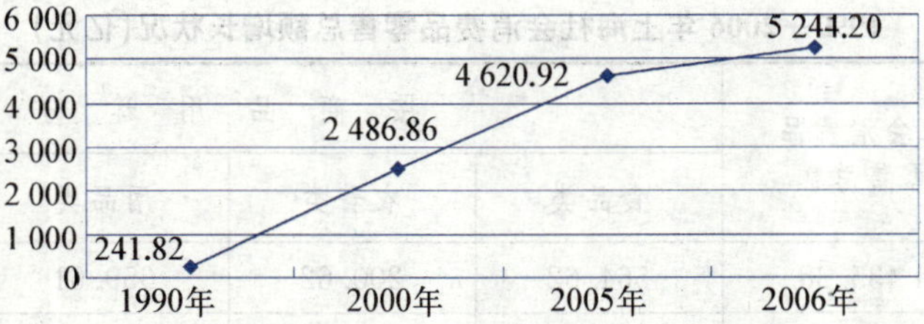

四个重要年份上海第三产业产值(亿元)

3. 居民家庭收入及人均收支状况数据

这个数据既可反映居民可支配性收入的情况(增加或减少),又可看出居民在衣、食、住、行及文化娱乐各方面的支出分类数据,极具参考价值。

下面是上海 2001—2006 年市区居民家庭年收入人均收支状况。

2001—2006 年上海市区居民家庭年收入人均收支状况

年　份	2001	2002	2003	2004	2005	2006
可支配性收入(元)	12 883	13 250	14 867	16 683	18 645	20 668
消费性支出(元)	9 336	10 464	11 040	12 631	13 773	14 762
1. 食品(元)	4 056	4 102	4 102	4 593	4 940	5 249
2. 衣着(元)	577	613	751	797	940	1 027
3. 家庭用品(元)	579	653	792	780	800	877
4. 医疗保健(元)	558	734	603	762	797	763
5. 公用事业费(元)	958	1 115	1 259	1 703	1 984	2 333
6. 教育文化娱乐(元)	1 422	1 668	1 834	2 195	2 273	2 432
7. 住房支出(元)	797	1 189	1 280	1 327	1 412	1 436
8. 其他消费支出(元)	390	372	419	474	627	645

4. 社会消费品零售总额

社会消费品零售总额,是指各种经济类型的批发零售贸易业、餐饮业、制造业和其他行业对城乡居民和社会集团的消费品零售额和农民对非农业居民零售额的总和。这个指标反映,通过各种商品流通渠道向居民和社会集团供应的生活消费品总量,是研究人民生活、社会消费品购买力、货币流通等问题的重要指标。

社会消费品零售总额反映一个城市消费水平的情况,这些数据对商品开发的意义非常重大。社会消费品零售总额增长,则说明消费水平提高;社会消费品零售总额降低,则反映消费水平降低。

以下是上海 1997—2006 年社会消费品零售总额增长数据。

1997—2006 年上海社会消费品零售总额增长状况(亿元)

年　份	社会消费品零售总额	按商品用途分			
		食品类	衣着类	用品类	燃料类
1997	1 435.38	564.62	200.62	659.61	10.53
1998	1 593.27	640.84	212.85	728.22	11.36

（续 表）

年 份	社会消费品零售总额	按商品用途分			
		食品类	衣着类	用品类	燃料类
1999	1 722.33	694.03	228.18	787.62	12.50
2000	1 865.28	743.31	248.94	858.33	14.70
2001	2 016.37	802.53	266.31	931.02	16.51
2002	2 203.89	874.76	289.43	1 021.84	17.85
2003	2 404.45	939.29	309.70	1 135.27	20.19
2004	2 656.91	1 043.26	341.28	1 247.39	24.98
2005	2 972.97	1 172.05	381.31	1 388.32	31.29
2006	3 360.41	1 328.30	425.70	1 566.55	39.86

5. 有关的行业资料

各行各业都有相关的行业资料可以探寻，以作为整个调查项目的参考。以下是 2006 年上海主要超市公司基本情况。

2006 年上海主要超市公司基本情况

名 称	网 点（个）	其中 本 市	其中 市 外	销售额（亿元）
联华超市公司	3 928	2 178	1 750	440.27
# 上海联家超市有限公司	11	11	—	45.11
大润发超市公司	36	8	28	229.75
农工商超市有限公司	1 872	1 551	321	196.2
上海华联超市公司	1 955	765	1 190	150.05
麦德龙现购自运有限公司	33	4	29	93.67
上海易初莲花连锁超市有限公司	23	20	3	96.08
华联集团吉买盛购物中心有限公司	21	17	4	39.02
上海家得利超市有限公司	135	112	23	26.62
上海捷强烟草糖酒（集团）连锁有限公司	245	208	37	16.78
上海欧尚超市有限公司	4	4	—	20.22
上海屈臣仕日用品有限公司	39	39	—	6.9

（续　表）

名　　称	网　点	其　中		销售额
	（个）	本　市	市　外	（亿元）
上海商务世界百货有限公司	4	4	—	11.3
上海家家乐商业发展有限公司	35	35	—	2.73
上海顶顶鲜超市有限公司	27	27	—	0.57
上海城市超市有限公司	4	4	—	1.27
上海新亚厨房食品有限公司	6	6	—	0.06

第二节　市场调研数据的整理

调查资料的整理，是指运用科学的方法对调查所得的各种原始资料进行审核、初步加工和综合，使之系统化和条理化，从而以集中、简明的方式反映调查对象总体情况的工作过程。

对问卷资料的整理过程，一般包括问卷审核、数据编码、数据录入、数据插补、对数据进行统计整理、选择数据分析方法几个阶段。

在大量的数据纷至沓来时，便进入了整理工作这个十分重要的环节了。整理环节的工作程序，一般如图 7-1 所示。

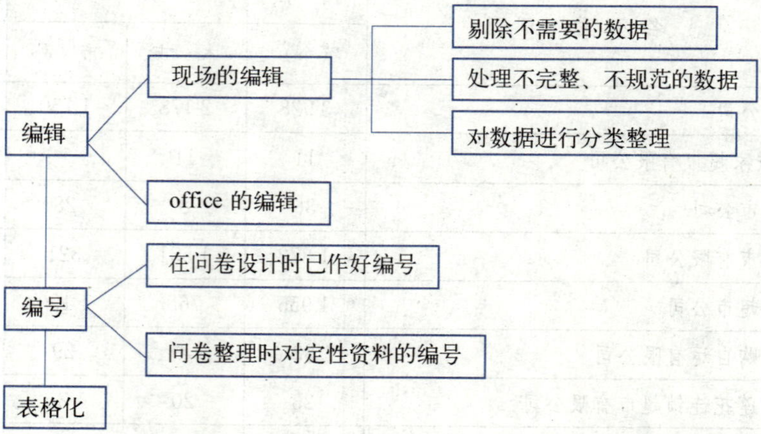

图 7-1　整理环节的工作程序

一、材料编辑

材料编辑是一个去粗取精、去伪存真的过程，一般包括现场的编辑和办公室（office）的编辑两个方面，主要做的工作有剔除不必要的资料和数据，处理不完整、不规范的资料和数据，对资料和数据进行分门别类的归纳整理的过程。

(一) 不必要的资料和数据及其剔除工作

在调查和整理的过程中，会发现许多无用的资料，主要有以下两种。

1. 伪资料

伪资料的出现有这些原因：

(1) 调查员缺乏职业道德而伪造的问卷。

(2) 调查过程中监控不够，因而出现调查员不负责任，填写的数据资料有误。

(3) 从网上或报刊上下载或搜集的资料据核实有误。

2. 自相矛盾或缺省的资料

(1) 调查问卷过程中，顾客随意回答，而出现自相矛盾的情况。

(2) 电传或记录造成某些销售额或财务数据的矛盾。

(3) 处理不完整、不规范的资料和数据。在几千份问卷中，往往会出现一些不规范、不完整的资料和数据。

(4) 缺少部分个人资料的问卷。例如，在车站调查的问卷，会因公交车辆的突然到来而使调查对象离开，造成部分问卷个人资料的缺损。

(5) 问卷中，缺少对某个重要问题看法。在一份调查问卷的设计中，既要有一般的常规问题以供调查对象选择，还有一些开放式的问题以征求调查对象的意见，但相当多的人会显得不耐烦而不答，或答得不得要领，或回答模糊。

那么该如何处理呢？

第一，对于缺少部分个人资料的问卷，有人提出用缺损法，即作废卷；有人提出用增补法，即让调查员根据对象回答问题的态度作揣摩增补，以不浪费问卷。

第二，对于问卷中缺少对某个重要问题看法，有人认为能回答开放式问题的人本来就不多，对卷中的开放式问题只要归纳成几种意见，分门别类列表加以陈述就可以了。

(二) 对资料和数据进行分类整理

这里讲的是粗线条大框框的分类整理，依据的是写作提纲。对资料和数据的分类整理应归为以下几大块。

1. 某乡镇经济环境的综合数据

经济环境的综合数据包括该地区 GDP(国内生产总值增长或减少)数据，人口、居民收入、男女比例等数据。对其整理可列表，可制图。以下是上海市七宝镇的数据。

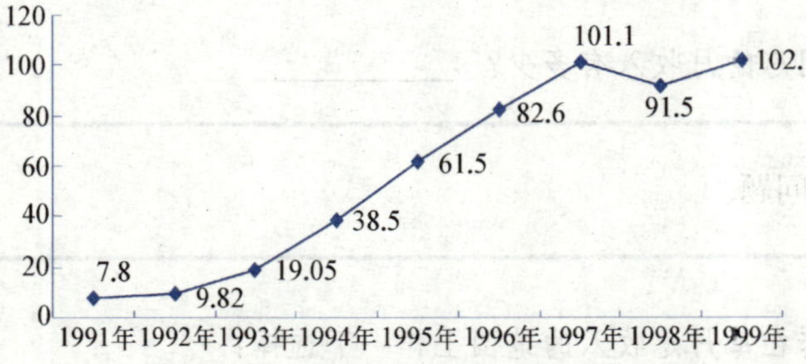

1991—1999 年七宝镇国民生产总值(亿)

2. 某街区、商业中心的客流量数据

客流量数据的统计要有事先设计好的表，安排调查员到指定路口调查数据的汇编。

汇总表一定要提供各道口的数据，这样就可看出客流量的主要来源。以下是港汇广场客流量统计表，我们可一目了然地看出地铁口对它带来的客流。

港汇广场客流量统计 （单位：人）

时间 \ 路口		正门	南大门	地铁口	北侧门	内街	合计
合　计	平时	3 302	6 575	18 690	6 873	4 610	39 845
	双休	12 042	11 662	59 471	13 918	14 512	110 573

3. 消费者购买力及购买意向数据

消费者购买力可从个人资料中的月收入等资料得到，购买意向可从以下统计中得到，如在本章的案例分析“金山区枫泾镇旅游者消费习惯和愿望调查”中，通过调查得出了结论。

二、编号分类

编号的意义有两个：一是为电脑作调查表统计的准备工作，以防止统计出错误，便于修正；二是一个给经过整理后的各类问题配上数字或符号的过程，其目的是为下一步的表格化作准备。

（一）编号大致分类

编号的工作大致有以下几类。

1. 为调查表电脑统计作准备的编号分类

这种编号分类工作相对比较简单，但仍要注意几点：

(1) 编号的次序要与电脑统计的次序相对应，这样才能起到防止统计出错的作用。

(2) 编号后的问卷要按编号次序放置、整理好，免得修正时为寻找问卷而手忙脚乱。

2. 在问卷设计时先做好的编号分类

为避免问卷整理过程中大量耗用人力，在问卷设计时应先考虑好，对问题进行编号分类。如一般问卷中都有“顾客个人资料”一栏，顾客的月收入即可编号分类，以下是两种未分类和已分类的问题：

(1) 没有分类的问题。

［例］ 请问您的月收入有多少？____________

(2) 已分类的问题。

［例］ 请您在每月总收入的范围上作一下选择：

(1) 1 000 元以下□　(2) 1 100～2 000 元□　(3) 2 100～3 000 元□

(4) 3 100～4 000 元□　(5) 4 100～5 000 元□　(6) 5 100～1 万元□

(7) 1 万以上□

对第(1)类问题,当然就要有进行编号的工作。

(二) 设计编号必须遵守的原则

1. 以调查目的为出发点

2. 分类间隔适当,以略多为好

[例] 职业分类:

(1) 机关事业单位□ (2) 企业管理人员□ (3) 科、教、文、体、卫专业人员□
(4) 军人、警察□ (5) 私企业主□ (6) 自由职业者□
(7) 商业服务人员□ (8) 工人□ (9) 个体户、小摊主□
(10) 学生□ (11) 农民□ (12) 务工人员□
(13) 离退休人员□ (14) 无业、失业及下岗人员□
(15) 其他________

3. 设计间隔前,要对资料有个大体了解

[例] 文化程度:

(1) 大学以上□ (2) 大学□ (3) 大专□
(4) 高中(中专职技校)□ (5) 小学□

4. 分类间隔的数据应相互排斥

[例] 地区分布:

(1) 彭浦新村街道□ (2) 闸北区其他街道□ (3) 上海市区其他区□
(4) 上海郊区□ (5) 外省市人□ (6) 国外及台港澳地区□

(三) 对定性的开放式问题作好编号分类

如果上述工作已做得较完善,那么问卷整理时的编号分类,主要是针对一些定性的开放式问题的整理。例如,我们在镇区调查、商业区调查时,都会问一些开放性的问题,在进行问卷整理时,为了了解被调查者的哪些想法更为集中,要对其回答的想法做编号排序。

三、数据整理时的表格化工作

我们必须把许多复杂的统计表内容进行归纳,以使其简捷明晰,这就是数据整理时的表格化工作。

(一) 把众多统计表表格化

例如,我们在进行网点调查时,会调查周边许多相同类型的商业设施,然后再进行表格化处理。

以下就是在调查商业网点时，将纸上或摄影记录的资料统计整理成的表格。

路段商业网点统计表

路段名：________________

分类	商店类型	数量	分类	商店类型	数量
零售商店	大型百货商厦		餐饮娱乐	宾馆	
	超市			中型饭店	
	家具店			小型饭店	
	服饰专卖店			快餐	
	纺织品专卖店			西点	
	鞋类专卖店			酒吧咖啡馆	
	化妆品专卖店			夜总会、俱乐部	
	小型百货店			电影院	
	钟表眼镜店			休闲浴场	
	文化用品店			小型浴室	
	药房				
	个体日杂店				
	粮油店				
	音像专卖店				
	书店				
	合计			合计	
服务业	房产中介		其他商业	综合贸易市场	
	誊印社			机电商店	
	照相冲印店			物资商店	
	广告社			汽配商店	
	报亭			建材商店	
	修理店				
	干洗店				
	合计			合计	

（二）通过表格化进行初步分析

1. 频率分布分析

频率分布分析，是指每个问题中备选答案被选中的数量。表 7 - 1 中所列的是应答者地铁购物的数目及其在总体中所占的比例。

表 7－1 地铁购物频率分布

是否购物	回答者数量(人)	百分比(%)
经 常	142	18
偶 尔	452	56
从来不	206	26
合 计	800	100

从表中看统计百分比，就对数据的理解、解释及决策判断更为直观和便易。

2. 平均值分析

我们通常所说的“平均值”一般是指算术平均值，它的计算方法是将各项数值的总和除以这些数值的项数，所求得的商数，就是这几项数值的算术平均值。

平均值是分析市场调查资料时，经常使用的方法之一。通过汇总大量资料，而计算出来的每个平均数据都具有代表性的价值，对说明具体市场的特点和预测未来市场的变化趋势均有很大的作用。

如表 7－2 所示，每年的人均生产总值是用当年的生产总值除以户籍人口计算所得。人均 GDP 的高低是人民能否获取高水平生活资源的体现。上海市近几年的人均生产总值均远远高于全国人均生产总值，反映在现实生活中可以看到上海市人民的生活质量较高，这是与其统计数值相一致的。

表 7－2 上海市的人均生产总值和全国的人均生产总值比较

年 份	上海市人均生产总值(元)	全国人均生产总值(元)
2000	36 217	7 858
2001	39 340	8 622
2002	43 143	9 398
2003	50 032	10 542
2004	59 928	12 336
2005	67 565	14 040

(资料来源：上海市统计网和国家统计网)

平均值分析还可以为我们确切地估计市场容量提供重要的参考数据。假定某地实地调查时，在走访的男性成年居民 1 000 人中，每年需购置的衬衣共约 2 500 件，即人均每年需要购置衬衣 2.5 件。调查得知，当地的男性成人总数是 1 000 万，而且，这些实地走访对象都是具有普遍代表性的，那么就可以根据人均购货数量来推算出当地市场男装衬衣的市场容纳量每年约是 2 500 万件(即 2.5 件×1000 万人)。

3. 多问题和多因素的分析——横列表法

在对资料进行整理分析时，有时需要分析多个因素之间的关系，这就是多问题和多因素分析法。这种分析法又称为横列表法，即是对每个问题，针对不同的被调查类型(或其他不同因素)，用几个表进行分解分析。这种方法有助于我们深入事物内部，找出那些能导致某种结果发生的关键因素。例如，某保险公司对影响保险户开车事故率的因素进行调查，并对各种因素进行了横列表分析。从表 7－3 中可以看到，有 61%的保险户在开车过程中从未出现过事故。

表 7－3　驾车者的事故率(样本数量 17 800 人)

事故情况	百分比(%)	事故情况	百分比(%)
开车时，无事故	61	开车时，至少经历一次事故	39

然后，再在性别基础上进行分解，判断男女之间是否有差别，这就出现了表 7－4 所示的二维表。

表 7－4　男女驾车者的事故率

(样本数量男 9 320 人；女 8 480 人)

事故情况	男(%)	女(%)
开车时，无事故	56	66
开车时，至少经历一次事故	44	34

这个二维表显示，男性的事故率较高。但人们会提出疑问，男性驾车者的事故多，是否因为他们驾驶的路程较长。这样就引入第三个因素"驾驶距离"，如表 7－5 所示。

表 7－5　不同驾驶距离下的事故率

	男		女	
驾驶距离	>1 万公里	<1 万公里	>1 万公里	<1 万公里
样本数量	7 170(人)	2 150(人)	2 430(人)	60(人)
开车时，无事故	51%	73%	50%	73%
开车时，至少经历一次事故	49%	27%	50%	27%

(资料来源：胡旭星：《市场预测方法百种》，首都经济贸易大学出版社，2000)

从表 7－5 的结果表明，男驾驶者的高事故率是由于他们的驾驶距离比女驾驶者的长。结果证明：事故率只跟驾驶的距离成正比，而与驾驶者的性别无关。

第三节　市场调查数据的统计技术

市场调查数据的统计分析是一项十分重要的工作，其中工作量最大的是问卷统计。在市场调查的初始阶段，问卷用人工统计，当电脑普遍使用后，就开始使用电脑软件进行统计，Excel 过去和至今一直被广泛使用。近年来，SPSS 由于操作简单，生成统计结果方便，被行业内推崇和广泛使用。

一、SPSS 简介

SPSS 的全称是：statistical program for social sciences，即社会科学统计程序。该软件是公认的较优秀的统计分析软件包之一。SPSS 原是为大型计算机开发的，其版本为SPSSx，20 世纪 80 年代初，微机开始普及以后，它率先推出了微机版本，占领了微机市场，大大地扩大了自己的用户量。如图 7－2 所示，首先，它采用现今广为流行的电子表格形式作数据管理器，使用户变量命名、定义数据格式、数据输入与修改等过程一气呵成；其次，采用菜单方式选择统计分析命令，采用对话框方式选择子命令，简明快捷，无需死记大量繁冗的语法语句；第三，采用对象连接和嵌入技术，使计算结果可方便地被其他软件调用。

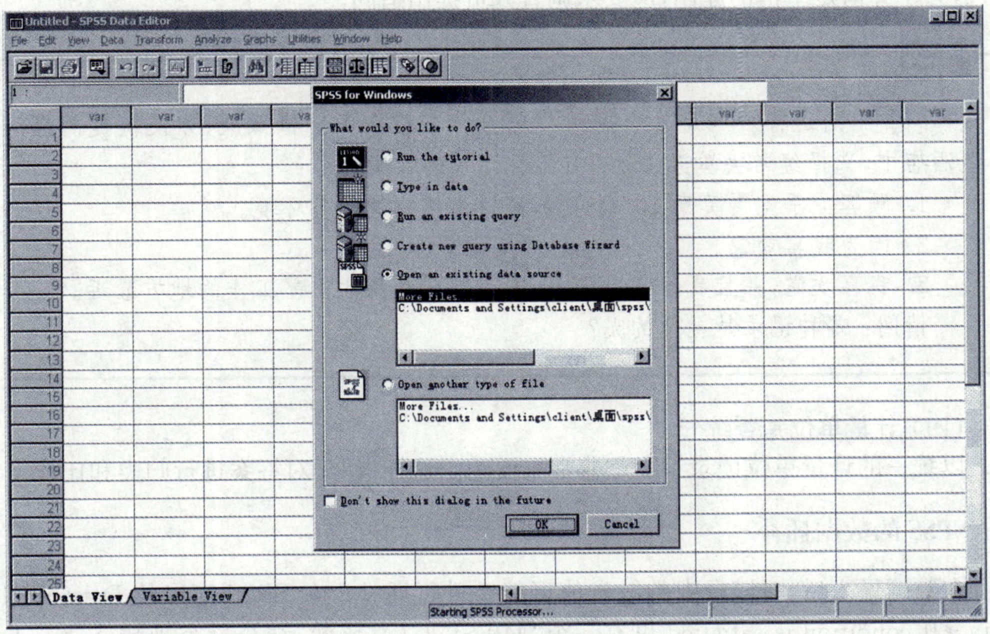

图 7－2　变量视图

二、SPSS 对调查资料审核的项目

对已经回收的调查问卷，SPSS 审核的项目主要有以下几方面。

(一) 搜集的资料是否完整

该项目主要是检查搜集的资料是否完整，所有应问或应答的问题是否都已询问或回答。不完整的答卷分为三种情况：

(1) 某一份问卷相当多的问题没有回答，或者某一份问卷不符合多条审核规则的要求，或者不符合少数几条关键审核规则的要求，从而使得后续的研究失去意义。在这种情况下，通常可以将这一问卷作废，同时将调查样本的权数进行调整。

(2) 某份问卷个别问题没有回答，这样的问卷应作为有效问卷。对大多数审核失效的数据都应该加以标志（如用特殊代码 999 标志），未回答的问题留待以后作插补处理。

(3) 相当多的问卷对同一问题没有回答，仍作为有效问卷。未回答的问题要查明原因，在资料分析时给予适当注意。

(二) 调查对象的答案是否一致

这是指调查对象给出的答案是否一致，是否相互矛盾。若有这些情况，应设法澄清，根据全卷答案的内在逻辑联系对前后不一致的地方进行修正，或将矛盾的答案舍弃。比如，假设某份问卷中关于一位被调查者的背景资料是：受教育程度为研究生，婚姻状况为已婚，性别为男，年龄为 17 岁。显然，这条记录中，年龄与婚姻状况、年龄与受教育程度之间的关系是不符合审核规则的。为了纠正审核失效，可以同时调整婚姻状况和受教育程度，也可以只对年龄作调整，一般倾向于采用后者。

(三) 问卷答案是否明确

检查答案的含义是否明确，对含糊不清、指代不明的答案要设法弄清楚。特别是对于开放式的问题，先要检查调查人员记录的合理性，所记录的应该是调查对象的原话。而且，为了弄清楚事情的原因，应要求调查人员提出追问。

［例］ 对这样一个开放式提问："您为什么在众多价格低廉、方便快捷的经济型酒店中，选择经常去莫泰 168?"有三种记录的答案如下：

1. 顾客似乎觉得莫泰 168 有更加舒适和统一的服务环境。
2. 因为我喜欢它。
3. 我喜欢它，并且我经常去那儿，因为那儿是离我出差工作的地方最近。

请问：哪种记录是合理的呢?

(四) 计量单位是否统一

以统一的计量单位记录答案是非常重要的。这样，便于对答案进行归类和比较。

三、SPSS 的数据插补

在数据录入后，对记录中的缺省值可能要进行插补。在 SPSS 窗口的 Data→Select Data→If condition is satisfied 里有一个"MISSING()"函数，结合这个函数，Select Data 就可以直接找出缺省值。

(一) 什么是插补?

插补是对审核过程中发现的、所有缺失信息的记录进行补充或用合适的数值进行替代，确保得出内在一致的记录。插补方法可以归为两类：确定性插补(对于特定的被调查的数据，可能的插补值只有一个)和随机插补(含有随机因素，每次得出的插补值可能会不一样)。

每一种确定性的插补方法都对应着一种随机插补方法。插补数值时，用确定性的方法得出一个插补值，加上从某个适宜的分布或模型产出的一个残差作为最后的插补值，就成为随机插补。随机插补能更好地保持数据集的频数结构，保持比确定性插补方法更真实的变异性。

(二) 几种确定性插补方法

1. 推理插补

缺失的或不一致的数据能通过推断确定。通常，这种推理是根据问卷上其他回答项的数据得来的。例如，一个四项数值的和是 100，其中两项分别是 60 和 40，其余两项空着，那么可推算出这其余两项的值一定是 0。

2. 均值插补

缺失或不一致的值可用插补类的均值来代替。例如，某问卷中的年龄缺失，可利用与缺失问卷类似的(在性别、文化程度、职业等方面类似的)回答者的平均年龄来代替。

均值插补会得到较好的点估计，但由于在插补类均值这一点形成一个人为的“峰值”，从而破坏了分布状态和变量之间的关系。因此，如果用常规的抽样方差公式进行计算，就会低估最终的方差。

均值插补通常在没有辅助信息可用，或只有少量记录需要作插补处理时，才被采用。

3. 比率或回归插补

比率或回归插补是使用辅助信息及其他记录中的有效回答，建立一个比率或回归模型，该模型表明了两个或多个变量之间的关系。

例如，某调查者的收入＝平均收入÷平均受教育年限×受教育年限

比率或回归插补产生的插补值比简单均值法产生的插补值更加稳定，这种方法常用于商业调查中的定比量表。

4. 序贯热平台插补

热平台插补是使用相似类型的被调查者的已有记录的信息(供者)来代替一个缺失的或不一致数据(受者)。确定性热平台插补，是用需要插补数据前面最近的一个相似者(供者)的数据来代替受者缺失的数值，如表 7-6 所示。

表 7-6 某中部地区城镇空调器拥有情况的统计表

样本序号	性 别	年 龄	婚姻状况	年收入(元)	是否拥有空调器
1	男	青 年	未婚	11 000	无
2	男	中老年	已婚	5 000	有
3	女	青 年	未婚	8 000	无
4	男	中老年	已婚	7 000	有
5	男	青 年	未婚	9 000	有
6	女	中老年	丧偶	3 000	无
7	男	中老年	已婚	—	—
8	女	青 年	离异	4 500	有
9	男	青 年	未婚	—	无
10	女	中老年	丧偶	2 000	—
11	男	青 年	未婚	6 000	有
12	男	中老年	已婚	—	—

插补结果：

受者序号	年收入(千元)	是否拥有空调器	供者序号
7	7 000	有	4
9	9 000		5
10		无	6
12	7 000	有	4

随机热平台插补，供者是在插补类中随机选出的，因此是一种随机插补方法。为了找到一个与缺失记录相似的被调查者记录，必须先确定与需要进行插补处理的变量相关的变量，建立插补类。这样，插补类中所有通过审核的记录集就可以用来插补缺失的数据。

热平台插补可以用来插补定量数据，也可以用来插补定性数据，但通常只用定性变量建立插补类记录集，并且用人工方式较容易补齐。

5. 序贯冷平台插补

冷平台插补与热平台插补类似，不同之处在于热平台插补使用当前调查的供者，而冷平台插补则使用其他资料中的供者。冷平台插补经常使用前期的调查或普查中的历史数据。

四、调查资料的录入及统计整理

(一) 建立 SPSS 数据文件

对于所搜集到的问卷调查资料在使用 SPSS 软件进行数据分析之前，首先要建立数据文件。通常一个数据文件的建立可以包括定义变量、数据输入、数据的整理、数据文件的保存和输出等内容。其步骤如下：

单击命令窗口的 File→New→Data，然后单击窗口左下角的 VariableView（变量视图），会出现如图 7－3 所示的界面。

	Name	Type	Width	Decimals	Label	Values	Missing	Columns	Align	Measure
1										
2										
3										
4										

图 7－3 变量视图

这样，就可以对问卷中所有的问题及回答进行定义。其中：

● Name：变量名，一般用问卷中的提问项目的关键词

● Type：变量类型，一般用的是 Numeric（数值型）。其列出的 8 种可选的基本变量类型为：数字型（Numeric）、逗号型（Comma）、句点型（Dot）、科学计数型（Scientific Notation）、日期格式型（Date）、美元型（Dollar）、定制货币型（Custom Currency）和字符串型（String）

● Width：变量的总宽度

● Decimals：小数位数，一般设置为 0

● Lable：变量标签

● Values：变量的值（与编码相对应，即对回答项目每类都分配一个数字，单选题、多选题一般事前编码，开放式提问要进行事后编码）

● Missing：缺省值

● Columns：列宽

● Alignment：对齐方式

● Measure：量表测量

接着单击左下角 Data View（数据视图），就可以输入样本数据了。每一行记录着一个调查样本的所有回答情况的资料。输入完成后，单击 File，选择 Save，把输入的数据保

存为后缀为“. save”的数据文件。

典型问卷示例如下。

1. 单选题

比如，关于平时消费的主要地点的一个问题如下。

［例］ 请问您平时消费的主要地点？
1. 本区消费　　2. 市中心消费　　3. 其他大城市消费

在 Value 值栏定义变量的值，如图 7－4 所示。

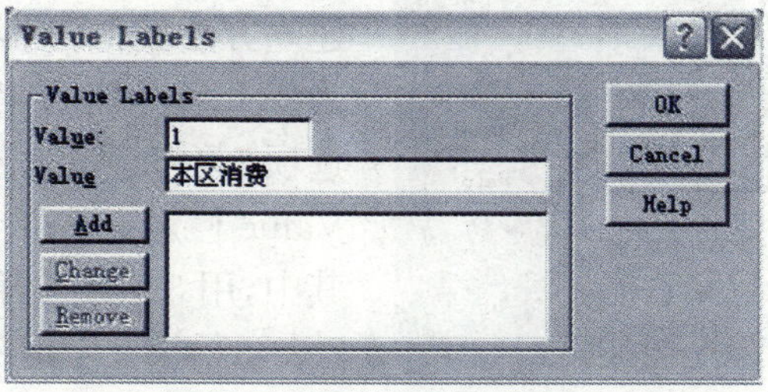

图 7－4 定义变量视图 1

2. 多选题

比如，关于平时经常去哪些场所购物的调查如下。

［例］ 请问您平时经常去哪些场所购物？
1. 购物中心　　2. 大型综合超市　　3. 百货商店
4. 品牌专卖店　　5. 便利店　　6. 食杂店

对于以上题型，常用多重二分法(multiple dichotomy method)进行多选题的录入。具体做法是，以回答项目的各选项作为变量名，用“是”或“否”两项作回答标签，相当于将原来的题型变成了 6 个问题，分别是：您平时是否经常去购物中心购物？您平时是否经常去大型综合超市购物？您平时是否经常去百货商店购物？您平时是否经常去品牌专卖店购物？您平时是否经常去便利店购物？您平时是否经常去食杂店购物？

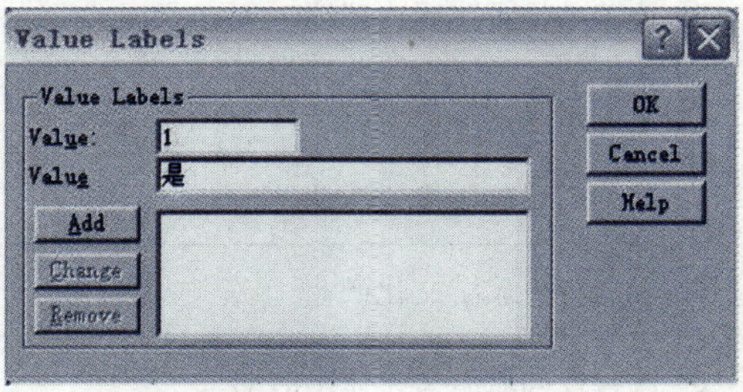

图 7－5 定义变量视图 2

在 Value 值栏定义变量的值，如图 7－5所示。

3. 多选并排序题

比如，对于平时休息时间安排的调查问题如下。

［例］ 请您在下面7个选项中选出您休息时间安排时认为优先考虑的3个选项，并加以排序。

1. 在家看影视、阅读等　2. 逛街购物　3. 棋牌活动　4. 看电影

5. 体育健身　6. 走亲访友　7. 旅游

第一考虑的选项：________

第二考虑的选项：________

第三考虑的选项：________

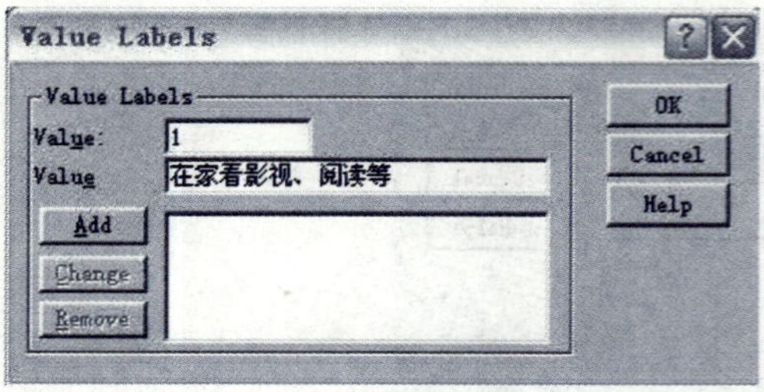

图7－6　定义变量视图3

对于以上题型，与第2种题型的数据建立方法类似，即以回答项目的各选项作为变量名，用第1考虑的选项、第2考虑的选项、第3考虑的选项作回答标签，在Value栏定义变量的值，如图7－6所示。其中，用3表示给第1考虑选项得3分，用2表示给第2考虑的选项2分，用1表示给第3考虑选项1分等。这样取值是为了方便今后的统计分析。

4. 开放题

对开放式问题的回答数据录入需要采用以下步骤：

(1) 列出所有答案。对于开放性问题，在录入之前，编码员先要将所有回答者的答案浏览一遍，列出所有的可能答案。一般要求所有的答案都应列出。

(2) 合并答案。把一些在形式上看来不同，但在本质上相同的答案适当地合并为一类。例如，"您认为我市文化旅游业和商贸业怎样联动发展？"这个提问属于开放性问题，11个回答者回答的内容在形式上都不相同，如表7－7所示。

表7－7　开放式问题回答实例

1. 建设历史文化街区	7. 开发高端式旅游
2. 改善文物古迹周边环境	8. 借助上海世博会，发展主题旅游市场
3. 举办旅游文化节	9. 利用品牌资源吸引品牌企业、社会名人
4. 策划文化旅游推价活动	10. 保护非物质文化遗产
5. 发展特色旅游文化产业	11. 重视公关宣传、营销策略
6. 改善夜间旅游文化休闲活动	

可以想象，若对100个人询问，可能会得到100种答案！如果不进行归类处理，那么就不容易进行分析。所以，可以将一些意思相近的答案归到某一类中去，从中分析不买的主要原因。

完成合并的过程,就可得到如表 7-8 所示的结果。

表 7-8 文化旅游业和商贸业联动发展的答案合并分类和编码

回答类别描述	答案归类	分配的数字编码
建设历史文化街区	3,4,9	1
举办旅游文化节	4	2
发展特色旅游文化产业	1,6,7	3
改善夜间旅游文化休闲活动	5	4
借助上海世博会,发展主题旅游市场	2	5
重视公关宣传、营销策略	8	6

(二) 调查数据的统计整理

SPSS 的数据视图(Data View)菜单栏共有 10 个选项:

- File:文件管理菜单,功能是有关文件的调人、存储、显示和打印等
- Edit:编辑菜单,功能是有关文本内容的选择、拷贝、剪贴、寻找和替换等
- View:视图菜单,对视窗的外观及字体等的设计
- Data:数据管理菜单,功能是有关数据变量定义,数据格式选定,观察对象的选择、排序、加权,数据文件的转换、连接、汇总等
- Transform:数据转换处理菜单,功能是有关数值的计算、重新赋值、缺省值替代等
- Analyze:统计分析菜单,包括描述性分析、均值比较、显著性检验、聚类分析、因子分析、相关分析等
- Graphs:作图菜单,功能是有关统计图的制作
- Utilities:用户选项菜单,功能是有关命令解释、字体选择、文件信息、定义输出标题、窗口设计等
- window:窗口管理菜单,功能是有关窗口的排列、选择、显示等
- Help:求助菜单,功能是有关帮助文件的调用、查寻、显示等

点击菜单选项即可激活菜单,这时弹出下拉式子菜单,用户可根据自己的需求再点击子菜单的选项,完成特定的功能。

五、调查数据的制图和制表

(一) 统计图

在 SPSS 的 Graphs 菜单中,包括了各种统计图类型。在调查问卷中,常用的统计图有如下四种。

1. 直条图(柱状图)

大多数情形下,统计图都是以组为单位来体现数据的。直条图如图 7-7 所示,用直条的长短来表示非连续性资料的数量大小。在定义选项框的上方有 3 种直条图可选:Simple 为单一直条图、Clustered 为复式直条图、Stacked 为堆积式直条图。直条图适用于非连续性的变量。还有一种直方图(Histogram),适用于连续性的变量。

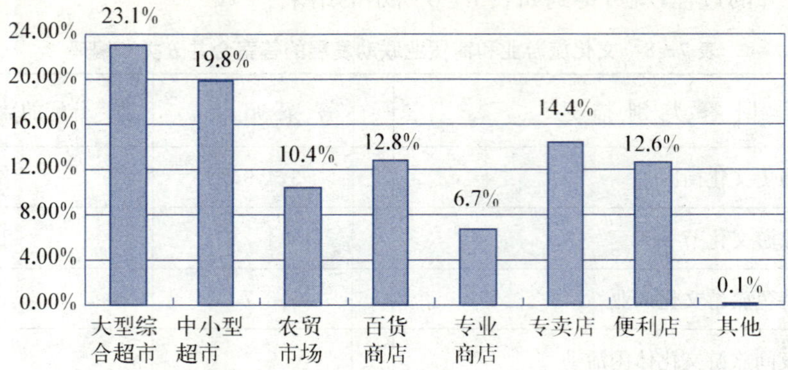

图 7－7　居民常去的购物场所的调查统计图

2. 线图

调用 Graphs 菜单的 Line 命令，绘制线图。线图是用线条的上下波动形式，反映连续性的相对数资料的变化趋势，如城阳区房地产开发投资的增长额，如图 7－8 所示。而非连续性的资料一般不用线图表现。

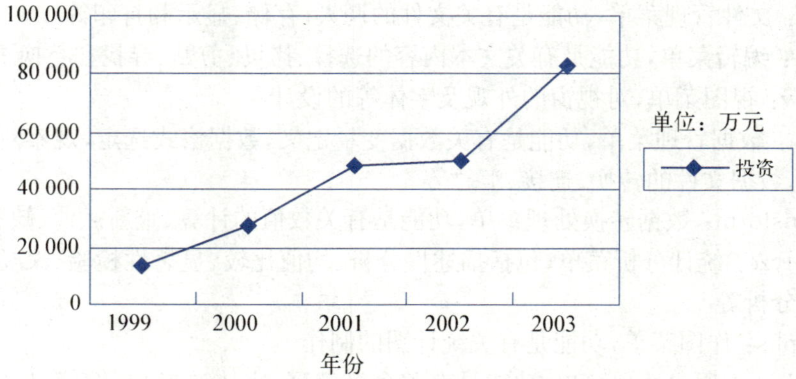

图 7－8　房地产开发投资增长线图

3. 饼图

用一个圆来表现百分比构成，如图 7－9 所示（上海西克商务咨询公司对某地区居民平时休闲方式的调查结果）。根据圆中各个扇形面积的大小，可判断某一部分在全部中所占比例的多少。

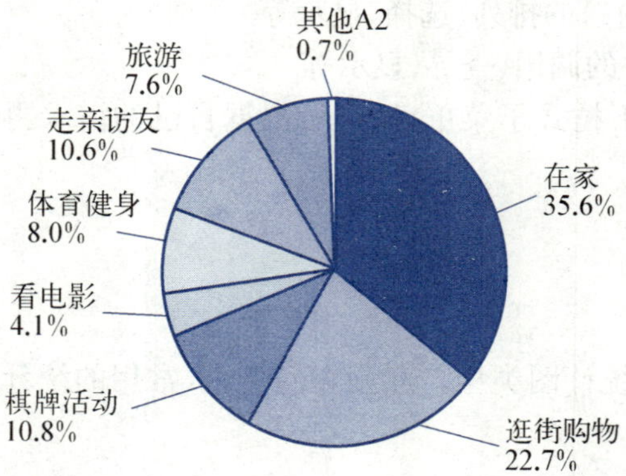

图 7－9　居民平时休闲方式的选择

4. 散点图

散点图如图 7－10 所示，用于表现数据的原始分布状况。如果分析的是两变量间的关系，就用简单散点图（Simple）；如果要快速发现多个变量间的主要相关性，用矩阵散点图（Matrix）；如果要在一张图中比较各组变量的相关性，用重叠散点图（Overlay）；如果要分析 3 个连续变量间的关系，用三维散点图（3－D）。在进行聚类分析之前，可以用散点图发现点的密集及其区隔，从而决定将数据分成几类。

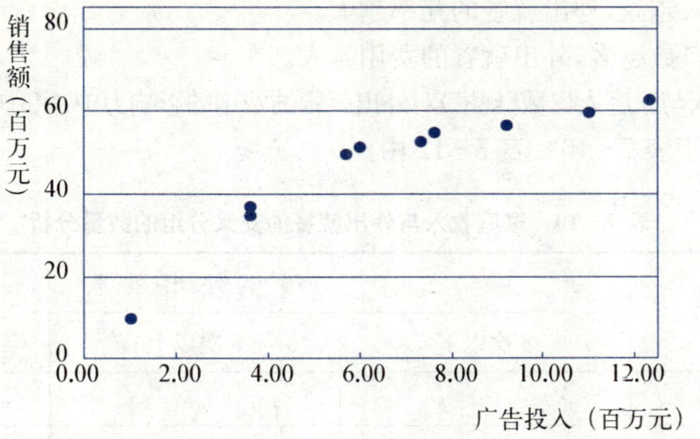

图 7-10 广告投入与销售额的散点图

另外，用 SPSS 做出图形后，可以在 OUTPUT 下双击图形，来对图形进行编辑。比如，改变图形外观、比例、颜色、样式，加上变量和值等。

（二）统计表

1. 频数分布表

频数分析一次只考察一个变量，目的是了解该变量不同取值的调查对象的数量。在这个变量中，不同取值的出现频率以百分比的形式展现。一个变量的频数分布可以产生频数、百分比和累计百分比的列表。

表 7-9 所示是调查上海白领选择男装时，主要考虑的因素排序分析中对品牌排序的统计表。

表 7-9 品牌偏好排序表

		Frequency	Percent	Valid Percent	Cumulative Percent
Valid	第一位	22	26.7	36.1	37.1
	第二位	17	21.2	28.1	64.3
	第三位	13	18.1	24.3	88.6
	第四位	8	8.5	11.4	100.0
	Total	60	74.5	100.0	
Missing	System	24	25.5		
Total		84	100.0		

2. 交叉列联表

在市场营销中，更重要的是将各种单一信息相互联系起来，以便进行市场细分，寻找目标市场。比如，在餐饮业市场需求的调查中，由于性别不同，对餐饮的偏好是有很大差异的；股票市场的好坏、市民的月平均花费的计划与外出就餐的费用和餐饮店铺档次的选择有着显著的关联等。而这些假设在市场调查方案设计中，应该有所体现。在这里，通过对列联表的分析，常常用来检验前面的方案设计中所提出的假设是否显著。

其中，双向交叉列表分析是同时有两个变量参加交叉分组的列表分析方法。

比如，调查方案的假设为：

(1) 家庭收入越高,外出就餐的几率越大。

(2) 家庭人口数越多,外出就餐的费用越大。

(3) 家庭收入与家庭人口数(规模)对外出就餐的费用的影响力中,家庭收入的影响更大些。

调查结果列于表7－10～表7－12中。

表7－10　家庭收入与外出就餐的交叉分组的数量分析

家庭收入	每年外出就餐		
	8次以下	8次以上	总　数
低收入	36	5	41
高收入	39	20	59
总　数	75	25	100

表7－11　家庭收入与外出就餐的交叉分组的百分比分析

家庭收入	每年外出就餐			总　数
	8次以下	8次以上	合计百分比	
低收入	88%	12%	100%	41
高收入	66%	34%	100%	59

表7－12　家庭规模与外出就餐的交叉分组分析

家庭规模	每年外出就餐		
	8次以下	8次以上	总数(合计百分比)
3口以内	20(26%)	58(74%)	78(100%)
3口以上	5(23%)	17(77%)	22(100%)
总　数	25	75	100

第四节　实践指导

一、实践任务

要求学生将前期采用直接调查和间接调查方法搜集到的数据,以小组为单位进行资料的整理和统计,为后期调研报告的形成做准备。本章实践任务主要以统计采用问卷方式搜集到的数据为主。

二、实践步骤

(1) 对市场调查数据进行审核。为保证调查数据的时效性、有效性、准确性和完整性,需对前期搜集到的资料进行检查和审核,并对有误信息进行恰当的修正。

（2）对调查数据进行编辑。数据编辑时，为了提高资料的准确性，要对已取得的调查数据进行再检查，目的是筛选出不符合要求的调查资料。

（3）调查数据的编码。编码主要将搜集到的数据转化为统一设计的计算机可识别的代码，以方便对其进行数据整理和分析。

（4）录入调查数据。通过计算机终端，直接把调查得到的数据录入统计软件（SPSS）的数据库。

（5）调查数据的整理。调查数据的整理常用以下方法：

① 排序与分类汇总。一般可用 Excel、Spss 等软件进行数据排序与分类汇总。

② 调查资料的统计分组。所谓统计分组，就是根据统计分析的需要，将统计总体按照一定的标志区分为若干组成部分的一种统计方法。

③ 绘制统计图。

三、实践要求

（1）要求教师讲解数据统计的步骤和方法。

（2）要求教师提供数据整理的范本。

（3）要求学生根据数据统计步骤、操作方法，以小组为单位完成小组问卷的统计任务，并能掌握与熟练运用这些方法。

四、实践内容

1. 组织一次调查数据的统计实践

（1）问卷调查数据统计的程序及操作。

（2）商业网点调查统计的程序及操作。

（3）产品上市种类调查统计的程序及操作等。

2. 要求

（1）问卷调查统计必须按程序编号，并使用 SPSS 统计软件进行统计。

（2）商业网点调查必须使用相关表格，对业态、业种进行分类统计。

（3）产品上市种类调查必须使用相关表格，对产品种类及各商场上市量进行分类统计。

五、实践范例

上海市崇明县长兴岛商业网点的现状调查

一、长兴岛商业网点综合情况

表 1　长兴岛各路段商业网点及面积统计表

序	路段名称	商业网点数量（家）	商业面积统计（约数 m^2）
1	振华港机门口到凤滨路	117	6 320（排挡不计）
2	凤滨路（凤凰公路—润丰集贸市场）	13	5 170
3	凤凰街路（凤滨路到凤凰街）	102	7 660
4	前卫支路街（潘圆公路北侧）	23	4 880
	合　计	255	24 030

二、长兴岛商业网点分路段情况

1. 振华港机门口到凤滨路

表2 商业网点调查汇总表

路段：振华港机门口到凤滨路　　　　面积单位：m^2

分类	商店类型	数量	面积	分类	商店类型	数量	面积
零售商店	小型百货店	2	120	餐饮娱乐	宾馆旅社	1	300
	超市	5	300		中型饭店	2	500
	便利店	1	60		小型饭店	20	1 200
	服饰专卖店	1	60		排挡	35	
	通信器材店	4	120		西点面包房	1	60
	数码店	2	60		食品店	2	120
	粮油店	1	30		台球俱乐部	1	200
	水果店	5	150		美容美发店	4	120
					洗足店	1	100
	合计	21	900		合计	68	2 600
服务业	摩托车修理店	2	100	其他商业设施	农贸市场	1	2 000
	照相冲印店	1	30		五金机电商店	2	120
	电动车维修店	7	210		劳防物资商店	5	180
	手机维修店	3	90				
	话吧	3	90				
	合计	18	520		合计	8	2 300

调查人李彬、黄斌　调查时间 2007/8/15

2. 凤滨路(凤凰公路—润丰集贸市场)(略)

3. 前卫支路街(潘圆公路北侧)(略)

4. 凤凰街路(凤滨路到凤凰街)(略)

(资料来源：上海西克商务咨询有限公司)

案例分析

上海市金山区枫泾镇旅游者消费习惯和愿望调查

一、旅游者消费习惯调查

1. 平时在古镇旅游的出游时间

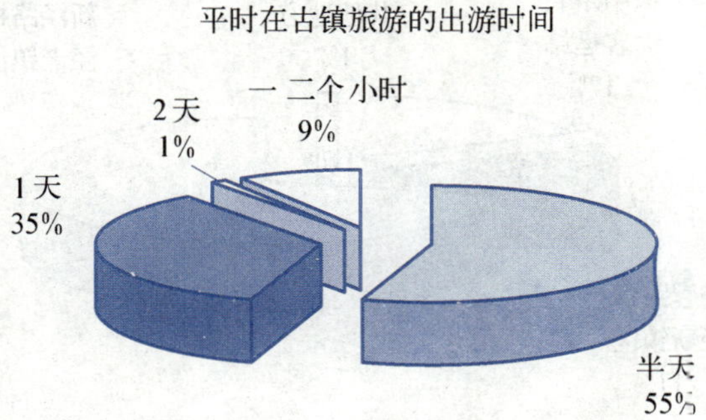

调查显示：旅游者在古镇旅游时间上大多都选择半天，占到总数55%，其次是选择1天的，占到35%，其余选择一二个小时和2天的分别为9%和1%。

2. 旅游或休闲娱乐首选的交通工具

交通工具	百分比	交通工具	百分比
公交车	13.3%	轨道交通(地铁等)	0%
巴士旅游车	77.3%	出租车	0%
自备轿车	8.0%	其他	1.3%

调查显示：旅游者在选择交通工具上最偏向巴士旅游车，占到77.3%；公交车次之13.3%，自备轿车8.0%，其他1.3%。

3. 在古镇旅游的花费

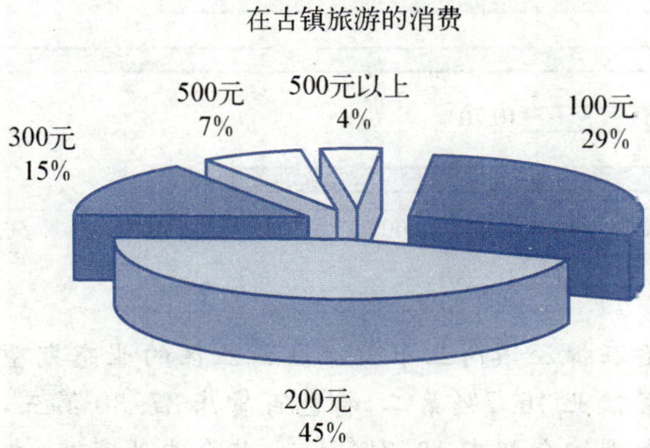

调查显示：消费者对在古镇消费上一般在200元，占到45%；其次是100元，占到29%；另外，300元15%，500元7%，500元以上4%。

二、对枫泾镇商业建设的态度及期望

1. 对枫泾镇商业中心建设位置的态度

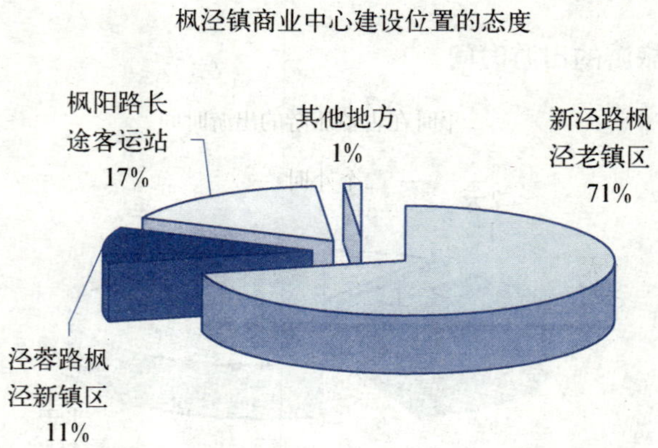

调查显示：旅游者对枫泾镇商业中心建设位置的态度最多支持建在新泾路老镇区，占到71%；其次是建在枫阳路长途客运站，占17%；另外，建在泾蓉路枫泾新镇区11%，其他地方1%。

2. 枫泾镇商业中心社区商业区应增加些什么商业设施

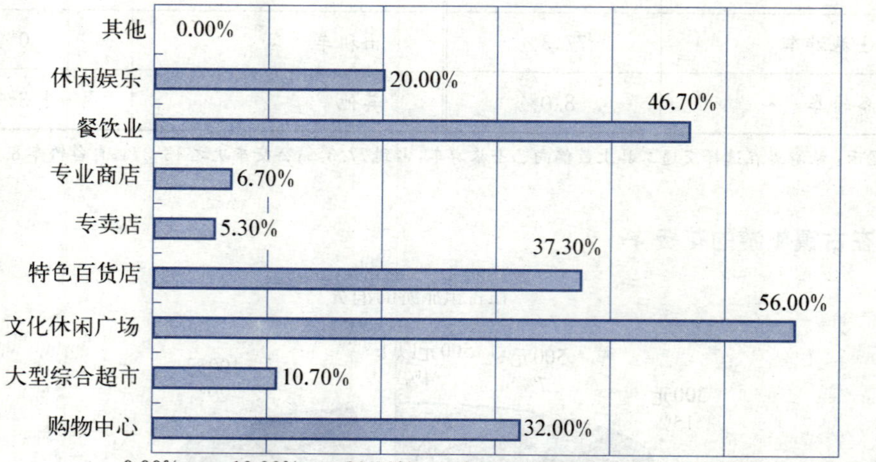

调查显示：旅游者在枫泾镇商业中心社区商业区的业态期望上，文化休闲广场居首，占到56%；另外，餐饮业46.7%第二，特色百货店37.30第三，购物中心32%第四，休闲娱乐20%第五，大型综合超市10.7%第六，其余专业商店、专卖店分别为6.7%和5.3%。

3. 枫泾镇商业中心社区商业区应增添些什么文化休闲设施

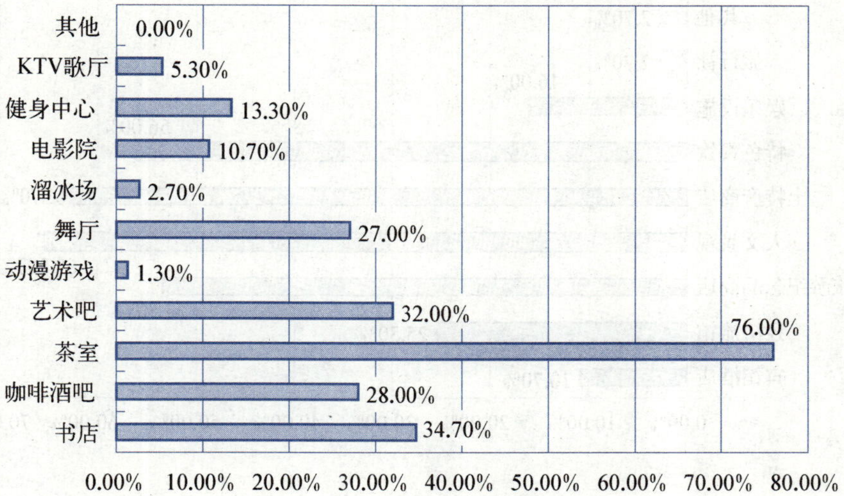

调查显示：旅游者对枫泾镇商业中心社区商业区文化休闲设施上的期望以茶室为首，占到76%；其次是书店、艺术吧、咖啡酒吧和舞厅，分别为34.7%、32%、28%和27%；另外，健身中心和电影院次之，占到13.3%和10.7%，其余KTV歌厅、溜冰场和动漫游戏都在5%左右。

4. 对建设枫泾镇特色商业街的愿望

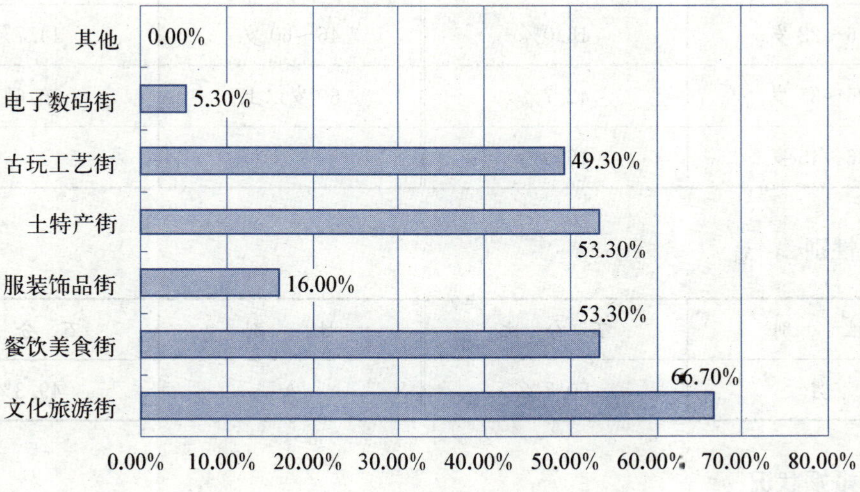

调查显示：旅游者对枫泾镇特色商业街的选择上，文化旅游街最多，占到66.7%；紧接着是餐饮美食街、土特产街和古玩工艺街，分别占到53.3%、53.3%和49.3%；另外，服装饰品街16%，电子数码街5.3%。

5. 枫泾镇应建设哪些旅游设施

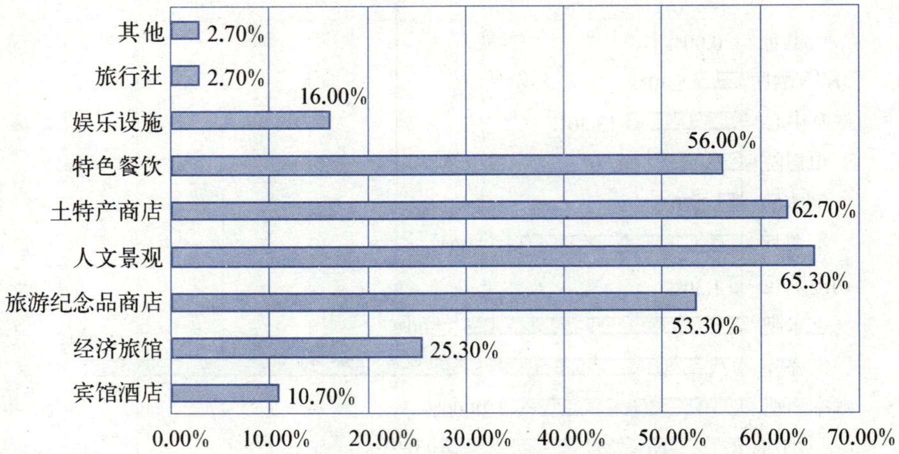

调查显示：旅游者对枫泾镇旅游设施的期望以人文景观、土特产商店、特色餐饮和旅游纪念品商店居首，分别占到65.3%、62.7%、56%和53.3%；经济旅馆和娱乐设施其次，分别为25.3%、16%；其余，宾馆酒店10.7%，旅行社2.7%。

三、附录　旅游者调查对象资料(有效问卷78份)

1. 年龄

年　龄	百 分 比	年　龄	百 分 比
16～22岁	16.0%	46～60岁	14.7%
25～35岁	42.7%	60岁以上	10.6%
36～45岁	16.0%		

2. 性别

性　别	百 分 比	性　别	百 分 比
男	50.7%	女	49.3%

3. 婚姻状况

婚 姻 状 况	百 分 比	婚 姻 状 况	百 分 比
已　婚	53.3%	未　婚	46.7%

4. 居住区域

居住区域	百分比	居住区域	百分比
金山区	21.3%	国内其他省份	0%
松江区	4.0%	台港澳地区	0%
上海市区	73.3%	外　国	0%
浙江省	1.4%		

5. 家庭总收入

家庭收入	百分比	家庭收入	百分比
1 000 元以下	4.0%	4 100～5 000 元	12.0%
1 100～2 000 元	26.7%	5 100～1 万元	14.7%
2 100～3 000 元	13.3%	1 万以上	10.6%
3 100～4 000 元	18.7%		

6. 职业

职　业	百分比	职　业	百分比
企业管理人员	22.7%	自由职业者	4.0%
机关事业单位	22.7%	私企业主	4.0%
科、教、文、体、卫专业人员	12.0%	离、退休人员	9.3%
学　生	20.0%	个体户、小摊主	1.3%
商业服务人员	4.0%		

7. 文化程度

文化程度	百分比	文化程度	百分比
大学及以上	33.3%	高中(中专职技校)	17.3%
大　专	48%	初中及以下	1.4%

（资料来源：上海西克商务咨询有限公司）

案例思考题

1. 上海市金山区枫泾镇旅游者消费习惯和愿望调查的数据一般是用什么软件进行统计分析的？应该用哪些方法来整理资料？它的图表是用什么软件制作的？

2. 本案例中，旅游者个人资料的数据应该怎么来采集和统计？问卷中如果遇到个人资料的缺漏应该怎么处理？

练习与思考

（一）名词解释

直接调查　社会消费品零售总额　SPSS　平均值分析　横列表法

（二）单项选择题

1. 编辑是一个去粗取精、去伪存真的过程，一般包括（　　）两个方面。

A. 现场的编辑和办公室(office)的编辑　　B. 信息编辑和统计编辑

C. 市场编辑和资料编辑　　D. 个人编辑和集体编辑

2. （　　）是用规定程序对专家个人进行调查的方法。

A. 特尔菲法　　B. 个人判断法

C. 专家意见法　　D. 信息判断法

3. SPSS 的全称是：statistical program for social sciences，即（　　）。

A. 社会科学统计程序　　B. 社会信息统计程序

C. 市场信息统计程序　　D. 市场资料统计程序

（三）简答题

1. 简述现场编辑有哪几个方面。

2. 简述 SPSS 审核项目的作用。

（四）论述题

1. 商业竞争环境资料用什么方法搜集取得？应该怎么整理形成报告文字？

2. 什么是 SPSS 的数据插补？一般有多少种插补方法？

第八章

市场预测

学习目标

学完本章，你应该能够理解、分析和掌握：

1. 理解市场预测的含义、作用；
2. 掌握市场预测的基本程序；
3. 掌握定性预测的主要方法；
4. 掌握定量预测的主要方法。

基本概念

市场预测　定性预测　集合意见法　专家预测法　德尔菲法　定量预测　平均预测法　指数平滑法　季节指数法　回归分析法

第一节　市场预测概述

通过广泛的市场调查，我们取得了各种资料，包括第一手资料和第二手资料。在对这些资料进行整理分析后，我们也对市场的过去和现在有了比较清晰的认识。可在很多情况下，还需要对市场的未来走向进行估计，这时候就要运用到市场预测的各种方法。

市场预测与市场调查的区别在于，前者是人们对市场未来的认识，后者是人们对市场的过去和现在的认识。市场预测能帮助经营者制定适应市场的行动方案，使自己在市场竞争中处于主动地位。

一、市场预测的含义和作用

（一）市场预测的含义

市场预测是在对影响市场供求变化的诸因素进行调查研究的基础上，运用科学的方法，对未来市场商品供应和需求的发展趋势，以及有关的各种因素的变化进行分析、估计和判断。预测的目的在于最大限度地减少不确定性对预测对象的影响，为科学决策提供依据。

（二）市场预测的作用

市场预测的作用主要体现在以下方面。

1. 有利于更好地满足消费需要

随着人们的物质、文化消费需求的不断变化，选择性不断加强，企业的生产经营活动与市场结合更紧密。这些变化促使企业树立消费导向市场营销观念,企业只有通过预测,才能及时掌握市场需求变化趋势和可能达到的需求水平,并根据企业的自身条件,选择和确定企业目标市场。

2. 有利于企业利用市场调节,合理配置资源

市场调节是市场经济条件下资源配置的一种形式。它是以市场价格波动来调节各个企业自动决定商品产需衔接,自发地形成社会资源配置的流向。

3. 有利于提高企业的竞争能力

现代竞争观念认为,决定企业竞争能力的关键是看企业对信息情报占有的多少和情报资料质量的高低。在激烈的市场竞争中,谁占有情报谁就能处于主动的地位。

二、市场预测的基本程序

1. 明确预测目标

预测工作的第一个程序是明确预测目标。即预测什么,通过预测要解决什么问题,进而明确规定预测目标、预测期限等。预测目标要避免空泛,要明确具体,如确定是对某一种产品或几种产品销售量的预测等。

2. 搜集与分析历史与现实数据资料

预测的数据资料依据,就是市场调查中获得的直接情报信息和间接情报信息。资料的搜集一定要注意广泛性、适用性和可靠性。资料搜集得不全面、不系统,将会严重影响预测质量。

3. 选择预测方法,拟定预测模型

在进行预测时,应根据预测目标和占有的信息资料,选择适当的预测方法和模型进行预测。预测方法不同,预测结果也就不一样。此外,预测方法和预测模型的选择,还要考虑预测费用的多少和对预测精度的要求。

4. 确定预测结果

将预测中发现的一些与过去不同的新因素(内部和外部的),尽量转化为数量概念,并分析这些因素的影响范围和影响程度;同时,分析出预测与实际可能产生的误差、误差的大小及其原因。

三、市场预测方法的选择

无论预测什么内容,都要推导出一个结果,取得预测结果的技术手段便是预测方法。市场预测方法可以归纳为定性预测和定量预测两大类。将这两大类方法结合起来,并越来越多地吸收计算机技术,是预测方法发展的总趋势。

第二节 定性预测

定性预测主要依赖于预测人员丰富的经验和知识及综合分析能力,对预测对象的未来发展前景作出性质和程度上的估计和推测。该种方法不用或很少用数学模型,预测结果并没有经过量化或定量分析,所以具有不确定性。定性预测适合预测那些模糊的、无法计量的社会经济现象,并通常由预测者集体来进行。集体预测是定性预测的重要内容，能集中多数人的智慧，克服个人的主观片面性。

定性预测方法简便、易于掌握，而且时间快、费用省，因此得到广泛采用。但是，定性预测方法缺乏数量分析，主观因素的作用较大，预测的准确度难免受到影响。因此，在采用定性预测方法时，应尽可能地结合定量分析方法，使预测过程更科学，预测结果更准确。

定性预测方法的具体形式较多，经常采用的方法有集合意见法、专家会议法、德尔菲法等。

一、集合意见法

集合意见法是指集合企业内部经营管理人员、业务人员等的意见，凭他们的经验和判断共同讨论市场趋势而进行市场预测。由于经营管理人员、业务人员等比较熟悉市场需求及其变化动向，他们的判断往往能反映市场的真实趋向，因此它是进行短、近期市场预测常用的方法。

（一）集合意见法的操作步骤

集合意见法的主要操作步骤如下。

1. 提供资料

预测组织者根据企业经营管理的要求，向参加预测的有关人员提出预测项目和预测期限的要求，并尽可能提供有关背景资料。

2. 提出预测方案

有关人员根据预测要求及掌握的背景资料，凭个人经验和分析判断能力，提出各自的预测方案。在方案中，要确定三个重点：

（1）确定未来市场的几种可能状态（如市场销路好或市场销路差的状态）；

（2）估计各种可能状态出现的概率（主观概率）；

（3）确定每种可能状态下，可能达到的具体销售值（状态值）。

3. 计算各方案期望值

预测组织者计算有关人员预测方案的方案期望值。方案期望值等于各种可能状态主观概率与状态值乘积之和。

4. 计算各类综合期望值

将参与预测的有关人员分类，如厂长（经理）类、管理职能科室类、业务人员类等，计算各类综合期望值。由于预测参与者对市场的了解程度，以及经验等因素不同，因而他们每个人对最终预测结果的影响作用不同。为表示这种差异，每类人员要分别给予不同的权数，最后采用加权平均法获得各类综合期望值。若给每个预测者以相同的权数，则表示各预测者的重要性相同，综合期望值可直接采用算术平均法或中位数法获得。

5. 确定最后的预测值

预测组织者将各类人员的综合期望值通过加权平均法等计算出最后的预测值。

（二）集合意见法的应用

例如，某工厂为了预测明年的产品销售额，要求经理和业务科、计划科、财务科及营销人员作出年度销售预测。

运用集合意见法预测的具体步骤如下。

1. 列出各预测人员的预测方案

各位经理、科室负责人和营销人员分别提出各自的预测方案，如表 8-1～表 8-3 所示。

表 8－1 经理预测方案 单位：万元

经 理	销售估计值						期望值	权 数
	销售好	概率	销售一般	概率	销售差	概率		
经理甲	500	0.3	420	0.5	380	0.2	436	0.6
经理乙	600	0.2	400	0.6	350	0.2	430	0.4

表 8－2 科室人员预测方案 单位：万元

科室人员	销售估计值						期望值	权 数
	销售好	概率	销售一般	概率	销售差	概率		
业 务	600	0.5	400	0.2	360	0.3	488	0.3
计 划	540	0.4	480	0.3	340	0.3	462	0.3
财 务	580	0.3	440	0.3	320	0.4	434	0.4

表 8－3 营销人员预测方案 单位：万元

营销人员	销售估计值						期望值	权 数
	销售好	概率	销售一般	概率	销售差	概率		
甲	480	0.3	400	0.5	300	0.2	404	0.4
乙	520	0.3	440	0.4	360	0.3	440	0.3
丙	540	0.2	420	0.5	380	0.3	432	0.3

2. 计算各预测人员的方案期望值

方案期望值等于各种可能状态的销售值与对应的概率乘积。

经理甲的方案期望值为

$$500 \times 0.3 + 420 \times 0.5 + 380 \times 0.2 = 436(\text{万元})$$

业务科人员的方案期望值为

$$600 \times 0.5 + 400 \times 0.2 + 360 \times 0.3 = 488(\text{万元})$$

营销人员甲的方案期望值为

$$480 \times 0.3 + 400 \times 0.5 + 300 \times 0.2 = 404(\text{万元})$$

其他人员的方案期望值都依此计算，并填入表中。

3. 计算各类人员的综合预测值

即分别求出经理类、科室人员类、营销人员类的综合预测值。综合预测值公式为

$$\bar{x} = \frac{\sum x_i w_i}{\sum w_i}$$

式中，$\bar{x}$ 为某类人员综合预测值；x_i 为某类各人员的方案期望值；w_i 为某类各人员的

方案期望值权数。

经计算可得，经理类综合预测值为

$$\frac{436\times0.6+430\times0.4}{0.6+0.4}=434(\text{万元})$$

科室人员类综合预测值为

$$\frac{488\times0.3+462\times0.3+434\times0.4}{0.3+0.3+0.4}=459(\text{万元})$$

营销人员类综合预测值为

$$\frac{404\times0.4+440\times0.3+432\times0.3}{0.4+0.3+0.3}=423(\text{万元})$$

4. 确定最后预测值

即对三类人员的综合预测值采用加权平均法再加以综合。由于三类人员综合预测值的重要程度不同，所以应当给予三类人员综合预测值不同的权数。现假定：

经理类权数为：4

科室人员类权数为：3

营销人员类权数为：2

(权数可以是小数，也可以是正整数)

那么，最后预测值为

$$\frac{434\times4+459\times3+423\times2}{4+3+2}=440(\text{万元})$$

二、专家会议法

专家会议法是邀请有关方面的专家，通过会议的形式，对市场未来需求趋势或企业某个产品的发展前景作出判断，并在此基础上综合各个专家的意见，进行市场分析预测的方法。

(一) 选择专家

专家会议法预测能否取得成功，在很大程度上取决于专家的选择。专家选择应依据以下要求：

(1) 专家要有丰富经验和广博知识。专家一般应具有较高学历，有丰富的与预测课题相关的工作经验，思维判断能力敏锐，语言表达能力较强。

(2) 专家要有代表性。要有各个方面的专家，如市场营销专家、管理专家、财务专家、生产技术专家等，不能局限于一个部门。

(3) 专家要有一定的市场调查和市场预测方面的知识和经验。

(二) 召集专家会议

1. 做好会议的准备工作

包括确定会议的主题，确定合适的主持人，选好会议的场所和时间，确定会议的次数，准备会议的记录、分析工具。确定主持人对于会议的成功与否起着非常重要的作用，要求其具有丰富的调查经验，掌握与讨论内容相关的知识，并能左右或引导会议的进程和方向。

2. 邀请专家参加会议

邀请出席会议的专家人数不宜太多，一般8～12人最好，要尽量包括各个方面的专家。被邀请的专家必须能独立思考，不受某个权威意见所左右。

3. 控制好会议的进程

会议主持人提出预测题目，要求大家充分发表意见，提出各种各样的方案。在这一步中，需要强调的是会议上不要批评别人的方案，要打开思路、畅所欲言，方案多多益善，气氛民主热烈。同时，要做好会议的记录工作。可以由主持人边提问边记录，也可以由助手进行记录，还可以通过录音、录像的方法记录。

4. 确定预测方案

在会议结束后，主持人再对各种方案进行比较、评价、归类，最后确定出预测方案。

三、德尔菲法

德尔菲法的应用始于美国兰德公司，在国外颇为流行。这一方法的特点是，各专家不通过会议形式交换意见和进行讨论，而是在互相保密的情况下，用书面形式独立地回答预测者提出的问题，并反复多次修改各自的意见，最后由预测者综合确定市场预测的结论。

德尔菲法是为了克服专家会议法的缺点，而产生的一种专家预测方法。在预测过程中，专家彼此互不相知、互不往来，这就克服了在专家会议法中经常发生的专家们不能充分发表意见、权威人士的意见左右其他人的意见等弊病。

用德尔菲法进行市场预测的步骤如下。

1. 组成专家小组

按照课题所需要的知识范围，确定专家。专家人数的多少，可根据预测课题的大小和涉及面的宽窄而定，一般不超过 20 人。

2. 提供资料

向所有专家提出所要预测的问题及有关要求，并附上有关这个问题的所有背景材料，同时请专家提出还需要什么材料。然后，由专家做书面答复。

3. 专家进行预测

各个专家根据他们所收到的材料，提出自己的预测意见，并说明自己是怎样利用这些材料和提出预测值的。

4. 对专家意见进行第一次汇总

将各位专家第一次判断意见汇总，列成图表，进行对比，再分发给各位专家，让专家比较自己同他人的不同意见，修改自己的意见和判断。也可以把各位专家的意见加以整理，或请身份更高的其他专家加以评论，然后把这些意见再分送给各位专家，以便他们参考后修改自己的意见。

5. 反复收集意见和进行反馈

将所有专家的修改意见收集起来、汇总，再次分发给各位专家，以便做第二次修改。逐轮收集意见，并为专家反馈信息是德尔菲法的主要环节。收集意见和信息反馈一般要经过三四轮。在向专家进行反馈的时候，只给出各种意见，但并不说明发表各种意见的专家的具体姓名。这一过程重复进行，直到每一个专家不再改变自己的意见为止。

6. 作出最后的预测结论

运用数学统计分析方法对专家最后一轮预测意见加以处理，作出最后的预测结论。这里所涉及的数学统计分析方法，一般是平均数法和中位数法。

(1) 平均数法，就是用专家所有预测值的平均数作为综合的预测值。其公式是

$$y=\frac{\sum x_i}{n}$$

式中，x_i 为各位专家的预测值；n 为专家人数。

(2) 中位数法，是用所有预测值的中位数作为最终的预测值。中位数的位置为

$$\frac{n+1}{2}$$

具体做法是：将最后一轮专家的预测值从小到大排列，碰到重复的数值舍去，那么中位数所处的位置$\left(第\frac{n+1}{2}位\right)$的数据，就是预测值。

［例］ 某企业市场环境发生了变化，对产品明年的销售量难以确定，因而聘请10位专家，用德尔菲法进行预测，具体数据见下表。

专家预测意见统计表

单位：万台

专家意见	1	2	3	4	5	6	7	8	9	10
第一轮	70	80	75	52	75	45	50	60	54	63
第二轮	70	75	73	55	65	47	54	65	60	63
第三轮	70	73	70	62	72	55	58	68	63	65

若用平均数法确定最终预测值，则

$$y=\frac{\sum x_i}{n}=\frac{70+73+70+62+72+55+58+68+63+65}{10}$$

$=65.6$(万台)

即预测产品明年销售量为65.6万台。若用中位数法确定最终预测值，首先，将上表中的专家第三轮预测值，按其数值从小到大排列为

55，58，62，63，65，68，70，72，73(有两个70，舍去1个)

其次，确定中位数所在的位置为

$$\frac{n+1}{2}=\frac{9+1}{2}=5$$

那么，第5个数据为中位数，即预测产品明年的销售量为65万台。

第三节 定量预测

定量预测，是指在占有充分数据资料的基础上，运用数学方法，有时还要结合计算机技术，对事物未来的发展趋势进行数量方面的估计与推测。定量预测方法有两个明显的

特点：一是依靠实际观察数据，重视数据的作用和定量分析；二是建立数学模型作为定量预测的工具。随着统计方法、数学模型和计算机技术日益为更多的人所掌握，定量预测的运用会越来越广。

常用的定量预测方法有平均预测法、指数平滑法、季节指数法和回归分析法等。

一、平均预测法

平均预测法是直接计算一定时期内各时间指标值的平均数，以此为基础确定未来时期预测值的方法。这种方法简便易行，不需建立复杂的预测模型，在短期预测中经常使用。

平均预测法主要形式有算术平均法、几何平均法等。

（一）算术平均法

算术平均法是求出一定观察期内预测目标的时间数列的算术平均数，作为下期预测值的一种最简单的定量预测法。这种方法适用于对市场现象各期变化不大、变动趋势呈水平直线状态、各观察值错落分布于某一直线上下的情况进行预测。根据计算平均数的要求不同，分为简单算术平均法和加权算术平均法。

1. 简单算术平均法

简单算术平均法是以一定观察期内预测目标时间数列的总和除以观察期数，来求得算术平均数，作为下期预测值的方法。其计算公式为

$$\hat{X}=\overline{X}=\frac{\sum_{i=1}^{n}X_i}{n}$$

式中，$\hat{X}$为下一期预测值；$\overline{X}$ 为简单算术平均值；X_i 为第 i 个观察期实际发生数；n 为观察期数。

［例］ 某百货公司一柜台 2007 年下半年各月的销售额为 18 万元、17 万元、19 万元、20 万元、17 万元、19 万元，用简单算术平均法预测 2008 年 1 月份该柜台的销售额为

$$\hat{X}=\frac{18+17+19+20+17+19}{6}=18.33(\text{万元})$$

2. 加权算术平均法

加权算术平均法考虑到各个数据对预测值有不同的影响程度，而分别给各个数据以不同的权数，将所得的加权平均数作为下一期的预测值。其计算公式为

$$\hat{X}=\overline{X}=\frac{\sum_{i=1}^{n}w_iX_i}{\sum_{i=1}^{n}w_i}$$

式中，$\hat{X}$为下一期预测值；$\overline{X}$ 为加权算术平均值；w_i 为权数；X^i 为第 i 个观察期实际发生数；n 为观察期数。

［例］ 仍以简单算术平均法中的例子为基础，设2007年7—12月的权数分别为0.5,1.0,1.5,2.5,3.5,5.0,则加权平均值为

$$\overline{X}=\frac{18\times0.5+17\times1+19\times1.5+20\times2.5+17\times3.5+19\times5}{0.5+1+1.5+2.5+3.5+5}$$

$$=18.5(万元)$$

(二) 几何平均法

几何平均法是以观察期内预测目标时间数列的几何平均数，作为某一未来时期的预测值。其计算公式为

$$G=\sqrt[n]{X_1\times X_2\times X_3\times\cdots\times X_n}=\sqrt[n]{\prod_{i=1}^{n}X_i}$$

式中，G 为作为预测值的几何平均数；X_i 为第 i 个观察期实际发生数；n 为观察期数。

几何平均数是计算平均比率和平均速度最适宜的一种方法，通常用于发展速度或增长率的预测。

［例］ 某商场某一商品2007年下半年的销售数据如下表，用几何平均法预测2008年1月份的销售额。

解：由各月的销售额确定逐期环比发展速度 $\frac{X_i}{X_i-1}\times100\%$，列表计算如下。

销售额的环比发展速度

月　份	7	8	9	10	11	12
销售额(万元)	73	75	77	80	78	82
环比发展速度(%)		102.7	102.7	103.9	97.5	105.1

2008年1月份环比发展速度的预测值为

$$G=\sqrt[5]{102.7\times102.7\times103.9\times97.5\times105.1}=102.35\%$$

则2008年1月份销售额预测值为

$$82\times102.35\%=83.9(万元)$$

二、指数平滑法

指数平滑法是一种特殊的加权平均法，兼容全期平均法和移动平均法所长，既不舍弃远期数据，更看重敏感的近期数据，它对各期数据赋予的权数，由近及远按指数规律递减。这种方法给予了确定权数的基本规则，使其在调整权数、处理资料时更为方便，因而

在市场预测中被广泛应用。

指数平滑法按平滑次数的不同又分为一次指数平滑法、二次指数平滑法和二次以上的多次指数平滑法，本章将介绍一次指数平滑法。

（一）一次指数平滑法的基本形式

一次指数平滑法是以预测对象的本期实际值和本期预测值为资料，用平滑系数来确定两者的权数，求得本期的平滑值，作为下一期的预测值。其计算公式为

$$\hat{X}_{t+1} = F_t = \alpha X_t + (1-\alpha)F_{t-1}$$

式中，$\hat{X}_{t+1}$为第 $t+1$ 期预测值；F_t 为第 t 期的平滑值；X_t 为第 t 期的实际值；F_{t-1} 为第 $t-1$ 期的平滑值，即第 t 期的预测值；α 为平滑系数，其取值范围为 $0\leqslant\alpha\leqslant1$ 。

在应用指数平滑法进行预测时，平滑系数 α 的选择是非常重要的。当 α 取值接近 1 时，近期数据的作用显著，各期历史数据的作用迅速衰减；当 α 取值接近 0 时，各期历史数据的作用逐渐减弱。因此，在实际应用中，若是跟踪近期变化，则 α 取值宜较大；若是需要消除随机波动，揭示长期变化趋势与规律，α 取值宜较小。α 值的选择，也可以通过用几个不同的 α 值试算预测值，比较预测值与实际值之间的平均绝对误差 MAD，择其最小值来确定。

另外，由指数平滑法公式可知，要计算 F_t 就需要知道 F_{t-1}。以此类推，要计算 F_1 就要知道 F_0，而 F_0 是没有办法计算出来的，只能估算。当资料项数较多时，初始值 F_0 对预测结果影响较小，可以选择第一期的实际值作为初始值，即 $F_0 = X_1$；当资料项数较少时，初始值对预测结果影响较大，可选择前几期（一般是前 3 期）数据的平均值作为初始值。

（二）一次指数平滑法的应用

［例］ 某公司 2006 年 1—12 月的盈利如下表所示。分别取平滑系数为 0.2，0.5，0.8，预测下一年度 1 月份的盈利额。

解：取平滑系数为 0.2，0.5，0.8，各期一次指数平滑预测值分别由以下公式算出，即

$$\hat{X}_t = F_{t-1} = 0.2X_{t-1} + (1-0.2)F_{t-2}$$

$$\hat{X}_t = F_{t-1} = 0.5X_{t-1} + (1-0.5)F_{t-2}$$

$$\hat{X}_t = F_{t-1} = 0.8X_{t-1} + (1-0.8)F_{t-2}$$

初始预测值取：$F_0 = X_1$

将计算所得的数据列于下表中。

各月盈利及一次指数平滑法计算表 单位：万元

月份 t	盈利 X_t	$\alpha=0.2$ 指数平滑预测值 $\hat{X}_t = F_{t-1}$	$\alpha=0.5$ 指数平滑预测值 $\hat{X}_t = F_{t-1}$	$\alpha=0.8$ 指数平滑预测值 $\hat{X}_t = F_{t-1}$
1	50	$F_0 = X_1 = 50$	$F_0 = X_1 = 50$	$F_0 = X_1 = 50$
2	52	50.00	50.00	50.00
3	51	50.40	51.00	51.60

（续 表）

月份 t	盈利 X_t	$\alpha=0.2$ 指数平滑预测值 $\hat{X}_t=F_{t-1}$	$\alpha=0.5$ 指数平滑预测值 $\hat{X}_t=F_{t-1}$	$\alpha=0.8$ 指数平滑预测值 $\hat{X}_t=F_{t-1}$
4	50	50.52	51.00	51.12
5	57	50.42	50.50	50.22
6	64	51.74	53.75	55.64
7	68	54.19	58.88	62.33
8	67	56.95	63.44	66.87
9	69	58.96	65.22	66.97
10	75	60.97	67.11	68.59
11	75	63.78	71.06	73.72
12	80	66.02	73.03	74.74
下月	预测值	68.82	76.52	78.95

从上例可知，当取不同的平滑系数时，预测值的计算结果不同。我们可以通过计算平均绝对误差 MAD 来选择合适的平滑系数。当 $\alpha=0.2$，$\alpha=0.5$，$\alpha=0.8$ 时，平均绝对误差分别为7.92，4.58，3.30（计算过程略）。因此，宜选取 $\alpha=0.8$ 时的指数平滑值 $F=78.95$ 作为下一年度一月份盈利额的预测值。

三、季节指数法

（一）季节变动和季节指数法

季节变动是指某些市场现象，由于受自然气候、生产条件、生活习惯等因素的影响，在一定时间中随季节的变化，而呈现出周期性的变化规律。例如，农副产品受自然气候影响，形成市场供应量的季节性变动；节日商品、礼品性商品受民间传统的影响，其销售量也具有明显的季节变动现象。

季节变动的主要特点是，每年都重复出现，各年同月（或季）具有相同的变动方向，变动幅度一般相差不大。因此，研究市场现象的季节变动，搜集时间序列的资料一般应以月（或季）为单位，并且至少需要有3年或3年以上的市场现象各月（或季）的资料，才能观察到季节变动的一般规律性。

季节指数法，就是根据预测目标各年按月（或季）编制的时间数列资料，以统计方法测定出反映季节变动规律的季节指数，并利用季节指数进行预测的预测方法。季节指数法操作步骤如下：

(1) 搜集历年（通常至少有3年）各月或各季的统计资料（观察值）。

(2) 求出各年同月或同季观察值的平均数（用 A 表示）。

(3) 求出历年间所有月份或季度的平均值（用 B 表示）。

(4) 计算各月或各季度的季节指数，即 $S=A/B$。

(5) 计算预测期趋势值。趋势值是不考虑季节变动影响的市场趋势估计值,其计算方法主要有三种:

① 以观察年的年均值除以一年月数或季度数;

② 观察年末的年值乘以预测年的年发展速度;

③ 直接以观察年末年的年值除以一年月数或季度数。

如果估计预测年数值变化不大,可用上述的第三种方法。

(6) 用预测期趋势值乘以相应季节指数,即得出未来年度内各月和各季度包含季节变动的预测值。

(二) 季节指数法的应用

例如,一家咨询公司受某钢铁厂委托,为其所在地区的钢铁消费市场进行分析和预测,为了搜集数据,咨询公司分别走访了钢铁工业协会、钢铁研究院和省、市统计局等相关部门,并搜集到了该地区 2002—2004 年的钢铁销售额数据,如表 8-4 所示。用季节指数法,预测该地区 2005 年各季度的钢铁销售额。

表 8-4　钢铁销售额数据表　　单位:百万元

时　　间	2002 年	2003 年	2004 年
第一季度	46	54	60
第二季度	72	68	84
第三季度	94	116	128
第四季度	58	62	86

具体操作步骤如下。

1. 计算各年同季度平均销售值

各季度销售平均值=各年同季度销售额总和/年数

其中,第一季度销售平均值:$(46+54+60)/3=53.33$;其他季度的销售平均值以此类推计算。

2. 计算历年的季节平均值

2002 年的季节平均值为

$$(46+72+94+58)/4=67.5$$

2003 年的季节平均值为

$$(54+68+116+62)/4=75$$

2004 年的季节平均值为

$$(60+84+128+86)/4=89.5$$

所以 2002、2003、2004 年的季节平均值分别为:67.5、75 和 89.5,这 3 年的季度平均值为

$$(67.5+75+89.5)/3=77.33$$

3. 计算各季度的季节指数

各季节比率=各季节销售平均值/历年季节销售平均值

其中，第一季度季节比率53.33/77.33=0.69；其他季度的季节指数以此类推计算。

4. 预测2005年各季度的销售值

各季度预测值=最近年份的平均值×季节比率

其中，第一季度预测值61.76=89.5×0.69；其他季度的预测值以此类推计算。

各个步骤的具体计算数值，如表8-5所示。

表8-5 钢铁销售预测表 单位：百万元

季度年份	2002	2003	2004	季节销售平均	季节比率	预测值
第一季度	46	54	60	53.33	0.69	61.76
第二季度	72	68	84	74.67	0.97	86.82
第三季度	94	116	128	112.67	1.46	130.67
第四季度	58	62	86	68.67	0.89	79.66
季节平均值	67.5	75	89.5	77.33		

四、回归分析预测法

(一) 回归分析预测法的定义和分类

回归分析预测法，是在分析市场现象自变量和因变量之间相关关系的基础上，建立变量之间的回归方程，并将回归方程作为预测模型，根据自变量在预测期的数量变化来预测因变量关系。

回归分析预测法是一种实用价值很高的常用市场预测方法。当我们在对市场现象未来发展状况和水平进行预测时，如果能将影响市场预测对象的主要因素找到，并且能够取得其数量资料，就可以采用回归分析预测法进行预测。

回归分析预测法有多种类型。依据相关关系中自变量的个数不同分类，可分为一元回归分析预测法和多元回归分析预测法。在一元回归分析预测法中，自变量只有一个；而在多元回归分析预测法中，自变量有两个以上。依据自变量和因变量之间的相关关系不同，可分为线性回归预测和非线性回归预测。

(二) 回归分析预测法的步骤

1. 根据预测目标，确定自变量和因变量

明确预测的具体目标，也就确定了因变量。如果预测具体目标是下一年度的销售量，那么销售量就是因变量。通过市场调查和查阅资料，寻找与预测目标的相关影响因素，即自变量，并从中选出主要的影响因素。

2. 建立回归预测模型

依据自变量和因变量的历史统计资料进行计算，在此基础上建立回归分析方程，即回归分析预测模型。

3. 进行相关分析

回归分析是对具有因果关系的影响因素(自变量)和预测对象(因变量)所进行的数理统计分析处理。只有当自变量与因变量确实存在某种关系时,建立的回归方程才有意义。因此,作为自变量的因素与作为因变量的预测对象是否有关、相关程度如何,以及判断这种相关程度的把握性多大,就成为进行回归分析必须要解决的问题。进行相关分析,一般要求出相关关系,以相关系数的大小来判断自变量和因变量的相关的程度。

4. 检验回归预测模型,计算预测误差

回归预测模型是否可用于实际预测,取决于对回归预测模型的检验和对预测误差的计算。回归方程只有通过各种检验,且预测误差较小,才能将回归方程作为预测模型进行预测。

5. 计算并确定预测值

利用回归预测模型计算预测值,并对预测值进行综合分析,确定最后的预测值。

(三) 一元线性回归分析预测法

本章主要介绍最基本的回归分析预测模型,即一元线性回归分析预测模型。

1. 一元线性回归模型的确定

设有两个变量 x 和 y,变量 y 的取值随变量 x 取值的变化而变化,我们称 y 为因变量,x 为自变量;反之亦然。一般来说,对于具有线性相关关系的两个变量,可以用一条直线方程来表示它们之间的关系,即

$$y \text{ 倚 } x \text{ 回归方程}: \hat{y} = a + bx$$

$$x \text{ 倚 } y \text{ 回归方程}: \hat{x} = c + dy$$

上述模型中,$\hat{y}$和$\hat{x}$为回归估计值;a 和 c 是两条直线的截距,b 和 d 是两条直线的回归系数。a,b,c,d 都是待定参数,通常采用最小平方法计算。

2. 参数 a,b 的最小二乘估计

就 y 倚 x 回归方程来讲,参数 a,b 的最小二乘估计的基本原理是:要使拟合的方程 $\hat{y}=a+bx$ 最能概括反映观察值的变化规律,必须使得所拟合直线模型的离差平方和为最小,即要求出使 $\sum(y-\hat{y})^2=$ 最小值的 a,b 值。

令
$$Q(a,\ b)=\sum(y-\hat{y})^2=\sum(y-a-bx)^2$$

要使函数 $Q(a,\ b)$有极小值,则必须满足函数对参数 a,b 的一阶偏导等于 0,则

$$\begin{cases}\dfrac{\partial Q}{\partial a}=0\\[2mm]\dfrac{\partial Q}{\partial b}=0\end{cases} \quad \text{即} \begin{cases}\sum 2(y-a-bx)(-1)=0\\ \sum 2(y-a-bx)(-x)=0\end{cases}$$

整理得标准方程组为

$$\begin{cases}\sum y = na + b\sum x\\ \sum xy = a\sum x + b\sum x^2\end{cases}$$

解该方程组,得

$$\begin{cases} b = \dfrac{n\sum xy - \sum x \sum y}{n\sum x^2 - (\sum x)^2} \\ a = \dfrac{\sum y}{n} - b\dfrac{\sum x}{n} = \bar{y} - b\bar{x} \end{cases}$$

3. 相关系数的计算

相关系数是用来说明变量之间在直线相关条件下，相关关系密切程度和方向的统计分析指标。其定义公式为

$$r = \frac{n\sum xy - \sum x \cdot \sum y}{\sqrt{n\sum x^2 - (\sum x)^2} \cdot \sqrt{n\sum y^2 - (\sum y)^2}}$$

相关系数一般可以从正、负符号和绝对数值的大小两个层面理解。正、负说明变量之间是正相关，还是负相关。绝对数值的大小说明线性相关的密切程度。r 的绝对值越接近于 1，表明线性相关关系越密切；r 越接近于 0，表明线性相关关系越不密切。

4. 回归方程的显著性检验

对于回归方程进行显著性检验基于以下两点：

第一，在根据样本数据拟合回归方程时，我们首先假设变量 x 与 y 之间存在着线性关系，但这种假设是否成立就必须通过检验才能证实。

第二，样本回归方程 $\hat{y} = a + bx$ 中的 a，b 是对总体回归方程中参数 α 和 β 的最小二乘估计值，样本回归系数 b 能否作为总体回归系数 β 的估计值，还需要对总体回归系数 β 的显著性进行检验。

回归方程的检验一般包括两个方面的内容：一是线性关系的检验；二是回归系数的检验。

(1) 线性关系的检验。

具体方法是将回归离差平方和(SSR)同剩余离差平方和(SSE)加以比较，应用 F 检验来分析两者之间的差别是否显著。检验的具体步骤如下：

① 提出假设，即

$$H_0: \beta = 0, \; H_1: \beta \neq 0$$

② 计算检验统计量 F，即

$$F = \frac{SSR/1}{SSE/(n-2)} = \frac{\sum(\hat{y} - \bar{y})/1}{\sum(y - \hat{y})/(n-2)}$$

可以证明，在原假设成立的情况下，F 统计量服从 F 分布，第一自由度为 1，第二自由度为 $n-2$，即 $F \sim F(1, n-2)$。

③ 确定显著性水平及临界值 F_α。

确定显著性水平 α(通常 $\alpha = 0.05$)。

依据 α 和两个自由度 f_1，f_2 查 F 分布表，可得相应的临界值 F_α。

④ 作出判断。

如果 $F > F_\alpha$，拒绝原假设 H_0，表明回归效果显著；反之，则接受原假设，表明线性回

归方程的回归效果不显著。

(2) 回归系数的检验。

回归系数的检验,就是检验自变量对因变量的影响程度是否显著的问题。即总体回归系数β是否等于零。其检验步骤如下:

① 提出假设。假设样本是从一个没有线性关系的总体中选出,即

$$H_0:\beta=0,\ H_1:\beta\neq 0$$

② 计算检验的统计量 T 值,即

$$T=b/S_b$$

式中,S_b 是回归系数 b 的标准差,计算公式为

$$S_y=\sqrt{\frac{\sum(y-\hat{y})^2}{n-2}}=\sqrt{\frac{\sum y^2-a\sum y-b\sum xy}{n-2}}$$

$$S_b=\sqrt{\frac{S_y^2}{\sum(x-\bar{x})^2}}$$

其中,S_y 是估计标准误差。

③ 确定显著性水平 α(通常 $\alpha=0.05$),并根据自由度 $f=n-2$ 查 t 分布表得相应的临界值 $t_{\alpha/2}$。

④ 作出判断。若 $|t|>t_{\alpha/2}$,拒绝 H_0,回归系数 $b=0$ 的可能性小于 5%,表明两个变量之间存在线性关系;反之,表明两个变量之间不存在线性关系。

5. 回归预测

在对一元线性回归模型检验其显著性之后,就可以利用该模型进行预测。所谓预测,就是当自变量 x 取一个值 x_0 时,估计 y 的取值。一般有点预测和区间预测两种,而点预测的结果往往与实际结果有偏差。所以,我们通常用区间预测来估计因变量值的可能范围。

在小样本情况下($n<30$),通常用 t 分布进行预测。当给定置信水平 $1-\alpha$ 时,y_0 值的预测区间为

$$\hat{y}_0-t_{\alpha/2}(n-2)S_y\sqrt{1+\frac{1}{n}+\frac{(x_0-\bar{x})^2}{\sum(x-\bar{x})^2}}$$

$$\leqslant y_0\leqslant \hat{y}_0+t_{\alpha/2}(n-2)S_y\sqrt{1+\frac{1}{n}+\frac{(x_0-\bar{x})^2}{\sum(x-\bar{x})^2}}$$

6. 一元线性回归分析预测法的应用

[例] 以下表的资料,建立一元线性回归模型,并计算当产量达到 10 千吨时,生产费用在 95%的预测区间。

产品产量与生产费用相关表

年 份	产品产量（千吨）x	生产费用（万元）y	年 份	产品产量（千吨）x	生产费用（万元）y
1997	1.2	62	2001	5.0	115
1998	2.0	86	2002	6.1	132
1999	3.1	80	2003	7.2	135
2000	3.8	110	2004	8.0	160

解：(1) 建立一元线性回归模型，即

$$\hat{y} = a + bx$$

根据一元线性回归模型的参数计算公式，我们需要计算相关系数，如下表所示。

相关系数计算表

年份	产品产量（千吨）x	生产费用（千元）y	x^2	y^2	xy
1997	1.2	620	1.44	384 400	744
1998	2	860	4	739 600	1 720
1999	3.1	800	9.61	640 000	2 480
2000	3.8	1 100	14.44	1 210 000	4 180
2001	5	1 150	25	1 322 500	5 750
2002	6.1	1 320	37.21	1 742 400	8 052
2003	7.2	1 350	51.84	1 822 500	9 720
2004	8	1 600	64	2 560 000	12 800
合计	36.4	8 800	207.54	10 421 400	45 446

把相关系数代入参数 a，b 的最小二乘估计方程，得

$$b = \frac{8 \times 45446 - 36.4 \times 8800}{8 \times 207.54 - 36.4^2} = 128.9599$$

$$a = \frac{8800}{8} - 128.9599 \times \frac{36.4}{8} = 513.2323$$

则一元线性回归模型为

$$\hat{y} = 513.2323 + 128.9599x$$

(2) 进行相关分析，即

$$r = \frac{8 \times 45446 - 36.4 \times 8800}{\sqrt{8 \times 207.54 - 36.4^2} \cdot \sqrt{8 \times 10421400 - 8800^2}} = 0.9697$$

r 的绝对值接近于 1，表明产品产量和生产费用两变量之间线性相关关系密切。

(3) 检验回归预测模型：

① 线性关系的检验。

对回归模型作 F 检验，F 检验计算表如下所示。

一元线性回归模型 F 检验计算表

年份	x	y	$\hat{y}$	$(y_c-\bar{y})^2$	$(y-\hat{y})^2$
1997	1.2	620	667.984 18	186 637.67	2 302.481 5
1998	2	860	771.152 1	108 140.94	7 893.949 3
1999	3.1	800	913.007 99	34 966.012	12 770.806
2000	3.8	1 100	1 003.279 9	9 354.773 9	9 354.773 9
2001	5	1 150	1 158.031 8	3 367.689 8	64.509 811
2002	6.1	1 320	1 299.887 7	39 955.089	404.505 01
2003	7.2	1 350	1 441.743 6	116 788.67	8 416.884 5
2004	8	1 600	1 544.911 5	197 946.24	3 034.742 8
合计	36.4	8 800	8 799.998 8	697 157.09	44 242.653

第一步，提出假设。假设线性关系不显著，即

$$H_0:\beta=0$$

第二步，计算检验统计量 F，即

$$F=\frac{\sum(\hat{y}-\bar{y})/1}{\sum(y-\hat{y})/(n-2)}=\frac{697157.09}{44242.653/6}=94.54547$$

第三步，确定显著性水平以及临界值 F_α。

设 $\alpha=0.05$，$f_1=1$，$f_2=n-2=6$，查 F 分布得临界值 $F_{0.05}(1, 6)=5.99$。

第四步，作出判断。

由于 $F=94.54547>F_{0.05}(1, 6)=5.99$，所以拒绝原假设 H_0，表明回归效果显著。

② 回归系数的检验：

第一步，提出假设，即

$$H_0:\beta=0,\ H_1:\beta\neq 0$$

第二步，计算检验的统计量 T 值，即

$$S_y=\sqrt{\frac{\sum(y-\hat{y})^2}{n-2}}=\sqrt{\frac{44242.653}{6}}=85.87$$

$$S_b = \sqrt{\frac{S_y^2}{\sum(x-\bar{x})^2}} = \sqrt{\frac{85.87^2}{41.92}} = 13.26277$$

于是 $$T = b/S_b = 128.9599/13.26277 = 9.72345$$

第三步，取显著性水平 $\alpha = 0.05$，并根据自由度 $f = n-2 = 6$，查 t 分布表得相应的临界值 $t_{\alpha/2} = t_{0.025} = 2.4469$。

第四步，由于 $T = 9.72345 > t_{\alpha/2} = t_{0.025} = 2.4469$，拒绝 H_0，表明样本回归系数是显著的，生产费用与产品产量之间确实存在着线性关系，产品产量是影响生产费用的显著因素。

(4) 进行回归预测。

根据前面计算结果知

$$\hat{y} = 513.2323 + 128.9599x, S_y = 85.87, t_{\alpha/2} = t_{0.025} = 2.4469$$

取 $x_0 = 10$ 千吨时，根据回归方程得

$$\hat{y}_0 = 513.2323 + 128.9599 \times 10 = 1802.83(千元)$$

于是，y_0 值的预测区间为

$$1802.83 \pm 2.4469 \times 85.87\sqrt{1+\frac{1}{8}+\frac{29.7}{41.92}}$$

即 $$1518.32 \leqslant y_0 \leqslant 2087.35$$

以上预测区间说明，我们可以用 95% 的概率保证，当产量为 10 千吨时，生产费用在 1 518.32 到 2 087.35 千元之间。

第四节 实践指导

一、实践任务

要求学生将前期采用直接调查和间接调查方法搜集到的数据，以小组为单位进行市场预测。

二、实践步骤

(1) 明确预测目标。预测目标要明确具体，如确定是对某一种产品或几种产品销售量的预测等。

(2) 搜集与分析历史与现实数据资料。预测的数据资料依据，就是市场调查中获得的直接情报信息和间接情报信息。

(3) 选择预测方法，拟定预测模型。根据预测目标和占有的信息资料，选择定性预测方法或定量预测方法进行预测。

(4) 确定预测结果。根据预测模型确定最后的预测结果，并尽量将预测结果定量化；同时，分析出预测与实际可能产生的误差、误差的大小及其原因。

三、实践要求

(1) 要求教师讲解市场预测的步骤和方法。

(2) 要求教师提供市场预测的范本。

(3) 要求学生根据市场预测的步骤和方法，以小组为单位完成市场预测任务，并能掌握和熟练运用这些方法。

四、实践内容

1. 组织一次市场调查和预测实践

(1) 搜集某一地区的经济发展数据，了解其不同经济指标的计算方法和预测方法。

(2) 搜集某一产品近期的销售数据，了解影响该产品销售额变化的因素，并对其未来的销售量进行预测。

2. 要求

(1) 熟练掌握各种常用的经济指标的计算方法和预测方法。

(2) 需同时运用定性预测方法和定量预测方法对产品销量进行预测。

(3) 对不同的预测方法所得出的预测结果进行比较，分析各种预测方法的优缺点，并确定最终的预测结果。

五、实践范例

江西省婺源县商业面积配置的依据

1. 地区生产总值因素

2007 年，婺源县实现地区生产总值 32.1 亿元，同比增长 15.2%(现价)。根据《婺源县国民经济和社会发展第十一个五年规划纲要》，按年均 15%增长速度计算，到 2010 年达到 46.49 亿元。

2. 第三产业增加值因素

2007 年，婺源县实现第三产业增加值 13.44 亿元，同比增长 16.6%。三种产业结构由 2006 年的 16.6∶42∶41.4 优化为 2007 年的 16.4∶41.7∶41.9。

根据《婺源县国民经济和社会发展第十一个五年规划纲要》，到 2010 年三种产业结构比例为 11∶43∶46，由此推算第三产业增加值为 21.38 亿元。

3. 全社会固定资产投资额因素

2007 年，婺源县全社会固定资产投资额为 17.28 亿元，同比增长 19.2%。其中，城镇固定资产投资 14.9 亿元，增长 20.1%。根据《婺源县国民经济和社会发展第十一个五年规划纲要》，按年均 25%增长速度计算，到 2010 年达到 30.58 亿元。

4. 财政总收入因素

2007 年，婺源县财政总收入突破 2 亿元大关，达 2.35 亿元，同比增长 26.7%。根据《婺源县国民经济和社会发展第十一个五年规划纲要》，按年均 16.6%增长速度计算，到 2010 年达到 3.45 亿元。

5. 社会消费品零售总额因素

2007年，婺源县实现社会消费品零售总额11.65亿元，同比增长19%。根据《婺源县国民经济和社会发展第十一个五年规划纲要》，按年均12%增长速度计算，到2010年达到14.6亿元。

6. 旅游综合收入因素

2007年，婺源县旅游综合收入6亿元，同比增长27.5%。根据《婺源县国民经济和社会发展第十一个五年规划纲要》，按年均24.15%增长速度计算，到2010年可达到10亿元。

7. 农民收入因素

2007年，婺源县农民人均纯收入3 954元，同比增长8%。根据《婺源县国民经济和社会发展第十一个五年规划纲要》，按年均8%增长速度计算，到2010年可达到4 981元。

8. 人口因素

婺源县现有城区人口6万人，到2010年达到8万人，根据《婺源县国民经济和社会发展第十一个五年规划纲要》，人口年自然增长率控制在7.4‰以内。

9. 城建因素

根据《婺源县国民经济和社会发展第十一个五年规划纲要》，2010年建成区面积达到12平方公里，城镇化水平达到45%以上，城镇人均居住面积达到30平方米。

婺源县经济指标增长预测表

项　　目	2006年数据	2007年数据	2007年比上年增长(%)	预测增长率(%)	2010年可达目标
地区生产总值	27.87亿元	32.1亿元	15.2	15	46.49亿元
第三产业增加值	11.53亿元	13.44亿元	16.6	(注)	21.38亿元
全社会固定资产投资额	14.5亿元	17.28亿元	19.2	25	30.58亿元
财政总收入	1.86亿元	2.35亿元	26.7	16.6	3.45亿元
社会消费品零售总额	9.7亿元	11.65亿元	19.0	12	14.6亿元
旅游综合收入	4.7亿元	6亿元	27.5	24.15	10亿元
农民年人均纯收入	3 661元	3 954元	8.0	8.0	4 981元

注：按2010年地区生产总值46.49亿元的46%推算。

（资料来源：上海西克商务咨询公司/江西省婺源县商贸服务业发展规划）

案例分析

嘉兴市南湖区服务业总体规划的经济指标

(一) 服务业发展的相关经济指标预测

1. 人口指标

2005年末，南湖区总户籍人口45.96万人，规划到2010年达到65～70万人(其中户籍人口49.87万，暂住人口15～20万)。

2. 收入指标

2005年，南湖区城镇居民人均可支配收入15 555元，按年均8%增长速度计算，到2010年全区城镇居民人均可支配收入达到22 855元；2005年，农民人均纯收入8 002元，按年均10%增长速度计算，到2010年全区农民人均纯收入达到12 887元。

3. 国内生产总值指标

2005年，南湖区生产总值按财政口径达103.78亿元，如按年均14%的增长速度计算，到2010年可达到200亿元。

4. 第三产业指标

2005年，南湖区实现第三产业增加值45.09亿元(财政口径)，占国民生产总值的43.4%。如按年均14.5%增长速度计算，预计到2010年达到88亿元，第三产业增加值占国民生产总值的44%左右。

5. 社会消费品零售总额指标

2005年，南湖区实现社会消费品零售总额57.90亿元，按年均15%增长速度计算，到2010年可达116亿元，从而实现翻番的目标。

(二) 经济指标增长的预测

南湖区经济指标增长预测表

项　　目	2005年数据	2005年比上年增长(%)	预测增长率%	2010年可达目标
生产总值(财政口径)	103.78亿元	14.5	14	200亿元
第三产业产值(财政口径)	45.09亿元	15.0	14.5	88亿元
社会消费品零售总额	57.90亿元	16.8	15	116亿元
全社会固定资产投资	74.12亿元	30.3	20	184亿元
财政一般预算收入(新口径)	11.28亿元	31.6	20	28亿元
城镇居民人均可支配收入	15 555元	8.1	8	22 855元
农民年人均纯收入	8 002元	13.1	10	12 887元

(资料来源：上海西克商务咨询公司)

案例思考题

1. 嘉兴市南湖区服务业总体规划的经济指标包括哪两个方面？服务业发展的主要依据是哪几个经济指标？

2. 服务业发展的经济指标应该从哪几个途径去搜集？用哪些方法来整理资料？

练习与思考

(一) 名词解释

市场预测　定性预测　集合意见法　专家预测法　德尔菲法　定量预测　平均预测法　指数平滑法　季节指数法　回归分析法

（二）单项选择题

1. 下列不属于定量预测法的是（　　）。

A. 指数平滑法　　B. 回归分析法　　C. 季节指数法　　D. 德尔菲法

（三）简答题

1. 简述市场预测的作用是什么。

2. 简述运用德尔菲法进行预测的步骤。

（四）计算题

1. 某市商业公司欲对本公司下一年度的销售额进行预测，由3名有权威的管理人员组成预测小组，他们的预测结果如下表所示。

单位：万元

预测人员	最高销售额	概率	最可能销售额	概率	最低销售额	概率
管理人员A	7 800	0.3	7 300	0.6	6 800	0.1
管理人员B	6 700	0.2	6 500	0.7	6 200	0.1
管理人员C	6 200	0.1	6 000	0.7	5 600	0.2

根据以上资料，估算：

(1) 各位管理人员的预测期望值；

(2) 若给予管理人员A、B、C的权数分别为1、2、3，试估算该公司下一年度销售预测值（保留两位小数）。

2. 某公司2006年第一、二季度各月的某产品实际销售量资料如下表所示。

单位：件

月　份	1	2	3	4	5	6
销售量	1 000	1 200	1 180	1 150	1 170	1 140

用简单平均法预测7月份销售量。

3. 某公司2006年上半年各月销售收入分别为：400万元、450万元、420万元、390万元、410万元、480万元。分别取$\alpha=0.3$和$\alpha=0.6$，用一次指数平滑法预测2006年7月份的销售额。

4. 利用季节指数法，根据某地文化衫2005—2007年销售资料（见下表）预测2008年各个季节的销售额。

单位：万元

季度＼年份	2005	2006	2007
Ⅰ	182	231	330
Ⅱ	1 728	1 705	1 932
Ⅲ	1 144	1 208	1 427
Ⅳ	118	134	132
合　计	3 172	3 278	3 821

5. 运用一元线性回归分析法，根据下表所示某地啤酒销量与新增成年人口统计表，采用点预测，预测未来两年啤酒的销量(假定2007年的新增成年人口为57万人，2008年为59万人)。

项目 \ 年份	1997	1998	1999	2000	2001	2002	2003	2004	2005	2006
啤酒销量(万箱)	28	31	50	53	61	70	60	66	63	65
新增成年人口(万人)	25	28	34	38	47	62	45	56	54	55

第九章

市场调查报告的写作

学习目标

学完本章，你应该能够理解、分析和掌握：

1. 理解市场调查报告撰写的基本要求和特点；
2. 掌握市场调查报告的撰写内容；
3. 掌握调查报告写作特点及技巧。

基本概念

市场调查报告　报告的时效性　消费心理调查　商业网点调查

当你把统计数据整理完毕，当你把调查资料搜集完全，就可以着手撰写调查报告了。本章将着重阐述调查报告的特点、结构、内容及其撰写要求。

第一节　调查报告撰写的基本要求和特点

市场调查报告是对市场的全面情况，或某一侧面，或某一专题进行深入调查后撰写出来的报告，必须针对市场情况作出直接、客观和科学的反映。这一点，是市场调查报告区别于其他报告的基本要点。因此，其写作特别要具有以下特性。

一、要有针对性

针对性是撰写调查报告最重要的原则。如果缺乏针对性，对客户来说，它将一文不值；对其他读者来说，读后也将不得要领。因此，一定要做到材料服从主题，写作围绕目的。例如2006年，我们为上海新世界商城转型购物中心定位所作的市场调查，就紧紧围绕“转型购物中心”的条件、环境及瓶颈制约进行写作。

上海新世界商城“转型购物中心”的调查

1. 新世界的区位环境、经营体量、硬件条件基本符合建设成为都市型购物中心,能够起到"引领南京路"龙头商企的作用。

(1) 区位环境优越:新世界位于南京路和西藏路的十字路口,南京路东段已建设成南京路步行街,成为世界排名第20的商业高地;南京路西段近年"梅、泰、恒、久"四大广场也已形成时尚高地;西藏中路大量商务楼宇及商业房产即将建成,并连通世博会基地,将成为富有竞争力的商业商务景观大道。

(2) 经营体量庞大:新世界商城自确定第三步发展的战略目标以来,抓紧建设,经营体量达到20万平方米,足以起到"引领南京路"的龙头商企作用。

(3) 硬件设施良好:基本达到综合性购物中心要求的标准。

2. 与南京路商圈周边各大百货公司、购物中心相比较,新世界也基本具备南京路龙头商业企业的地位。

(1) 从经营体量看:新世界(20万 m^2)基本具备南京路龙头商业企业的地位。

(2) 从经营支持看:新世界是唯一的黄浦区属企业,更能得到属地政府的大力扶植和支持。

(3) 从经营机制看:新世界是一家上市公司,具有良好的法人治理结构,经营机制也较好。

3. 目前客流量、消费层次、传统市场定位是影响和制约新世界发展的三大瓶颈。

二、要有统一性

所谓统一性,即材料与主题的统一、材料与观点的统一、材料与结论的统一。

1. 材料与主题的统一

要有针对性地去搜集资料和素材,但搜集到的材料肯定大于要收纳进报告的资料。因而要记住,不要杂,要统一。例如在写作"南京路步行街现状调查报告"时,过分多地谈南京路演变历史,就与"现状"这个主题不统一了。

2. 材料与观点的统一

即在调查报告中阐述某个观点时,所用材料一定是支撑这个观点的,说明和解释这个问题的,只有材料与观点统一了,观点才能成立。

3. 材料与结论的统一

即采用的数据资料要与报告最后的结论相吻合。要是不吻合,那就自相矛盾了。

例如,要阐述徐家汇地区消费结构的特点,说明其是白领聚集之地,可用以下数据(2000年)。

2000年上海徐家汇地区消费结构特点

1. 从顾客的收入结构来看(484份家庭月收入调查)

如下图所示。

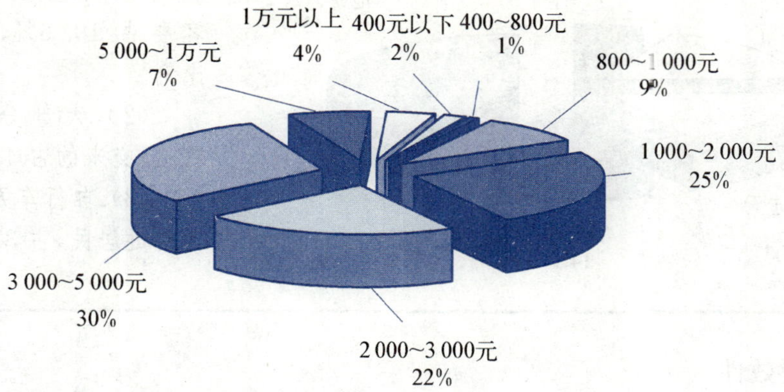

从来港汇的顾客调查来看，中高档收入为主，高收入为其次，低收入比例最少。

2. 从顾客年龄结构看其购买倾向

如下表所示。

年　龄	少年儿童	青　年	中　年	老　年
人　数	5人	301人	145人	33人
%	1.0	62.1	29.9	6.8

(1) 港汇的顾客群以青年为主，占62.1%；中年为其次，占29.9%。

(2) 这是与目前港汇B1运动名品城及休闲餐厅街的吸引力有关。

(3) 豫园老街的设计及定位也要考虑此因素。

3. 从顾客职业结构看其购买倾向

如下表所示。

外企白领	国企经营管理者	政府公务员	私营企业者	工人农民	自由职业者	文教卫生工作者	离退休人员	外来打工者	学生
49人	51人	35人	37人	23人	43人	65人	33人	13人	110人
10.19%	10.5%	7.8%	7.6%	4.7%	8.8%	13.4%	6.8%	2.6%	22.7%

(1) 职业结构中，港汇外企白领、私营企业者、自由职业者及文教卫生工作者合计39.99%，国企干部、政府公务员18.3%，占大多数。以上两大部分是港汇顾客的主要结构，可充分说明其收入的稳定性。

(2) 同时，青年学生占22.7%，其比例也较大，其消费也有一定的超前性。

4. 从顾客使用的交通工具看其购买倾向

如下图所示。

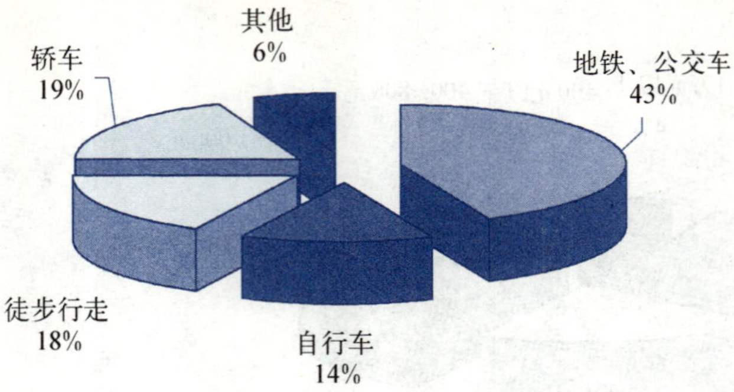

(1) 乘坐轿车来的顾客要占19.6%,有较高比例。

(2) 大部分是坐地铁、公交来的占43.5%。

(3) 自行车及徒步者为附近居民,占31.3%。

三、要有时效性

时效性的标准,一是搜集信息要快、要全。例如,服装信息,要从街头流行到柜台展示、从时装表演到网上发布进行全面的调查,才能全面地反映时尚,才能体现一个“快”字。二是在作预测性调研时,运用的材料一定要有前瞻性,而不能有滞后性。例如,在为某集团作“包装材料市场调查报告”时,分析烟草包装就要预测今后若干年,乃至10年烟草行业的趋势,而不能用前几年的销售资料来说明问题。又如,某集团欲进入医药包装、食品包装市场,就应分析未来几年中国医药、食品行业发展的前景。这样的调查报告,才能经得起时间的考验。

第二节　市场调查报告的撰写内容

市场调查报告的撰写内容,应包括调查背景、环境分析、商业现状、规划调查、客流量及客流结构调查、消费群消费心理及意愿调查等,当然还应该有调查结论。但为了便于报告的阅读,调查结论也可放在“调查背景”这一部分,作为“调查的主要发现”处理。

一、调查背景

调查背景是反映市场调查报告目的、主要工作、核心内容的重要部分,可作为调查报告的第一部分来处理。在这部分里,应该告诉读者:调查的目的是什么?围绕哪些问题展开了调查?运用了多少人力(多少专业人员、多少调查员)?调查了哪些内容(问卷多少、座谈会多少、专访多少、客流量统计了没有等)?怎么做统计分析(Spss、Excel)?等等。下面以2006年7月《无锡保利购物广场商圈环境调查报告》为例,说明调查背景的写作。

无锡保利广场调查背景

1. 调查目的

为进一步明确保利广场的目标顾客群,明确保利广场的经营定位,提升保利广场的经营能级,使保利广场成为无锡市的龙头商业企业,对保利广场的经营环境和现有消费群、客流量进行调查分析，对潜在消费群进行调查分析，以确定新的客流目标和消费群。

2. 调查过程及内容

(1) 准备阶段；

(2) 现场客流量调查；

(3) 现场顾客问卷调查；

(4) 潜在消费群问卷调查。

3. 分析研究过程

4. 撰写调查报告过程

二、环境分析

环境分析在市场调查报告里根据调查目标的不同，分为经营环境调查或综合环境分析。具体分为：

(1) 经济环境，包括该城市、该地区的GDP增长数据、商业销售数据、社会消费品零售总额、人均收入等。

(2) 发展环境，如十一五规划情况、服务业和商业网点规划情况、重大项目投资情况等。

(3) 竞争环境，如竞争对手数量、竞争价格、竞争方式等。这部分内容一般通过商业网点、商业业种业态、品牌调查来取得。

(4) 地理环境，如交通条件、辐射范围、运输是否方便等。

(5) 人文环境，如价值观、习惯偏好、娱乐方式、衣着选择、语言等。

(6) 消费者环境，如消费者职业构成、文化构成、收入构成等，一般放在问卷调查中完成。

三、商业现状及规划调查

这部分内容也可以放在环境分析里完成，但如果要突出商业环境，那可以用"商业现状及规划调查"的标题来详细描述。一般也是通过商业网点、商业业种业态、品牌调查、商业网点规划来取得。

1. 商业网点调查

俗语"扫街"，即按顺序记下街道两旁所有店铺的名称、面积和经营范围。在地区商业调查中，要对所有的商业街都进行"扫街"统计调查，在报告中要有专门的表格加以反映；在专项商业调查中，也要对商业投资所在地的主要商业街都进行"扫街"统计调查。

2. 商业业种业态调查

商务部规定的商业业态就有12加6种，按照零售业态分类原则划分，其中12种是有店铺商业业态，包括食杂店、便利店、折扣店、超市、大型超市、仓储会员店、百货店、专业店、专卖店、家居建材商店、购物中心和厂家直销中心；6种是无店铺商业业态，包括电视购物、邮购、网上商店、自动售货亭、直销、电话购物等。而在商业业种业态调查中，主要是针对有店铺商业业态。

3. 品牌调查

品牌是用以识别某个销售者或某群销售者的产品或服务，并使之与竞争对手的产品或服务区别开来的商业名称及其标志，通常由文字、标记、符号、图案和颜色等要素或这些要素的组合构成。品牌是一个集合概念，主要包括品牌名称（brand name）和品牌标志（brand mark）两部分。品牌名称是指品牌中可以用语言称谓的部分，又称“品名”；品牌标志，又称“品标”，是指品牌中可以被认出、易于记忆但不能用言语称谓的部分。正确认识和深刻理解品牌的概念、精髓和功能，是正确开展品牌经营，建立强势品牌的基础。在地区商业环境调查和产品竞争调查中，品牌调查都是十分重要的。

4. 城市服务业或商业网点规划调查

鉴于城市商业发展的需要和商务部的要求，全国各大中型城市，乃至于中小城市、地区都进行了商业网点规划。近年来，又偏重于更宏观的角度在进行城市服务业的规划。这些规划，对于企业进入市场极为重要，因为通过规划，你可以清楚地知道将来要进入的是一个什么样的商业服务业环境。因此，城市服务业或商业网点规划的前期调查是十分重要的。

四、客流量及客流结构调查

对于购物中心和商业步行街来说，进入的总人数有多少？上月进行的促销推广活动有没有吸引更多的顾客光临？没有比较性的数据，购物中心和商业步行街的管理人员就无法判断市场营销活动成功与否。同时，客流结构、年龄层次、文化背景、收入情况、男女比例等，也是经营企业非常想了解的，所有这一切，都在调查之列。以下就是客流量及其结构分析的例子。

上海新世界商城客流量及其结构分析

上海新世界商城的客流量，一般上午中老年顾客较多，中午家庭组合较多，晚上青年情侣较多。

（1）双休日客流量及其结构分析，如下表所示。

客流量	客流时段结构分析	
	时间	客流结构
● 10月22日（周六）99 126人 ● 10月23日（周日）100 859人	9:30～开门时	绝大部分为两类消费群：外地以中老年为主的旅客和上海中老年顾客
	10:30～11:30	除上述两类消费群外，上海以家庭为组合的顾客逐步出现
	11:30～13:00午饭时	家庭组合顾客较多，且钟情地下美食广场，青年情侣顾客也现身地下室
	13:30～17:30高峰	客流高峰出现并持续，中青年顾客为主，群体较为复杂
	18:00～20:00	青年顾客大为增加，包括青年情侣和青年家庭
	20:00～22:00	人流逐步减少

(2) 平时(周三)客流量及其结构分析,如下表所示。

客 流 量	客流时段结构分析	
	时 间	客 流 结 构
● 10月26日(周三) 42 059人	9:30～开门时	等开门的几乎没有,与双休日情况不同
	10:30～11:30	绝大部分为两类消费群:外地以中老年为主的旅客和上海中老年顾客。上午旅游团较多,上班族也在各地铁口内出现
	11:30～14:00 午饭时高峰	客流高峰出现,上班族较多,且较多集中于地下美食广场;外地旅游客在新世界就餐也较多
	14:00～17:00	客流最小,地道内上班族青年较多,商场内中老年顾客较多,群体较为复杂,旅游团数量比较上午明显减少
	17: 00 ～ 20: 00 次高峰	次客流高峰出现,上班族下班,约会青年情侣和青年家庭出现在美食广场及商场
	20:00～22:00	人流逐步减少

五、居民或目标消费群消费心理及意愿调查

在市场调查报告中,居民或目标消费群的消费心理及意愿调查部分十分重要。消费心理调查包括购买动机、购物心理、消费倾向等。消费意愿调查在地区调查中,是了解居民对建设商业设施及新兴业态的态度和意愿;在产品调查中,是了解消费者对该产品或同类产品样式、口味、包装等的意见和愿望。以下是品牌消费期望调查的例子。

上海新世界商城品牌消费期望调查

序号	调 查 项 目	调 查 结 论
1	希望新世界商城引进的男装品牌	在问及希望新世界商城引进的男装品牌时: ● 在A类品牌调查中,有51.5%的被调查对象选择了阿玛尼,另有38%的被调查对象选择了Boss宝狮 ● 在B类品牌调查中,有44.5%和40.5%的被调查对象选择了Tony Wear汤尼威尔和法国鳄鱼 ● 在C类品牌调查中,有35.5%和32.5%的被调查对象选择了佐丹奴和PIERRE CARDIN皮尔卡丹

（续 表）

序号	调查项目	调查结论
2	希望新世界商城引进的女装品牌	在引进女装品牌方面： ● 在A类品牌调查中，有46.5%和41.5%的被调查对象选择了VERSACE范思哲和CUCCI古姿 ● 在B类品牌调查中，有37.5%选择了PORTS宝姿，另有23%和20.5%的被调查对象选择了ONLY和贝纳通 ● 在C类品牌调查中，有29%和28%的被调查对象选择了艾格和贝拉维拉
3	希望新世界商城引进的箱包皮具品牌	有近半数的被调查对象选择L.V路易司·威登，占首位。另有40.5%的被调查对象选择GUCCI古孜，还有24%和22%的被调查对象选择BALLY和芬迪
4	希望新世界商城引进的化妆品品牌	在问及希望新世界商城引进的化妆品品牌时： ● 在A类品牌调查中，有45.5%和40%的被调查对象选择了资生堂和兰蔻 ● 在B类品牌调查中，有42%选择了Aupres欧珀莱，另有22%、21.5%和20.5%的被调查对象选择了薇姿、KANEBO嘉娜宝和KOSE高丝 ● 在C类品牌调查中，有36%和24%的被调查对象选择羽西和小护士
5	希望新世界商城引进的珠宝首饰品牌	在征求有关引进珠宝首饰品牌的意见时： ● 在A类品牌调查中，有35%的被调查对象选择了卡地亚，另有26.5%的被调查对象选择了天福尼 ● 在B类品牌调查中，有45%和41.5%的被调查对象选择了周大福和周生生 ● 在C类品牌调查中，有39.5%和35%的被调查对象选择老凤祥和老庙黄金
6	希望新世界商城引进的钟表品牌	在问及希望新世界商城引进的钟表品牌时： ● 在A类品牌调查中，有46.5%的被调查对象选择了卡地亚，占首位 ● 在B类品牌调查中，有40%的被调查对象选择了浪琴，另有38%和37%的被调查对象选择了劳力士和OMIGA欧米茄 ● 在C类品牌调查中，有35%和33%的被调查对象选择西铁城和SWATCH斯沃奇
7	希望新世界商城引进的运动服饰、器具品牌	● 72.5%和69.5%的被调查对象选择adidas阿迪达斯和nike耐克，占据第一、二位。另有31%的被调查对象选择了ELLE，再次有22%的被调查对象选择了美津侬和Kangwei匡威

（续　表）

序号	调查项目	调查结论
8	希望新世界商城引进的餐饮品牌	●在引进餐饮品牌方面：有39.5%的被访对象选择美林阁，其次有32.5%的被访对象青睐于彩蝶轩，另有31%和29%的被访对象选择苏浙汇和蕉叶
9	希望新世界商城引进的休闲餐饮品牌	●在征求有关引进休闲餐饮品牌的意见时，有53.5%和51.5%的被调查对象认为引进星巴克和必胜客，另有46.5%的被调查对象认为应引进避风塘，还有31.5%、30%、28%的被调查对象选择了肯德基、麦当劳和季诺

六、调查结论

调查结论是调查报告的主要观点。既然是结论，在一般调查报告中，都放在报告的最后，但为了便于报告的阅读，可以采用新闻手法，放在第一部分调查背景一起，作“调查的主要发现”处理。一般包括对经济（商业）发展的评判、对进一步发展的看法等。

2000年虹桥镇调查的结论

一、关于吴中路经济带

1. 吴中路经济带作为虹桥镇经济的生命带，从20世纪80年代以来经历了四个阶段，每一阶级都有一种因素在起作用。一是仓储业起的启动作用，二是工业起的推动作用，三是汽车展示厅的活力作用，四是大卖场起的推动作用。随着28万平方米的Shopping Mall——虹桥商贸城的启动，将对未来虹桥镇经济起着新的影响。

2. 吴中路已初步呈现现代商业消费的特点，一是汽车展示厅，二是家居卖场，三是Shopping Mall的出现。

二、关于虹桥镇都市休闲业的发展

1. 虹桥镇高档楼盘的建设吸引导入了高收入的企业主、外企白领及文教卫生人士，同时引发对餐饮的需求，因而两条特色餐饮休闲街——虹梅路、红松路应运而生。镇政府通过投资500万元，对虹梅路进行景观道路的改造，再通过功能定位的调整，必将进一步呈现兴旺繁荣的局面。

2. 虹梅路餐饮街目前主要消费对象是市内驱车来的消费者、镇内高收入居民。在进一步完善功能过程中，似应发展环境较好的中、低档餐饮，以吸引本镇普通消费者。

三、关于镇区商业管理

1. 虹桥镇镇区商业由上虹公司统一管理，与七宝镇相比较集中，有利于统一管理和数据汇总，在虹桥镇经济发展中也起到了较为积极的作用。

2. 上虹公司除工业、仓储以外,也有一定商业网点,如上虹超市7家。随着周边大卖场的"抢、逼、围",自有超市也有了生存威胁。而社区商业不足是虹桥镇发展中的问题,如何结合、如何合作是摆在上虹公司面前的课题。

四、关于社区商业

1. 虹桥镇社区商业目前的路段商业、会所及社区内网点的形式在发展。以虹梅路、红松路、金汇路为代表的路段商业发展良好,会所尚待建设。小区内网点似嫌不足。居民对菜场管理、价格等物议较多。

2. 重视社区商业建设,解决居民开门7件事的基本需求,既体现了政府的一种人文关怀,又是吸引导入人口,促进房产开发的重要手段。

五、关于商业的建设

1. 虹桥镇商业网点较散,没有形成一个集中的有一定规模的商业中心。应在规划中与行政中心、文化中心一起,构建一个商业网点集中、各类业态齐全、消费层次兼顾的商业中心,以满足本镇的个性消费及精神消费。

2. 商业中心建设时,应按市场调查数据提供的本镇消费的不足去开设,如品牌专卖店、特色专业店,有首饰、珠宝、品牌服装、工艺品等。

六、关于镇区文化及生态环境

1. 虹桥镇与七宝相比,文化标志缺乏,除井亭外,几乎没有。在进一步发展过程中,似应将经济和文化两个轮子同时推动。

2. 绿化环境不好也是虹桥镇的一个缺陷,为镇区经济的可持续发展,应重视绿化,重视生态环境的改造。

第三节 调查报告写作特点及技巧

市场调查报告要做到真实客观,不但要注重其撰写内容的实,还有注重其写作特色的巧。只有这样,才既能真实地反映市场环境和消费意愿,又能使用户从中真正获益。下面介绍几例撰写市场调查报告时运用的技巧。

一、《南京路步行街调查报告》的特色:关注重点,突出变化

(一) 紧紧抓住本次调查的重点——顾客

支撑一个商业中心繁荣繁华市场的是什么?保持一个商业中心高度活力的原动力是什么?——顾客!一切都离不开顾客!所以,研究南京路步行街建设前后的变化必须研究顾客群的变化。但在市场比较成熟的时期和环境中,顾客是要细分的。在车站、地铁,有行色匆匆的过客;在超市、卖场,有锱铢必较的顾客;在ESPRIT、U—2前,有流连忘返的忠诚顾客;校园里,又有着广大潜在的学生顾客群。因此,《南京路步行街调查报告》把重点和主要篇幅放在了研究顾客群的变化上。

第一部分"南京路消费者结构的变化",重点研究了顾客的来源、年龄、性别、职业等结构的变化,并分析了顾客结构变化的原因。

第二部分"南京路步行街对主力消费群的吸引力",则用比较分析的方法,说明环境的变化对青少年这个主力消费群的吸引力。文中阐述道:

- 对商品品位的满意度有所提高。其中,很满意提高了1.3个百分点;满意提高了15.5个百分点
- 对商品种类的满意度也有所提高。其中,很满意提高了11.5个百分点;满意提高了10.2个百分点
- 对流行时尚性的满意度也有所提高。其中,很满意提高了11.4个百分点;满意提高了9.3个百分点
- 对休闲娱乐的满意度也有所提高。其中,很满意提高了4.5个百分点;满意提高了9.9个百分点
- 对文化气氛的满意度也有所提高。其中,很满意提高了5.2个百分点;满意提高了7.8个百分点

步行街的改造,改变了原有的商业环境,商业环境的变化,又刺激了商业消费的增长。"顾客是上帝",在以顾客为导向的商业时代里,留住顾客的最好办法是增加休闲设施,尽量做到让顾客满意。因此,第四部分"关于南京路步行街的休闲环境",即阐述的是作者调查后对休闲环境改造建设的建议。

(二) 充分利用资源——商业关系和历史资料

调查是一门技术,写作是一种技巧。"南京路步行街调查"因为是政府项目,费用较少,不可能做千份以上的问卷。那么,如何才能做好这项调查呢?

一是动用商场资源,用经验判断法来对顾客群分类。作者是商业院校的教授,学生分布南京路各大商场。那次请了华联、一百、食品一店、新世界、宝大祥等商场的100名一线柜组长对来店的顾客作分类的经验判断,得到了较详细的资料。

二是利用历史资料,用历史与现实的调查资料作对比分析法来看青少年消费群对南京路态度的变化。黄浦区及某大学学生会曾在南京路步行街建设前后就青年消费群对这一项目的看法作过调查,报告中对两次调查资料进行对比分析,得出了该项目可行的结论。

(三) 注意写作特色——突出一个"变"字

《南京路步行街调查报告》是紧随南京路变化发展而作的调查和报告,必须突出其前后的变化。因此,在调查报告写作中应突出主线,紧紧抓住一个"变"字来贯穿全篇,具体体现在以下几方面。

1. 突出顾客群的变化

南京路消费者过去是"三多一少"(即外地人多、郊县人多、中老年多、青少年少)。调查显示步行街建成后,市区人比例上升到36%,青少年比例上升到27%,且外国人比例也明显上升,升至4%。这一连串的数据充分说明了,南京路步行街顾客群的变化。

2. 突出商业业态的调整变化

既然南京路步行街向"购物、休闲、餐饮、娱乐一体化"的模式和方向发展,就必须在商业业态上进行大的调整。原来南京路以综合百货为主,经过大调整,综合百货仅保留中、华、新(即中百一店、华联商厦、新世界百货),而大量传统百货向专业百货及餐饮娱乐发展。南京路由综合百货一统天下的格局到现在商业业态和休闲设施较为齐全的格局,

说明商业环境"变"了。报告的一稿和二稿均突出了这种变化。

3. 突出步行街道环境的变化

南京路是一条百年老街，过去那万国建筑向人们诉说着历史的沧桑；如今平展的花岗石路面、五彩缤纷的广告、绿阴掩映的世纪广场、入夜闪烁的霓虹光华，正向人们展示着南京路步行街改造后的青春光彩。

4. 追踪进行着的变化

南京路在发展，即使在开通的头几个月中，餐饮业就在发生变化。主干道上就有南新雅、东亚、七重天老上海餐厅、品珍坊、燕云楼、沈大盛等10余家大中型餐厅酒店，此外火锅店、快餐小吃广场、茶馆和茶餐馆等也不断增多。在支马路上，河南路上火锅店、餐厅、粥庄、面馆群芳争斗，山西路上饭店、酒家霓虹闪烁，福建路上王宝和、根石雅聚、新盛等名家荟萃，浙江路上人人餐馆、老上海餐厅、醇味居楼等醇香扑鼻。

南京路还会继续变化，向世人展示她永远的魅力和光华。

二、《虹桥镇商业环境调查报告》的特色：抓住特点，聚焦重点

在完成了七宝镇商业环境的调查和策划后，我们又接到了虹桥镇政府的邀请，为其作商业调查和规划。七宝镇的重点是建设商业中心和搞活七宝商城，而与此区别的是，虹桥镇镇长陆根龙提出了虹桥规划的重点是两条"路"：一条是交通繁忙、贯穿全镇东西通道的吴中路，第二条是别墅林立、南北走向的虹梅路。这样，我们的调查重点及报告的写作重点也就聚焦到这两条路上了。

（一）聚焦吴中路：调查历史，展示未来

虹桥镇是一个狭长形的沿东西走向的小镇，但其经济发展的成就不可小觑。它依托20世纪80年代航空港的发展而崛起。那么，其发展的轨迹是什么？在大量高档楼盘建成、消费群形成后，又会如何进一步发展呢？我们通过座谈会、企业访谈、资料查询，特别是反反复复的现场踏勘，终于查清了其发展的基本轨迹，并据此作出了以下的历史评价和未来判断。

关于吴中路经济带的崛起，从如下几方面进行调查：

（1）吴中路经济带的起步：仓储业带来了原动力。

（2）吴中路经济带的形成：工业发展注入了新动力。

（3）吴中路经济带的成长：汽车展示和销售带来的活力。

（4）吴中路经济带的发展：大卖场带来的高速发展拉动力。

（5）吴中路经济带将进一步发展：Shopping Mall和专业卖场的出现。

此外，我们还就这个问题接受了专门采访。那么，形成这个思路的依据是什么呢？一是在座谈会的讨论发言中捕捉材料。座谈会上乡村干部、企业领导的发言虽然从各个侧面谈得比较散乱，但也提供了启示，提供了点燃思路火炬的星星之火。二是追根溯源找出可以印证的数据资料。例如，我们在查阅虹桥镇1981—1999年各产业发展资料中，清楚地发现了仓储业、工业、汽车展览业、大卖场对吴中路（虹桥镇）经济发展的影响。三是脚踏实地地去现场勘察。有时市场调查不是在办公室里查出来的，更重要的是要靠两条腿走出来的。我们先是自己分段考察，再派员实地对吴中路、虹梅路商贸企业作分路段的统计调查。这样，写出的报告就内容充实，具有说服力了。

(二) 聚焦餐饮休闲街：分析成因，勾画定位

1. 对虹梅路商业开发的分析

虹梅路是虹桥镇政府要重点建设的第二条路。此路是初露端倪，正在形成的餐饮文化休闲街，其形成的原因有以下两点。

(1) 形成原因之一：高档楼盘建成，高收入消费群导入。

① 虹梅路周边早期开发的有虹桥别墅、虹梅别墅等，近年开发的有虹桥花苑、华光花园、富宏花园等，且入住率相当高，为餐饮休闲街提供了目标消费群。

② 红松路周边龙柏街道，开发的高档楼盘有金汇花园、金乾公寓、华都公寓等，也为其提供了目标消费群。

(2) 形成原因之二：目标消费群集中。

虹桥镇两条主要餐饮休闲街的目标消费群主要有二：

① 居住区高收入居民。虹梅路餐饮街在龙柏街道、金汇花园，周边高档住宅群林立，我们在 9/17 晚对红松路几家饭店、酒吧、美容院的考查，80%的消费者是周边住宅居民，有港台韩商人、外企白领、住楼小姐、高收入的其他居民。

② 市区驱车来消费的顾客。虹梅路有大餐饮号召，小南国、向阳屯等都以市区消费者为主；同时，周边华光花园、虹桥别墅等居民也是其主要消费者。

2. 对虹梅路商业开发的建议

虹梅路附近，虹松路的休闲街模式已经形成，在短短 400 米不到的路段上，聚集了 60 余家以餐饮、美容美发、便利、休闲为主的店铺。当时，虹梅路还在风尘仆仆地修建景观路的过程中，怎么定位呢？我们在调查中搜集并综合了经营者及消费者提出的建议，将其汇集如下：

(1) 应集各类休闲为一体，形成这个快餐休闲快餐街。

(2) 可增加大众型体育健生休闲项目。

(3) 增加娱乐设施。

(4) 各类餐饮娱乐设施要适当。

(5) 华光花园处可开设酒吧、茶室。

(6) 开发者管理目标发展，能给人一种幽雅的感觉。

(7) 可多开发小吃广场。

三、《川沙浦东现代广场调查》的特色：弄清问题，重点调查

川沙是一个令人魂牵梦绕的市镇，明古城墙、岳碑亭伴作者度过少年时光，铁沙城、鹤鸣楼又令作者见到今日的辉煌。接到为“川沙现代广场”作定位及招商策划时，作者就决定坚持策划界“基础派”的风格，一切从调查、从民意、从规律出发，因此就有了《浦东现代广场商业环境及购物调查报告》的诞生。

做好这个调查，其实是要解决以下三个问题。

(一) 第一个问题：有多少购买力支撑这个 3 万平方米的购物中心

川沙已有数万平方米的商业面积，原浦东供销社经营的百货网点且都不大景气。再开一个大型的购物中心行不行？为了解决这个问题，我们做了以下工作。

1. 从统计资料中查询周边人口

统计年鉴只有 1999 年的，我们就到浦东新区政府有关部门查 2000 年的，不但查户

籍人口,还查外来人口,得出了如表 9-1 所示的数据。

表 9-1　2000 年川沙及周边地区的人口数据　　单位：万人

镇　区	川沙镇	孙桥镇	机场镇	唐镇	合庆镇	南汇各镇	合　计
户籍人口	10	2.2	6.4	3.5	4.8		
外来人口	5	1.8	1.8	2.5	2.3		
合　　计	15	4	8.2	5	7.1	约 10	约 50

2. 实地踏勘周边各镇商业网点

周边城镇这么多人口,是否都到川沙来消费呢？历史上曾如此,而现在呢？因此,必须踏勘周边各镇的商业网点,对此也得到了以下结论。

目前,周边机场、合庆、唐镇、孙桥各镇商业设施较为落后,据我们考察调查,其商业设施主要有：

(1) 供销社的传统网点,主要是百货店。例如,唐镇传统百货店破且旧,看来在勉强维持。

(2) 超市等的新型业态,主要是以华联、农工商为主的中小型超市。农工商超市因实行郊区战略,基本每个城镇都有一家超市。

(3) 中低档的餐饮场所亦占了相当比例。例如,孙桥镇商业网点为 3 个 1/3,即 1/3 是餐饮娱乐,1/3 是超市(便利店),1/3 为各类修配、服务、杂货店等。

(4) 各类修配、服务、杂货店等。

(5) 各类品牌专卖店、各类中高档的休闲娱乐场所明显缺乏。

3. 汇总调查问卷让数据说话

最后,就是调查问卷了,周边镇区当然也要调查,结果是打消了我们顾虑。

(1) 从问卷调查看,绝大部分消费者持欢迎态度。

调查显示：

① 对川沙建设大型购物中心欢迎的占 74.2%,占绝对多数。

② 对川沙建设大型购物中心持随便态度的也要占 24.5%,不欢迎的仅占 1.2%。

(2) 从访问调查看,青年人对该项目尤其欢迎。

① 在浦东机场对 50 名机场、施湾、合庆、蔡路、川沙各镇青年营业员问卷访谈调查过程中,这些青年人对建设该项目都非常兴奋,纷纷问建在哪里？有些什么设施？什么时候建好？

② 综合 652 份问卷,青年人对建设大型购物中心的态度更为鲜明。

(二) 第二个问题：建设什么样的购物中心

建设一个什么样的购物中心,是建大卖场、家居广场(家具、灯具、床上用品)呢？还是建百货商城、家电商城？这是一个定位问题,必须事先确定,因为结构设计、建筑装潢都要以此为依据。为解决这个问题,我们在调查中坚持了 3 个"字"：

一是"查"。查阅有关资料,包括网上、报刊、资料室有关国内外购物中心的理论探讨及经营管理的资料。

二是"跑"。我们跑了上海所有的购物中心、Shopping Mall,观察、询问、摸底、摄影,最后还带开发商一起去看,从中得到了启示,总结了经验。

三是"问"。问民意、问川沙的消费者,如"你希望建设什么样的购物中心"、"什么最适合你的胃口”等。我们认为，只有这样得到的结论，才不会违背“上帝”的意愿、顾客的意志。

(三) 第三个问题：经营什么内容

至于经营什么内容，就必须明确一个理念：既不违背民意，又要领先现状具有前瞻性。那还得靠调查问卷，从问卷中得出现实性的结论：什么最配川沙人的胃口。然后再根据国内外先进购物中心的经验，找出与川沙城镇特点相切合的结合点来，并以此确定其定位。因此，必须在定位报告中作出明确的界定。

第四节 实践指导

一、实践任务

本章实践是综合性的实践，是对全课程内容的综合。要求学生通过前面章节的学习和实践，能够综合地运用各种市场调查技术，对搜集到的一手资料和既存资料进行整理，并进行综合分析，以小组为单位完成一份约 8 000 字以上的书面市场调查报告。

小组成员搜集完资料以后，要认真地对资料进行整理统计，并通过共同讨论，得出调查分析的结论。在此基础上，拟定市场调查报告的写作提纲，并对撰写任务进行合理分工。其中，要求学生综合、灵活地运用报告撰写技巧，每位学生必须按质、按量、按时完成自己的撰写部分。最后交由组长或指定负责人进行统稿，形成一分有一定质量和一定水准的调查报告。

通过这次实践活动，要使学生掌握市场调查报告的内容和撰写方法，锻炼他们的文字写作能力，并增强他们的团队合作意识。

二、实践步骤

(1) 讨论结论，列出写作提纲。小组组长召集各成员对本次调查进行讨论，结合调查课题形成初步调查结论，并列出写作提纲。

(2) 撰写任务分工。调查报告按照写作提纲分成几部分，小组成员均需分得至少一部分的写作任务。

(3) 选择材料。各小组成员在写作过程中应充分利用搜集到的材料，为文章观点提供充分有力的证据。

(4) 撰写调查报告初稿。在写作提纲的指导下，恰当地运用写作技巧和表达方式(如图标、影像资料等)撰写调查报告初稿。

(5) 统稿并修改定稿。调查报告初稿完成后，要反复进行修改加工，以保证调查报告的质量。从报告的观点、论据，结构、层次，文字、格式、排版等方面进行全面修改。

三、实践要求

(1) 要求老师讲解调查报告撰写内容和方法，并提出格式等具体的要求。

(2) 要求老师提供一份调查报告的范文。

(3) 要求学生根据小组调查课题和调查报告的撰写要求，完成小组调查报告的撰写任务。调查报告的内容要求客观、全面、准确，调查报告的格式、版面设计符合规范，并能体现个性。

四、实践内容

1. 内容：撰写一份商业场所或产品的调查报告

(1) 商业街的调查报告。

(2) 购物中心或百货商店、大型综合超市的调查报告。

(3) 休闲食品、化妆品或服装(家电)等品牌的调查报告。

2. 要求

(1) 对调查背景写作要求的掌握，如调查目的、调查重点、资源利用、调查内容等。

(2) 对调查环境资料的掌握，如政治环境、经济环境、人文环境、技术环境、竞争环境、消费者环境、自然环境等。

(3) 对调研数据的分析，如网点数据、客流量、顾客结构、消费心理及消费意愿等。

(4) 调查结论。

五、实践范例

浦东现代广场的功能定位

一、一个具有较强辐射功能的中心城镇商业中心

1. 顾客定位

(1) 以中心城镇川沙及周边城镇中的高档消费群体为主。

(2) 以提升他们的综合生活品质为目标。

2. 辐射范围

(1) 川沙镇核心商圈 15～20 万消费群。

(2) 周边第二商圈四镇 20 万消费群。

(3) 形成商业特色，吸引浦东及市内消费群。

二、一个含有多种经营业态主题突出的商业购物中心

1. 业态齐全

(1) 大型日用品卖场、主题百货或家居商场，起到目标消费群及旗帜号召作用。

(2) 品牌服饰、信息家电、金饰古玩、小吃、娱乐店组群，起到休闲、购物一体化作用。

(3) 高、中档兼顾，以中档为主，以适应当地的主力消费群。

2. 主题突出

(1) 以营造川沙人高品质现代化生活方式为主题。

(2) 以营造川沙人顶级时尚购物休闲中心为主题。

(3) 以烘托气氛，策划营销，促进销售。

三、一个兼具购物及休闲服务功能的商业活动中心

(1) 购物功能要齐，有：日用品消费大卖场、主题百货、特色专卖、专营，以更能符合消费者一站式购物之需求。

(2) 休闲设施要有：茶坊、舞厅、卡拉 OK、少儿电玩广场等。

(3) 餐饮设施要有：各类地方风味小吃、大排档、中西式餐厅等。

(4) 体育设施要有：溜冰场、健身房、游泳池等。

(摘自：王公达："寻踪觅迹：商务调查实录")

案例分析

浦东现代广场商业环境调查

第一部分　浦东现代广场区位环境分析

一、地理环境

1. 川沙镇的地理环境

(1) 川沙镇位于浦东新区中部偏东南区域，东与毗邻大海的机场镇、合庆镇相接，西北与唐镇、孙桥镇相连，交通便捷，车流畅通。

(2) 川沙镇离浦东国际机场仅8公里路，因此建有临空经济城，临空机场经济也因之发展。

(3) 川沙镇离东海仅数公里，在铁沙商城的华夏文化旅游区总部与东海边三甲港的华夏旅游区相连接呼应，共同促进经济繁荣。

2. 现代广场的地理环境

(1) 现代广场位于川沙路2481号，南有华夏文化旅游区铁沙商城(距1 000米)、北有锦丽华百货(距500米)。

(2) 现代广场周边商业网点众多，有新源路步行街、新源路市场等各类商业网点15余家。

(3) 现代商场在川沙交通中心——川沙车站对面，因而人流众多，对周边乡镇消费群可起到凝聚吸引力的作用。

二、交通环境

1. 公路交通

川沙有四通八达的公路交通网络，通往浦东机场的迎宾大道由镇区通过，华夏路、华东路连接通往市区的龙东大道，川南奉公路与南汇、奉贤县相连接。

2. 水路交通

笔直的川杨河从川沙镇北流淌而过，通向东海，把黄浦江与东海紧紧相连，川杨河是川沙地区最发达的经济水路。

3. 现代交通

(1) 新建的浦东机场距川沙仅一箭之遥，成为川沙人连接国内外最方便的通道。

(2) 地铁已接至距川沙十余公里的花木站，使川沙人离上海市区越来越近。

4. 公交车辆交通

川沙有连接浦西市区、浦东沿江中心区、浦东新区各集镇及南汇、奉贤县30余条公交线路。包括：

- 川沙→浦西方向线路(8条)
- 川沙→浦东沿江方向线路(11条)
- 川沙邻近线路(5条)
- 川沙→其他郊县线路(8条)

三、人文环境

川沙有着良好的人文环境。

(1) 川沙近代史上诞生或居住过张闻天、黄炎培、宋庆龄姐妹等历史名人。有“内史第”等著名宅府存在，现已作为华夏文化旅游城的重要资源。

(2) 川沙是上海著名的侨乡之一,川沙籍人士遍及海内外,成为推动川沙经济建设的重要力量。据1985年统计资料,如下表所示,近年来,该数字已大大增加,估计在20 000人。

单位:人

客居地	各国外籍华侨	台 湾	港 澳	合 计
人 数	2 364	1 900	5 669	9 933

(3) 据1985年资料统计,川沙在市区及全国各地工作的有7万余人。1988年川沙专门成立了"振兴川沙家乡经济联谊会",聘请全国总工会主席倪志福、上海市副市长倪鸿福、福建省副省长蔡宁林、广州市市长朱森林等川沙人士任名誉理事长。

以上这些都是推动川沙经济发展,刺激川沙商业消费的重要力量。

四、经济环境

1. 川沙镇近年经济稳步增长(数据略)

2. 川沙镇三大产业结构中,三产尚嫌薄弱

3. 劳均收入增长稳定

4. 商业网点多,但平均利润低

五、周边乡镇商业环境

川沙镇历史上是川沙县城,经济发达、人口众多、商业繁荣,周边各镇商业都受其辐射影响。但随着浦东新区成立、政府西迁,川沙地位降为与机构镇同等的浦东新区中心城镇后,商业格局是否变化呢?带着这一问题,我们对川沙周边机场、合庆、孙桥、唐镇四镇进行了考察调查。

1. 孙桥镇

(1) 孙桥镇的经济、人口数据,如下表所示。

年 度	总面积(平方公里)	人 口		社会总产值(亿元)	劳均分配(元)
		户籍人口	外来人口		
1999 2000	22.9	20 973 21 100	16 000	13.92	8 571

(2) 孙桥镇的商业情况。

商业网点为3个1/3。即1/3是餐饮娱乐,1/3是超市(便利店),1/3为各类修配、服务、杂货店等。商业网点体量较小,但网点情况比唐镇、合庆等其他3个镇情况较好。主体商业超市一枝独秀,如农工商155店,其他有各类小型超市、便利店。

2. 唐镇(原唐镇、三港镇合并)

(1) 唐镇的经济人口数据,如下表所示。

年 度	总面积(平方公里)	人 口		社会总产值(亿元)	劳均分配(元)
		户籍人口	外来人口		
1999 2000	32.15	32 821 34 100	22 000	30.6	

(2) 唐镇的商业情况：

① 商业情况较为落后，观察看主要由供销社商业百货店与超市各占一半网点。

② 网点较少，传统百货店且破旧，看来在勉强维持。

③ 在几镇商业中属最差的。

3. 合庆镇(原合庆、蔡路合并)

(1) 合庆镇的经济人口数据，如下表所示。

年　度	总面积(平方公里)	人　口		社会总产值(亿元)	劳均分配(元)
		户籍人口	外来人口		
1999 2000	36.44	47 619 47 770	 23 000	43.81	

(2) 合庆镇的商业情况：

① 商业网点以超市(华联、农工商)、餐饮为主，零星修配服务、杂货为辅。

② 在周边四镇中，商业属中上等。

③ 但百货商店、各类品牌专卖店、各样的休闲娱乐场所明显缺乏。

4. 机场镇(原江镇、施湾镇合并)

(1) 机场镇的经济及人口数据，如下表所示。

年　度	总面积(平方公里)	人　口		社会总产值(亿元)	劳均分配(元)
		户籍人口	外来人口		
1999 2000	48.20	63 050 63 800	 17 000	17.88	

(2) 机场镇商业情况：

① 机场镇区有江镇、施湾两个集镇，商业以超市及供销社网点为主，比较传统。

② 随着浦东机场的发展及该镇工业的发展(如物流、工厂、航空公司)，人员进入，为该镇消费注入活力，估计在餐饮、专卖店方面会有发展及突破。

第二部分　现代广场周边商业网点分析

浦东现代广场地处川沙交通枢纽——川沙车站对面，根据城镇经济交通中心，即商业中心的特点，此处商业相当繁荣。现按川沙路、城南路两条主干马路对其周边商业网点作以下分析。

一、川沙路商业网点分析(铁沙城→公园附近)

现代广场即处在这条路的中间，该处共有商业网点 151 家，是川沙最为繁荣的商业集聚点之一，其主要特点如下。

1. 现代商业消费的集中地

(1) 川沙路上有川沙的标志建筑——24 层川沙大厦：锦丽华大酒店和锦丽华商厦。

(2) 有 5 000 平方米的农工商大卖场。

(3) 有建筑颇有特色、号称浦东城隍庙的华夏旅游城——铁沙商城。

(4) 有体现时尚消费的新源路步行街。

2. 大中型商业贸易点的集散地

川沙路上集中着各类大中型贸易点:

(1) 有新源路贸易市场。

(2) 有振亚综合市场。

3. 餐饮娱乐及各类服务业较多,但比较零星

川沙路上各类服务业计 37 家,餐饮娱乐计 32 家。数量较多,反映了当地的需求量,但比较零星,不成规模。

4. 川沙路上,新川路北段较为繁荣,南段为居民区,网点较少

新川路北,由于集中了车站、银行、步行街、贸易市场、超市卖场等商业服务交通设施,故人流活动较为繁荣。南段为锦丽华商厦及沿街各类专卖店,由于是居民区,故商业网点较少,人流也相应减少。

二、新川路商业网点分析(锦丽华→南门大桥)

该路段近 1 000 米,是川沙商业网点最集中、川沙商业最繁华的地方,其特点有以下几点。

1. 商业网点众多,且集中

该路段较短,却集中,与川沙路同样多的商业网点,共计 149 家。其中:

(1) 各类零售商店 60 家。

(2) 餐饮娱乐业 31 家。

(3) 各类服务业 40 家。

(4) 其他商店 18 家。

2. 时尚消费较多,且繁华

该路段另一个特点是体现中心城镇繁荣的商店较多,如:

(1) 时尚服饰专卖店集中了 21 家。

(2) 信息家电店集中了 20 家。

(3) 画廊、文化用品店集中了 10 家。

(4) 夜总会、俱乐部集中了 5 家。

(5) 宾馆、饭店、茶馆等集中了 19 家。

(6) 美容美发集中了 4 家。

3. 主要公共设施集中地,辐射性强

该路段是川沙原中心区之一,集中了政府机关、学校(川沙中学)、邮电邮政局、各大银行(中行、农行、交行、中保等)、电影院、最大的百货商厦、酒店等,故对周边城镇客流的吸引力较强。同时,有支马路通往川沙各新村、老街居民地,辐射性较强。

三、现代广场建成后对川沙商业及周围商业网点的影响

浦东现代广场若按地区购物中心类型建设,建成由超市卖场、综合百货、各类专卖店组群、餐饮娱乐、各类服务设施为综合体的 Shopping Mall 或 Shopping Center,则对川沙商业及周边网点产生巨大的影响。

1. 将大大提升川沙商业的档次,使该地区成为真正意义上的川沙商业中心

现代城镇商业中心都有逐步由老镇向交通枢纽或便利店迁移的特点。例如,上海闵行

区七宝镇,由老街→青少年民主路→七莘路;浙江乐清虹桥镇,都在做这方面的建设和努力。

川沙路周边上已集中了车站、银行、政府、学校、邮局等公共设施,又集中了百货商厦、超市卖场、步行街等现代消费设施,如有一个能代表现代时尚消费的购物中心,则将大大提高川沙商业的档次,使该地区成为川沙真正意义上的商业中心。

2. 将凝聚吸引更多客流,使该地区成为时尚消费之地

从川沙居民及周边三镇居民调查看,对川沙建之购物中心是持欢迎态度的。从川沙居民及周边乡镇居民的消费看,向市中心外流的比例还是较高的。一旦购物中心建立,品牌服饰和时尚商品引进,将大大增加对川沙及周边乡镇的吸引力,使该地区成为时尚消费之地。

3. 将改变周边商业格局,影响部分商业销售

一个大体量的购物中心在川沙出现后,不可避免地对周边商业产生冲击和影响。由于商品品种接近,而档次不够,故锦丽华百货商厦是首当其冲的受冲击者。由于购物中心集中了一批餐饮娱乐设施,故对周边同类商业网点也将造成影响。由于服饰专卖店是购物中心的重头,位于新源路步行街商业也将受到较大冲击。因此,调整商业格局,错位经营的理念应由主管部门倡导并引导。

四、主要竞争对手分析

现代广场如按以卖场、主题百货为主要支撑的购物中心建设,其主要竞争对手将是所处同一条川沙路两侧的农工商超市及锦丽华百货。

1. 农工商超市53店

在现代广场北侧500公尺处,经营面积(单层)约2 800平方米,POS收银口20个,日平均销售33万元,年销售1.2亿元,主要经营生鲜、熟食、干货食品、日用百货等。农工商在川沙已被广大消费者所接受,但价格略高于其他卖场。以其110只代表性商品与华联吉买盛相比,如下表所示。

	较　贵	同　价	便　宜
相比数	77	12	21
占比(%)	70	11	19

现代广场如开设成功,与农工商相比,有规模大、功能多、品种齐、价格低、停车场地大的优势。

2. 锦丽华百货商厦

(1) 锦丽华百货商厦原属川沙县供销社(现浦东经贸总公司),现为华夏旅游总公司收购。经营面积(三层)约3 800 m^2,主要经营的日用百货、服装、家电、食品经营区域较大,其中以服装、家电销售较好,日平均销售40万元左右,年销售1.46亿元。

(2) 锦丽华目前主要优势是家电经营,主要问题是传统百货对青年人缺乏吸引力。

第三部分 浦东现代广场周边各商业点客流量分析

一、客流量实测统计

1. 客流量实测数据

现代广场周边各商业点日均人流量统计,如下表所示。

（单位：人次）

地　点	优胜堡门口	锦丽华门口	新川路中国银行	川沙路城南路口	川沙路界龙新城前	新源路步行街东首	新源路步行街西首	合　计
日均人流量	14 288	17 461	13 232	18 069	17 333	4 522	2 644	87 549

注：调查时间：2001.7.29，星期日；天气：晴；气温：36℃。

2. 客流量分析

(1) 客流总量。目前川沙镇客流总量根据目测及分析，应是：

① 双休日应在目前的统计数内，8～10 万之间(封路影响约 1/3 客流量，以次测算)。

② 平时客流量按规律测算，(8～10)×70%≈5.6～7，应在 5.6 万～7 万。

(2) 分路段客流量，如下图所示。

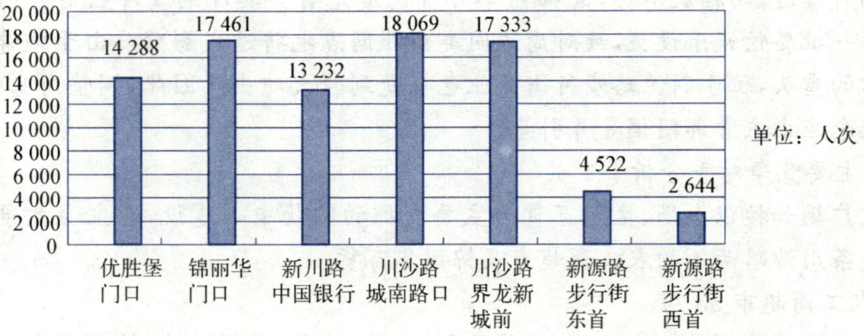

从上图统计数据显示：

① 川沙路城南路口由于是居民居住集中地，走向商业中心的客流量最高。

② 锦丽华门口、优胜堡门口和新川路中国银行由于是新川路商业中心，综合客流量相当高。

③ 川沙路界龙新村前为交通主干道，客流量应最高，但受修路影响，客流量约下降 1/3。

④ 由于受修路影响及夏天原因，新源路步行街客流量急剧下降。

二、客源结构分析

1. 顾客的来源结构

2. 顾客的工作地点

3. 顾客的年龄结构

4. 顾客的性别结构

5. 顾客的职业结构

第四部分　川沙地区消费特征调查

一、消费心理调查

(1) 来川沙路商业中心的目的调查：购物为主，休闲其次，如下表所示。

目　的	购　物	休闲观赏	办　事	路　过
占比(%)	62.19	17.3	9.7	6.9

(2) 购物原因调查：日常生活需要为主，如下图所示。

购物原因

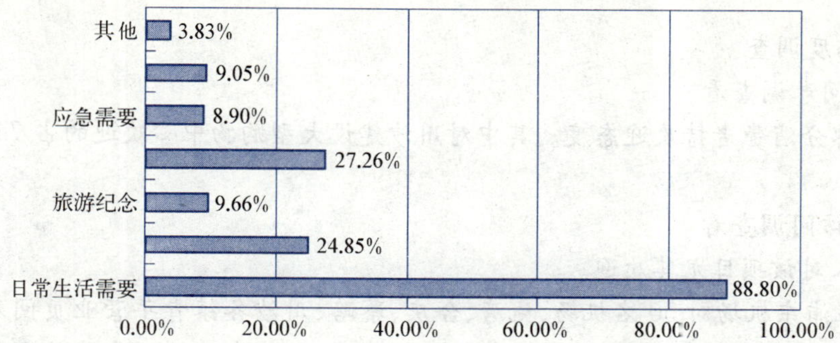

(3) 购物心理调查：选择为主，目的、即兴其次。

(4) 购买商品调查：日常生活需求为主。

二、生活方式调查

(1) 休息时间安排：在家看电视为主，逛街娱乐其次。

(2) 逛街方式调查：朋友、同学为主，家人其次。

(3) 交通工具调查：公交为主，自行车、步行为辅。

(4) 购物消费的内容地点调查：百货类商品外流消费巨大，如下表所示。

项　　目	川沙镇地区消费					市中心消费			
	菜场市场	超市	大卖场	其他商店	合计	百货商厦	专卖店	其他商店	合计
日常生活用品	5.15	75.21	7.46	5.46	93.28	4.2	1.89	0.63	6.72
副食品	40.85	42.54	7.97	3.1	94.46	1.55	3.1	0.89	5.54
服装	6.53	2.00	15.61	30.47	54.61	15.83	26.68	2.88	45.39
皮鞋	0	7.13	13.38	31.63	52.14	21.81	22.15	3.9	47.86
化妆品	0	13.43	6.38	25.02	44.85	26.31	27.31	1.53	55.15
黄金首饰	0	0	4.85	28.16	33.01	27.69	35.58	3.72	66.99
工艺品古玩	5.69	0	13.69	22.56	55.63	16.87	23.08	18.11	57.26
耐用消费品	0	13.84	28.59	24	66.43	17.04	10.08	6.45	33.57
餐饮小吃	6.96	31.39	11.91	9.37	59.63	7.37	8.73	24.40	40.37
文化休闲娱乐	0	0	0	38.12	38.12	16.01	5.92	39.95	61.18

(5) 购房及装修住房调查：有一定比例，如下表所示。

是否购房 / 百分比	近期打算购房和装修房屋的	
	是	否
%	28.5	71.5

第五部分 需求调查：消费者对建设大型购物中心的态度及期望

一、态度调查

1. 从问卷调查看

绝大部分消费者持欢迎态度。其中对川沙建设大型购物中心欢迎的占 74.2%，占绝对多数。

2. 从访问调查看

青年人对该项目尤其欢迎。

(1) 在浦东机场对 50 名机场、施湾、合庆、蔡路、川沙各镇青年营业员问卷访谈调查过程中，这些青年人对建设该项目都非常兴奋，纷纷问建在哪里？有些什么设施？什么时候建好？

(2) 综合 652 份问卷，青年人对建设大型购物中心的态度更为鲜明。

二、设施布局的期望调查

(1) 对购物中心内商店布局的期望：超市、卖场最受欢迎。

(2) 对购物中心内餐饮设施布局的期望：小吃广场最受欢迎。

(3) 对购物中心内文化娱乐设施的期望：要求较广泛。

(4) 对购物中心内服务设施的期望：需求亦较广泛。

三、商品需求的期望调查

(1) 对大类商品的需求：品牌服饰、特色食品呼声最高。

(2) 服装鞋帽商品的需求：运动休闲装呼声极高。

第六部分 结论：调查的主要发现及建议

一、浦东现代广场的顾客支持力

(1) 浦东现代广场的建设，首先要考虑到它的顾客支持力，即川沙镇及周边地区有多少消费人口，消费者对其的接受程度如何？据我们初步调查：

川沙镇周边居民人口众多，有丰富的顾客资源(计 50～60 万)，其中：

① 川沙镇现有人口 15 万，2 年后发展到 20 多万；

② 周边四镇、其他邻近镇区及南汇县人口 30 多万；

③ 市区及浦东沿江消费者 8～12 万。

(2) 川沙镇缺少一个业态新、功能全的购物中心，周边城镇商业落后，浦东现代广场的建设广受欢迎。

① 从调查看，浦东现代广场作为一个大型购物中心的建设广受欢迎；

② 尤其是 18～25 岁的青年主力消费群，对本次调查充满热情，踊跃回答，其欢迎度且最高。

(3) 建设地点处全镇闹市中心，客流量较大。浦东现代广场的建设地点处全镇的交通中心、商业中心，客流量双休日可达 8～10 万人，平时也有 6～7.5 万人，有丰富的客流资源，对浦东现代广场的经营极为有利。

二、川沙镇地区消费的现状及需求要点

1. 川沙镇商业对浦东地区的影响

(1) 从历史看，川沙镇是老县城及传统中心集镇，从消费习惯看历来是浦东地区及南汇邻近乡镇的商业中心。

(2) 从现实看，川沙镇商业仍为周边各镇之观，其商业体量之大及业态齐全有着不可取代性。

(3) 从发展看，不少卖场经营者及商业集团看好川沙，有抢滩建设空白点的趋势，发展前景不可限量。

2. 川沙镇地区消费者购物外流现状仍很突出

(1) 日常生活用品、副食品绝大部分是在本地区购买消费的。

(2) 而百货类商品，服装的45.39%、皮鞋的47.86 %、化妆品的55.15%、黄金首饰的66.99%、工艺品古玩的57.26%、文化休闲娱乐的61.18%都是在市中心购买消费的。外流消费巨大，可见在川沙镇地区开设大型百货购物中心的重要性。

(3) 耐用消费品仍有一定发展空间，33.57%外流。

(4) 文化休闲娱乐有61.18%、餐饮小吃亦有40%左右的外流。

3. 川沙镇地区消费者商品需求点：选择性百货商品及超市商品

(1) 消费者对品牌服饰、特色食品的需求呼声最高，分别占49.08%和47.55%(该数据与五角场等地区接近)。

(2) 其次是文化用品(33.74%)、工艺品小商品(31.75%)、电脑信息产品(31.44%)。

(3) 第三是南北货土特产(29.91%)、音像图书(28.83%)、保健品(21.01%)。

三、浦东现代广场建设的市场机会及威胁

1. 浦东现代广场建设有着较大的机会

(1) 满足川沙镇及周边地区消费需求，提高人民生活品质。

(2) 成为川沙镇及周边地区的标志性商业建筑，成为功能设施最齐全、商品种类最丰富的购物休闲中心。

(3) 凝聚川沙镇及周边地区50～60万消费人口。

(4) 不断上升的销售额及利润。

(5) 与市属及外资合资商业集团的联合经营，从而促进川沙镇工商业的不断发展。

2. 浦东现代广场建设周期中的竞争威胁

浦东现代广场建设周期较长，需2年左右，其过程中会发生许多重大事件。例如，WTO进入后对中国商业结构的冲击及影响，从而发生：外资商业集团收购兼并的风险和威胁、其他商业企业改变经营模式带来的威胁等。

四、对浦东现代广场建设、招商等工作的建议

1. 建设周期必须缩短，宣传攻势需大力展开

2. 招商工作必须抓紧，租售结合模式为好

3. 逐步物色经营管理人才，参与未来经营管理

(摘自：王公达："寻踪觅迹：商务调查实录")

案例思考题

1. "浦东现代广场商业环境调查报告"的特点是什么？

2. "浦东现代广场商业环境调查报告"进行了哪几个方面深入细致的市场调查？

练习与思考

(一) 名词解释

市场调查报告　　报告的时效性　　消费心理调查　　商业网点调查

(二) 填充题

1. 时效性的标准一是搜集信息________。二是运用的材料一定要有________,而不能有________。

2. 消费意愿调查在地区调查中,是了解市民对建设商业设施及新兴业态的________。

3. 市场调查报告要做到真实客观,不但要注重其________的实,还有注重其________的巧。

(三) 单项选择题

1. 商业网点调查,俗语(　　)。

A. "扫街"　　B. 商业调查　　C. 网查　　D. 店铺调查

2. 在产品调查中,应了解消费者对该产品或同类产品(　　　)的意见和愿望。

A. 价格、渠道、包装等　　B. 样式、口味、包装等

C. 经营、管理、销售等　　D. 形象、渠道、包装等

(四) 简答题

1. 简述12种有店铺商业业态。
2. 什么是品牌和品牌调查?

(五) 论述题

1. 什么是市场调查报告?市场调查报告的环境分析包括哪些主要内容?
2. 按照实践教学的内容,撰写一份商业场所或产品调查报告的提纲。

第十章

消费性产品市场调查

学习目标

学完本章，你应该能够理解、分析和掌握：

1. 分析消费性产品研究背景和动机；
2. 掌握消费性产品研究的方法；
3. 掌握针对背景和研究动机编写适当问卷内容的方法；
4. 掌握对消费性产品类问卷调查统计结果的分析；
5. 掌握在调查结果的基础上分析报告的撰写。

基本概念

社会购买力　购买动机　本能动机　心理动机　社会动机　恩格尔定律　定性分析　定量分析

面对瞬息万变的社会，如何准确寻找和把握市场商机，满足不同消费者的需求，从而创造出良好的利润业绩，是企业不断追索的方向。产品可以分为消费性产品和工业性产品，其中消费性产品一般是指个人为自身享用和提高生活水平所购买的产品。而消费性产品因其形式千姿百态，变化纷繁复杂，常让投资者和决策者有“乱花渐欲迷人眼”之叹。要想看清消费性产品的现状和发展趋势，制订出合适的发展规划和经营策略，首先应该对消费性产品某一方面进行系统的市场研究。

本章将主要以“某棉纺集团纺织品市场调查报告”为例，说明消费者调查对投资决策者的重要性。

第一节　研究背景、动机和方法概述

在研究的过程中，首先要明确研究背景和动机，然后才能制定正确的研究方向。

一、研究背景

（一）基本面情况调查

对于研究背景的把握和理解上，需要根据具体情况有选择地从宏观、中观和微观方面分别予以衡量。

1. 宏观基本面研究

政治方面：国家的政策调整或改变、领导人更迭、国际政治风波频仍、在国际舞台上扮演较为重要的国家政权转移、国家间发生战事、某些国家发生劳资纠纷，甚至罢工风潮等都可能会影响某种消费性产品的生产与销售，令其产生异常。例如，假设有日资企业想在南京地区投资生产本土品牌的商品，进行可行性分析调查研究时，则政治因素是不容忽视的。

经济方面：经济周期是由经济运行内在矛盾引发的经济波动，是一种不以人们意志为转移的客观规律。受经济状况的影响，产品需求也会呈现一种周期性的波动。经济衰退时，产品销售必然随之疲软下跌；经济复苏繁荣时，产品销售也会上升或呈现坚挺的上涨走势。

文化方面：消费者的价值观、习惯偏好、娱乐方式、衣着选择、语言等都会影响对消费性产品的选择。

2. 中观基本面研究

行业方面：在研究时，可以考察产品行业在国民经济中地位，该行业处于发展中的阶段——幼稚期、成长期、成熟期还是衰退期，行业的发展前景和发展潜力，新兴行业引来的冲击，以及企业在行业中所处的位置等。

另外，可以采用美国哈佛大学教授迈克·波特(Michael Porter)在其《竞争战略》一书中提到的“五力”模式，即新竞争者的进入、替代品的威胁、购买者的谈判能力、同业竞争、供应者的谈判能力这五大竞争驱动力，它们决定了企业的盈利能力。以美国运动鞋行业的竞争状态为例进行分析。

首先，这个领域存在较高的进入壁垒，新竞争者进入不易。美国运动鞋产业由品牌型公司组成，大公司在广告、产品开发，以及销售网络、出口方面都更有成本优势。更重要的是，品牌个性与消费者忠诚度都给潜在的进入者设置了无形的屏障。其次，因为其他鞋类都不适宜运动，所以现在还没有运动鞋类的完全替代产品。第三，购买者有适度的议价能力，运动鞋的终端消费者在意价格，同时对时尚潮流更加敏感，但是对于公司的利润率并没有极为负面的影响。此外，大多数品牌在产品差异化方面很成功，这阻止了购买者将品牌同不断转换的品牌形象联系起来。第四，美国运动鞋市场被看作具有挑战性并已饱和，充满激烈的竞争且增长缓慢，因此对于新进入者只有很小的空间。耐克、阿迪达斯和锐步，这些主要品牌抢占了超过一半的市场份额，并保持相对稳定。第五，供应商的议价能力较弱。因为大多数运动鞋产业的投入都是同质的，特别是在耐克发起了外购浪潮后，超过90%的生产都集中在低工资、劳动力远远供过于求的国家。

通过分析我们可以看到，一方面，这是一个令人垂涎的市场，不过壁垒高筑，有较低的供应商议价能力、适度的购买者议价能力，并且没有知名品牌的替代产品，很难挤出利润；另一方面，当除了高度市场集中，但没有任何垄断力量时，区域里的对抗十分激烈。因此，在这个竞争环境中，独立公司的超常利润的持续性，在很大程度上依靠他们的策略。

3. 微观基本面研究

企业内部：组织架构、经营业绩、经营状况、资金组合的改变及领导层人事变动、公关危机的处理等都可能会影响相关产品的发展。

在组织架构上是否合理，不应单纯依赖于其是金字塔式或是扁平化的结构，而应根据实际判断管理是否具有柔性，以更快适应市场和消费者需求。而经营业绩和经营状况也需要我们根据实际进行搜集，网络上、报纸上出现的信息真假有待商榷，质量良莠不齐，在进行调研时要进行选择甄别，抓住其本质。一般来说，正面的信息让我们对产品前景充满信心，负面的则反之。

例如，2006 年国际著名化妆品牌 SK－II 在质量事故上的危机处理，让很多女性消费者极不满意，一些地区甚至出现联合抵制此品牌的严重情绪，在国内整个业界闹得沸沸扬扬，对品牌造成了很大的负面影响，最后公司也未作积极回应，产品销量大幅下挫。类似的危机处理事件，都应列入我们对企业内部的基本面研究内。

（二）市场需求量调查

具有一定支付能力的需求构成现实的市场。企业要预测未来的销售状况和获利水平，就必须调查研究其目标市场的需求量。决定一个国家或地区市场需求量大小的，主要有该国或地区的人口数量、社会购买力、购买动机等几个因素。

1. 人口数量的调查

一个国家或地区的人口数量是决定该国家或地区市场需求量大小的最基本的因素，特别是日常食品和生活必需的日用品。因此，调查一个市场需求量大小必须首先调查其人口数量。在调查人口数量时，要注意人口的流动状况和人口的增长趋势。例如，在《新建县城区商业发展规划》（2006 年）中，对其人口数量调查情况如下。

新建县城区人口调查

2005 年末，新建县总户籍人口 675 532 人。其中，县城 16 万人，加流动人口合计约 20 万人。到 2012 年，城区规划预计达到 25 万人。

2. 社会购买力的调查

社会购买力是指在一定时期内，全社会在市场上用于购买商品和服务的货币支付能力。它包括居民购买力、社会集团购买力和生产资料购买力。其中居民购买力，尤其是居民消费品购买力是社会购买力最重要的内容，是市场需求量调查的重点。

3. 消费者购买动机调查

购买动机是指人们为满足一定需要，而进行购买活动的愿望和意念。人们的购买动机常常是由那些最紧迫的需要决定的，但购买动机又可以通过运用一些相应的手段来诱发和刺激。消费者购买动机调查的目的主要是弄清购买动机产生的各种原因，以便企业采取相应的刺激和诱发策略。

消费者购买动机是复杂多变的，一般可以分为三大类：本能动机、心理动机和社会动机。

（1）本能动机，是由消费者生理本能的需要，如饥渴、寒暖、作息等所引起的购买动机。在这种为满足生理需要的购买动机推动下，购买行为具有经常性、重复性和习惯性的特点。

（2）心理动机，是由人们的认识、感情、意志等心理过程引起的行为动机。

（3）社会动机。人们的动机和行为，不可避免地会受到来自社会的各个方面和各种因素的影响，这种后天的、由社会因素引起的行为动机叫做社会动机。它主要受社会文化、社会风俗、社会群体、社会阶层等因素的影响。

购买动机调查要了解消费者潜在的需要，以及刺激这种需要的条件。下面是购买动机调查的常见问题：是否听说过这种产品？是否有意向购买这种产品？对产品各方面特征（包括外观、性能、质量等）的要求如何？更愿意在什么地方购买？等等。对于企业的产品开发人员来说，这些信息有助于改进产品设计，突出或强化深受消费者欢迎的方面，使产品适销对路。对于企业的销售人员来说，将有利于准确把握消费者对产品的核心需求，提高产品诉求、推广的针对性。

（三）消费者的支出模式调查

消费者的支出模式是指消费者将其货币收入用于不同商品的比例，它决定了消费者的消费投向。对消费者的支出模式调查的主要内容有以下几方面。

1. 人口构成

由于消费者的性别、年龄、职业、文化程度、民族和居住地区的不同，其支出模式会有很大的不同。这一点体现在问卷设计的消费者调查部分。

2. 家庭生命周期和家庭的构成

一般认为，一个家庭的生命周期可以细分为九个时期：单身期——离开父母独居的青年；新婚期——新婚的年轻夫妻，无子女；“满巢”Ⅰ期——子女在 6 岁以下，即学龄前儿童；“满巢”Ⅱ期——子女 6 岁以上，已入学；“满巢”Ⅲ期——结婚已久，子女已长大，但仍需抚养；“空巢”Ⅰ期——结婚已很久，子女已成人分居，夫妻仍有劳动能力；“空巢”Ⅱ期——已退休的老年夫妻，子女早已离家分居；鳏寡就业期——独居老人，尚有劳动能力；鳏寡退休期——独居老人，已退休养老。不同阶段的家庭有不同的需求特点，企业必须调查自己的目标消费群处于家庭生命周期的什么阶段，并据此开发适销对路的产品，拟定适当的营销计划。

3. 收入增长状况

根据恩格尔定律，收入水平越低，用于食物的开支占全部支出的比重越大。随着收入水平的提高，用于购买食品的支出占家庭收入的比重下降。其中，住宅、家居用品的支出所占的比重大体不变，而用于服装、娱乐、保健等的支出会上升。

4. 商品供应状况及价格变化

当市场上某种商品供应不足或限量供应时，消费者可能会转移消费投向；同样，当某种商品的价格由于某种原因提高或降低时，消费投向也会转移。

二、研究动机

研究动机是制订调查计划的依据，所以定位要具有准确性、可操作性和真实性。

1. 准确性

准确性是指在确定研究动机时，不能表述范围过大、过小，或者不确切有歧义。对某种消费性产品的研究，可能会由于动机的偏差而“失之毫厘，谬以千里”。例如，同样是对服装市场休闲服饰的调查，如果研究动机是对某个品牌休闲服饰的设计和销售提供参考信息，则会与为某个布料生产企业销售的问卷调查和研究方向截然不同。

2. 可操作性

可操作性是指研究动机是具有可实践性的，具体问题具体分析，不可空洞无物，无法实现。

3. 真实性

真实性是指根据实际情况来确定动机，不能言过其实，刻意隐瞒或者遗漏。

某棉纺集团调查研究的动机

(1) 围绕某棉纺集团结构调整规划，通过调查棉纺织产业及其产品的产业及市场走向，为论证集团战略发展规划提供决策依据。

(2) 了解我国宏观经济的发展趋势，分析加入 WTO 后，对棉纺织产业及其产品的机遇和挑战，为完善集团的战略发展规划提供参考资料。

(3) 进行服装生产厂家、纺织品布艺公司、服装及床上用品零售企业的访问调查，进行消费者问卷调查，取得市场及顾客对面料、服装及其他产品态度的第一手资料。

三、调查对象及方法

本次调查采用案头调查与实地调查相结合，消费者(包括居民和零售商场)调查与企业调查相结合的方式，以上海地区消费者和企业作为总体抽样样本，并分别以服装市场和家纺市场进行问卷设计和分析。其中，零售商场主要是以上海南京路、淮海路、浦东新区、徐家汇四大商业中心百货商场及专业店为对象；消费者问卷中，实际完成 517 份有效样本，在 95%置信度下，允许误差为±5%。

“棉纺市场调查”的调查对象和方法计划

1. 文案及统计调查

1—1 因特网、图书馆、专业研究机构调查产业走向，以及 WTO 加入后棉纺业的发展趋势；

1—2 国家信息中心、上海商业信息中心了解服装、布艺市场销售数据；

1—3 海螺等服装企业，有关床上用品公司及布艺公司，了解其近年销售增长(或下降)数据。

2. 消费者调查

2—1 上海市各区居民进行 300 份入户调查；

2—2 对纺织品面料、床上用品、服装等零售商场进行 3C0 份消费者拦截式调查；

2—3 对部分消费者进行访问、座谈调查。

3. 企业调查

3—1 访问调查(1)：部分服装、床上用品生产企业对面料要求、需求的访问调查；

3—2 访问调查(2)：服装零售商场、床上用品公司(商场)、纺织品布艺公司等进行销售数据、消费者需求变化等的访问调查。

第二节 市场调查内容与问卷

了解研究背景、明确研究动机、选择调查对象后，接着就是市场调查内容的确定和问卷的设计。前面的章节详细论述问卷设计的相关问题，这里就不再一一赘述。需要注意的是问卷内容一定要严格按照研究动机来设计，切不可偏离主题。

在本文案例中，由于研究的目的是通过棉纺织产业及其产品的产业及市场走向调查，为该集团战略发展规划提供决策依据。所以，分别对服装生产厂家、纺织品布艺公司、服装及床上用品零售企业及消费者进行问卷调查。在问卷设计上，兼顾服装行业和家纺行业特点，设计问卷因对象的不同而有所区别。具体调查内容计划如下。

一、服装市场分析(以休闲服装为例)

(一) 调查内容

(1) 穿着休闲服装喜好的分析。
(2) 休闲服装类型的分析。
(3) 购买服装的首选市场的分析。
(4) 购买服饰的依据分析。
(5) 购买服饰的主要动机分析。
(6) 购买服饰的主要心理分析。
(7) 选择服饰的主要标准分析。
(8) 选择休闲服装的品牌标准分析。
(9) 选择休闲服装的价格标准分析。
(10) 选择休闲服装的颜色标准分析。
(11) 选择休闲服装的面料标准分析。
(12) 对休闲服装面料档次的要求分析。
(13) 对休闲服装款式的看法分析。

(二) 调查问卷及表格设计

1. 休闲服装市场消费者问卷调查

休闲服装市场消费者问卷调查表

先生/小姐：

为了解休闲服装市场的消费心理及消费行为，以引导该产业的顺利发展，更好地为您和其他顾客服务，我们特作本次调查，感谢您对我们的支持。

(一) 休闲服装的消费心理及购买行为

1. 您喜欢穿着休闲服装吗？　(1) 喜欢□　(2) 随便□　(3) 不喜欢□

2. 您穿着休闲服装的主要目的是什么?(复选)

(1) 运动□ (2) 家居□ (3) 商务□ (4) 社交□ (5) 旅游□ (6) 其他________

3. 您购买休闲服装的首选市场是哪里?

(1) 大型购物中心□ (2) 百货商场□ (3) 专业服装店□ (4) 专卖店□ (5) 服饰市场(街)□ (6) 大卖场□ (7) 其他________

4. 您购买休闲服装的依据是什么?

(1) 流行启示□ (2) 广告诱发□ (3) 传统原则□ (4) 个性显示□ (5) 感觉舒适□

5. 您购买休闲服装的主要心理?

(1) 即兴□ (2) 选择性□ (3) 有明确目的□

6. 您选择休闲服装的主要标准是什么?(复选)

(1) 品牌□ (2) 款式□ (3) 面料□ (4) 价格□ (5) 颜色□ (6) 其他________

7. 您选择休闲服装的品牌标准是什么?

(1) 世界名牌□ (2) 国内名牌□ (3) 合资品牌□ (4) 一般品牌□

8. 您选择休闲服装的价格标准是什么?

(1) 100 元以下□ (2) 110～200 元□ (3) 210～300 元□ (4) 310～500 元□ (5) 600 元以上□

9. 您选择休闲服装的颜色标准是什么?

(1) 随季节变化□ (2) 个性化□ (3) 流行色□ (4) 深色□ (5) 浅色□

10. 您选择休闲服装的面料标准是什么?(1) 全棉□ (2) 混纺□ (3) 化纤□

11. 您对休闲服装面料档次的要求?(1) 高档□ (2) 中档□ (3) 低档□

12. 谈谈您对休闲服装款式的看法________________

(二) 消费者个人资料

13. 您的年龄:(1) 18 岁以下□ (2) 18～25 岁□ (3) 25～35 岁□ (4) 35～45 岁□ (5) 45～60 岁□ (6) 60 岁以上□

14. 您的性别:(1) 男 □ (2) 女 □

15. 您的职业:(1) 外企白领□ (2) 国企经营管理干部□ (3) 政府公务员□ (4) 私营企业主□ (5) 工人农民□ (6) 学生□ (7) 自由职业者□ (8) 文教卫生工作者□ (9) 离退休人员□ (10) 外来打工者□ (11) 其他□

16. 您的文化程度:(1) 大学以上□ (2) 大专□ (3) 高中(中专)□ (4) 初中以下□

17. 您的家庭月收入:(1) 800 元以下□ (2) 800～1 000 元□ (3) 1 000～2 000 元□ (4) 2 000～3 000 元□ (5) 3 000～5 000 元□ (6) 5 000～1 万元□ (7) 1 万以上□

调查员________ 调查时间________

2. 服饰零售企业访问调查

服饰零售企业访问调查表

先生/小姐：

为了解纺织品、服装及床上用品等市场的消费心理及消费行为，以引导该产业的顺利发展，不断满足顾客需求，特作此调查。

谢谢您的合作！

1. 企业名称：________
2. 营业面积：________
3. 年销售额：________
4. 经营服装大类：

(1) 男□　(2) 女□　(3) 针织□　(4) 内衣□

5. 最畅销商品的分类标准及经营方式：

项目	品　牌	款　式	价　格	颜　色	经营方式
内容分类	(1) 世界名牌□ (2) 合资品牌□ (3) 国内名牌□ (4) 一般品牌□	(1) 流行□ (2) 传统□ (3) 中性□	(1) 100 左右□ (2) 100～200□ (3) 200～300□ (4) 300～400□ (5) 400～500□	(1) 流行色□ (2) 个性化□ (3) 深色□ (4) 浅色□ (5) 随季节变化□	(1) 经销□ (2) 代销□ (3) 厂店联销□ (4) 其他______

6. 请您谈谈顾客对衬衫的消费特点及面料要求：
7. 请您谈谈顾客对内衣的消费特点及面料要求：
8. 请您谈谈顾客对外套的消费特点及面料要求：
9. 请您谈谈顾客对户外休闲装的消费特点及面料要求：
10. 请您谈谈顾客对室内休闲装的消费特点及面料要求：
11. 近年顾客自己购布料做衣是否有上升？
12. 贵店是否有定牌生产的服饰？

(1) 无□　(2) 有□　定牌名称：________

13. 定牌生产面料由谁决定采购？

调查人________调查时间________

3. 生产企业访问调查

生产企业调查表

1. 厂名：________

2. 生产品种：________

3. 品牌名称：________

4. 面料品种(复选)：

(1) 全毛□ (2) 全棉□ (3) 混纺□ (4) 化纤□

5. 进料方式(复选)：

(1) 专业定点厂□ (2) 轻纺市场采购□ (3) 进口面料采购□ (4) 推销接受□ (5)网上采购□

6. 信息来源(复选)：

(1) 交易会□ (2) 订货会□ (3) 专业杂志□ (4) 广告□ (5) Intel网□

7. 面料产地及比例：

(1) 市内________% (2) 全国________% (3) 进口________%

8. 进料决策人(可复选)：

(1) 老板□ (2) 设计师□ (3) 专业采购员□

9. 一次进货数量：________

10. 付款方式。

国内：(1) 现金□ (2) 现汇□ (3) 电汇□ (4) 其他________

国际：(1) 信用证□ (2) 电汇□ (3) 其他________

11. 您对国产面料的主要看法及要求：

____

12. 您知道某棉纺企业的产品(豪威、皇威)吗?

(1) 知道□ (2) 知道一些□ (3) 不知道□

调查人________调查时间________

二、家纺产品市场分析

(一) 调查内容

(1) 购买床上用品、布艺的首选商场分析。

(2) 购买床上用品、布艺的主要依据分析。

(3) 购买床上用品、布艺购买时，成套与单件的比例分析。

(4) 选择床上用品的主要标准分析。

(5) 选择床上用品、布艺的价格档次分析。

(6) 家纺零售企业营业面积、年销售额、经营商品大类分析。

(7) 零售企业最畅销商品的分类标准及经营方式分析。

(8) 未来的纺织品、布艺的流行趋势分析。

依据所规划的调查内容，不同访问对象问卷设计也不同。

(二) 调查问卷及表格设计

1. 家纺产品市场消费者问卷调查(略)

2. 床上用品零售企业访问调查

床上用品零售企业访问调查表

先生/小姐：

为了解纺织品，服装及床上用品等市场的消费心理及消费行为，以引导该产业的顺利发展，不断满足顾客需求，特作此调查。谢谢您的合作！

1. 商店名称：________
2. 营业面积：________
3. 年销售额：________
4. 经营商品大类：________
5. 最畅销商品的分类标准及经营方式：

项目	品　牌	款　式	价格档次	颜　色	经营方式
内容分类	(1) 世界名牌□ (2) 合资品牌□ (3) 国内名牌□ (4) 一般品牌□	(1) 流行□ (2) 传统□ (3) 中性□	(1) 高档□ (2) 中档□ (3) 一般□ (4) 低档□	(1) 流行色□ (2) 个性化□ (3) 深色□ (4) 浅色□ (5)随季节变化□	(1) 经销□ (2) 代销□ (3) 厂店联销□ (4) 其他________

6. 消费者购物的主要依据是：

(1) 流行时尚□　(2) 广告宣传□　(3) 出样展示□　(4) 价格实惠□

(5) 面料新颖□　(6) 颜色□

7. 消费者购买时成套与单件的比例：

成套买占________%　单件买占________%　原因：________________

8. 您认为未来床上用品的流行趋势：

(1) 面料________________________________

(2) 颜色________________________________

(3) 品牌________________________________

(4) 其他________________________________

9. 贵店是否有定牌生产的床上用品？

(1) 无□　(2) 有□　定牌名称________

10. 贵店是否有加工定做床上用品？

(1) 无□　(2) 有□　月加工数量________

11. 定牌生产面料由谁决定采购？　调查人________调查时间________

第三节　调查分析

众所周知，市场调查就是科学地、系统地、客观地搜集、整理和分析市场的资料、数据、信息，帮助管理人员制订有效决策的过程，而调查分析则是众多信息与管理决策人员之间的翻译和桥梁。

通过问卷调查的实施，接着运用统计学的分析方法，可以得出一系列较为直观的结果。但是，如何把这些数据和结论与调查动机紧密联系，得到需要的结果就是本节所要研究的内容。

问卷的统计与分析是调查的重点，也是调研工作的难点。同样的统计数据，由于分析方法的不同，以及对数据的理解不同，可能会得到完全相反的结果。

从统计分析的层次划分，调查分析可分为两类：定性分析和定量分析。

一、定性分析

定性分析是一种探索性调研方法。目的是对问题定位或启动提供比较深层的理解和认识，或利用定性分析来定义问题或寻找处理问题的途径。实际上，定性分析很大程度上依靠参与工作的统计人员的天赋眼光和对资料的特殊解释，没有任何两个定性调研人员能从他们的分析中得到完全相同的结论。因此，定性分析要求投入的分析者具有较高的专业水平。

二、定量分析

在对问卷进行初步的定性分析后，可再对问卷进行更深层次的研究——定量分析。问卷定量分析首先要对问卷数量化，然后利用量化的数据资料进行分析。问卷的定量分析根据分析方法的难易程度，可分为简单定量分析和复杂定量分析。

(一) 简单定量分析

简单定量分析是对问卷结果作出一些简单的分析，如利用百分比、平均数、频数来进行分析。

(二) 复杂定量分析

简单分析常用于单变量和双变量的分析，但是社会经济现象是复杂多变的，仅用两个变量难以满足需要。这时就需要用到复杂定量分析，在问卷设计中，常用的复杂定量分析有两种——多元分析和正交设计分析。

1. 多元分析

多元分析就是通过对观测数据的分析，由表及里来研究多个变量之间相互依赖的规律性，或者根据实际问题的需要对研究对象作出某种评价、分类、判别，或者从中发现各个指标都起作用的更一般(从而也更抽象)的公共因素。在问卷分析中常用的多元分析，主要有聚类分析、主成分分析、因子分析三类。

(1) 聚类分析。

聚类分析的主要目的在于，将被调查者对某问题的态度根据一定的法则聚类成相对类似的群组，利用群组进行的分析。现在由于计算机技术的发达，枯燥的聚类分析计算已不用手工计算，因此具体的计算过程在这里不再多说。这里仅用一个例子来描述一下它的作用。

［例］ 在调查大学生性格和品质时，您认为自己应该具有哪些品质和性格？
(1) 勇敢 (2) 幽默 (3) 守纪律 (4) 富有同情心 (5) 乐于请教人 (6) 机智

(7) 认真 (8) 有礼貌 (9) 听话 (10) 勤奋 (11) 虚心 (12) 坚韧 (13) 敏捷 (14) 独立 (15) 稳健

对 15 个变量 P1 到 P15 进行聚类分析，它们都是“0,1”变量(选取该项时取为 1，否则为 0)。可利用 SPSS 软件分析，最终聚类分析结果为(以五类为例)：

(1) P1、P2、P6、P12、P13、P14、P15　(2) P3、P8、P9

(3) P5　(4) P4

(5) P7、P10、P11

通过聚类分析，我们可以知道哪几种问题属于哪一类，这样在分析问卷里，就可以将被访问者分类。例如，可将(1)归类为(智慧型)、(2)归类为“传统型”，借此来了解被访问者的性格倾向。聚类分析最大的优点是简单、易操作，它的缺点是没有形成一个完整的理论体系，因此解释起来比较困难。

(2) 因子分析。

在问卷中，常有一些不可直接观测的基本特征，如“态度”、“认识”、“爱好”、“能力”、“智力”等实际不可观测的潜在变量。因子分析正是利用这些潜在变量解释可观测变量的一种工具。

研究者在设计问卷时，实际上是假设有某种结构存在的，通过因子分析可以验证研究者假设是否成立。因子分析的主要功能是从量表所度量的一系列变量中分离或提取出一些公共因子，这些因子与其他变量之间的联系则是可以进行研究的。通常，是利用复杂的数学方法把量表中高度关联性的观测量按某种规则分成几群，每一群的变量共享一个公共因子。也就是说，该群变量与这个公共因子有高度关联，表现为在该因子上的“负荷量”明显的大(指绝对值)。这几个公共因子也就代表了量表的基本结构。根据被访问者的态度，并将其量化，然后进行因子分析。

例如，某城市白领女性对化妆品品牌和价格态度量表的因子分析，利用 SPSS 分析，结果如表 10-1 所示。

表 10-1　某城市白领女性对化妆品的态度分析

	第一公共因子	第二公共因子
1. 化妆品的品牌很重要	−0.814	0.778
2. 现在化妆品价格太高	0.83	0.224
3. 买化妆品一定要买名牌	0.355	−0.666
4. 买化妆品价格最重要	0.710	0.254
5. 只要用着合适，钱无所谓	−0.792	0.383
单个公共因子的有效程度	0.392 8	0.285 0
累计的有效程度	0.392 8	0.677 8
因子命名	价格意识	品牌效应

从因子分析的结果中可以看到，在第一个公共因子 F1 上有较高负荷量的几个问题与白领女性对价格的关心程度有关，因此我们将 F1 命名为“价格意识”因子，它的贡献

率，即有效程度为39.28％。在第二公共因子F2上有较高负荷量的二项量表全部涉及品牌方面，我们将其命名为“品牌效应”因子，它的有效程度为28.50％，与第一个因子的累积有效程度为67.78％。也就是说，这两个因子对这几个变量的累积贡献率约等于70％。一般来说，这种累积程度已足够解释白领女性对化妆品的态度。

2. 正交设计分析

除多元分析外，还有另外一种复杂的问卷分析方法——正交设计分析。

(1) 正交设计分析的步骤是：

① 首先对问卷进行正交分析，尽可能使问卷结构合理；

② 进行问卷调查，并搜集数据；

③ 整理数据，对调查结果进行分析(可采用正交试验中的方差分析)；

④ 得出分析结果。

(2) 正交设计有很多优点：

一是节省费用，可以从少量数据的问题中获得充分的信息；

二是从方案设计到问卷结构的分析，完全采用现成的表格，是多因素调查简便、有效的方法；

三是正交设计的主要优点是可靠性强，通过正交表所选的问题具有很高的代表性。

这里不再给出具体的例子。实际上，除了这两种复杂分析方法外，问卷的复杂定量分析还有很多种。以本章的某棉纺企业市场为例，分析可知：

经济的发展、科技的进步、人民生活水平的提高、信息沟通的加速，以及与国际社会的贴近，使得中国人服饰消费水平不断提高。服装舞台更是霓裳羽衣、流光溢彩，流行在时尚变幻中前进，经典仍闪烁着不朽的光辉。近年来，少年主宰消费、女装引领潮流、男装逐渐分化、内衣备受重视、休闲渐成时尚成为服装行业的特点。

伴随着人们生活条件的改善和消费观念的变化，床上用品及其他家纺产品消费也呈加速上升趋势。

究竟服装行业对市场有何需求？消费者对面料的偏好何在？棉纺集团应制订怎样的发展战略才能更好地适应市场？现将有关服装调查的状况部分节录如下。

服装的消费行为分析

1. 在调查“购买服装的首选市场”时，数据显示如下图所示。

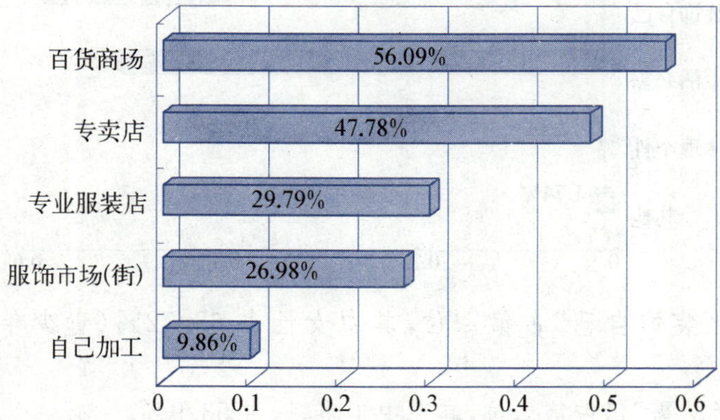

从图中可见：

(1) 百货商场仍是人们购买服饰的首选商场。

(2) 服饰专卖店为第二，且数据显示，并非青少年喜欢专卖店，中年人比例也较高。在专卖店购买服饰的人群分析，如下表所示。

	男	女	总　计	占%
青少年	25	86	111	44.95%
中　年	45	89	134	54.25%
老　年	0	2	2	0.80%
合　计	70	177	247	100%

2. 在调查“购买服饰的依据”时，数据显示如下图所示。

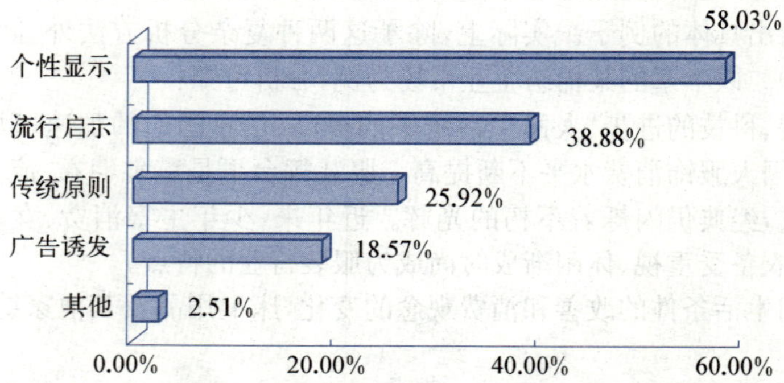

(1)“个性显示”比例为最高，可见服装已完全进入个性化的时代。

(2)“流行启示”比例为第二，其中尤以女性(青少年女性)为最，女性占76.62%，青少年女性占39.3%。

(3)“传统原则”的比例较低，主要是中老年顾客占该比例的77.61%。

3. 调查“购买服饰的主要动机”时，数据显示如下图所示。

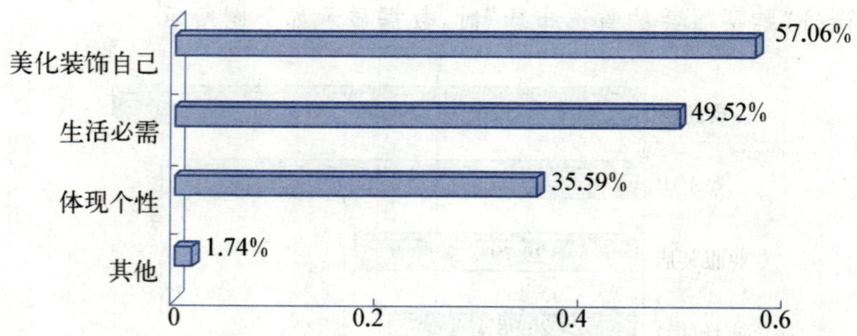

(1)“美化装饰自己”占第一位，其中女性占68.72%(青少年与中年各占近50%)。

(2)“生活必需”仍占第二位，其中中年略多，占53.9%。

(3)“体现个性”占第三位，其中女性为主，占67.92%。

4. 在调查“购买服饰的主要心理”时，数据显示如下图所示。

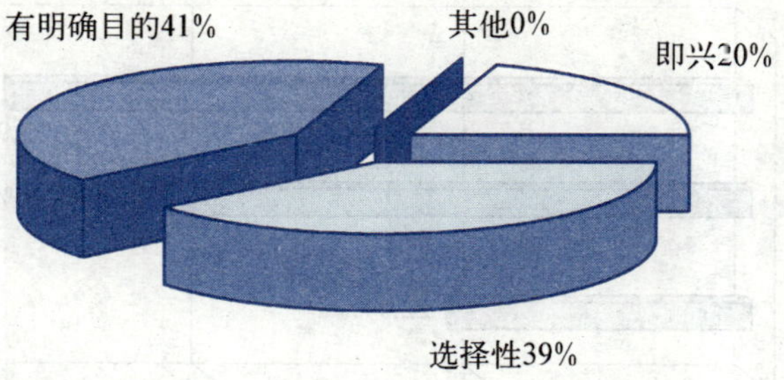

(1)“有明确目的地”占比例最高，“选择性”其次，说明上海消费者仍以实用性消费为主。

(2)“即兴”占的比例也较多，其中以女性为主，占66.4%，而青少年占到67.5%。

5. 在调查“您选择服饰的主要标准”时，数据显示如下图所示。

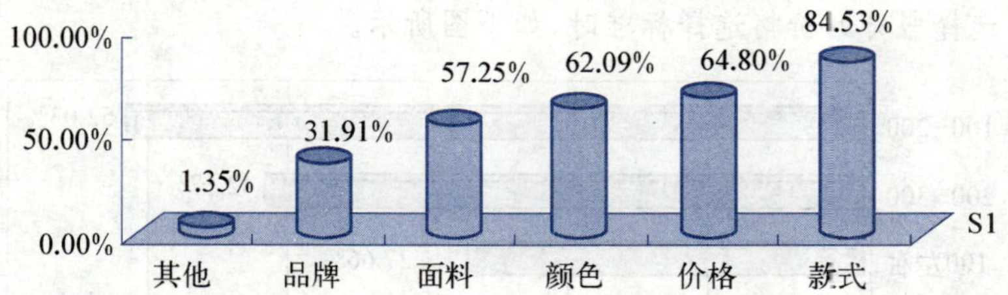

(1)“款式”的比例为最高。

(2)其次是“价格”、“颜色”和“面料”，可见讲究实惠和追求流行是当前中国消费者的双重选择。

6. 在调查“您选择服饰的分类标准”时，数据显示体现在以下几方面。

(1)选择服饰的品牌选择标准时，如下图所示。

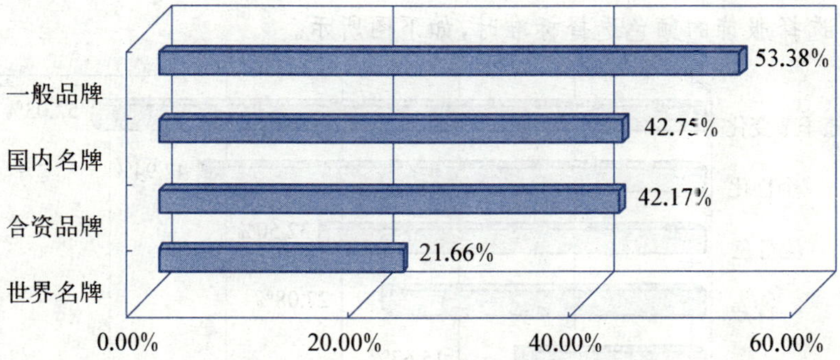

① 一般品牌比例为最高，占53.38%；

② 国内名牌合资品牌居第二；

③ 世界名牌占比例最低。

以上比例说明了，当前服装品牌消费的现状。

(2) 选择服饰的款式选择标准时，如下图所示。

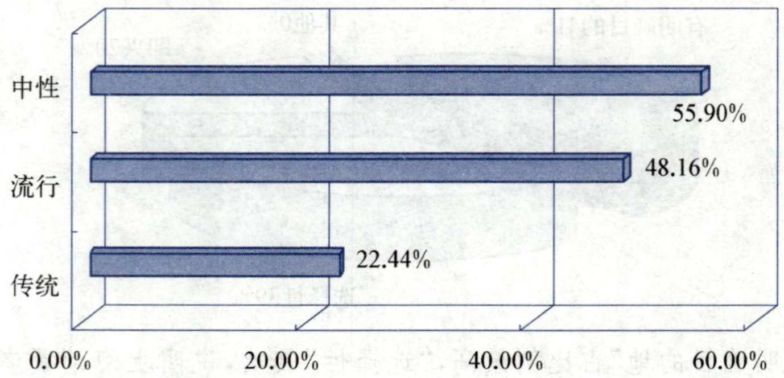

① 款式的中性比例最高占55.9%；

② 流行比例仅次于，占48.16%；

③ 传统款式仅占22.44%。

以上比例说明了，当前服装款式选择的现状。

(3) 选择服饰的价格选择标准时，如下图所示。

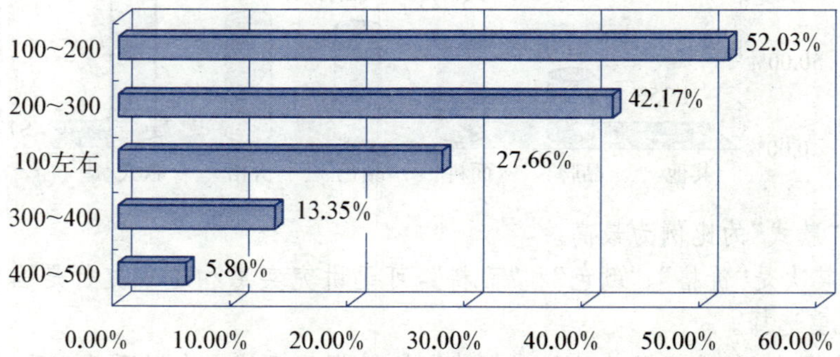

① 服装价格的主流在100～300元之间；

② 另外，100元左右和300～400元也分别占到第三、第四位。

(4) 选择服饰的颜色选择标准时，如下图所示。

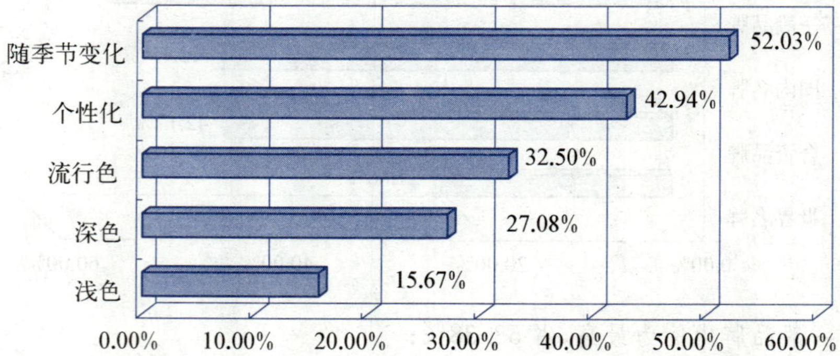

① 服装购买的颜色选择“随季变化”和“个性化”是当前的主流；

② “流行色”和“深色”也占比例较高。

7. 在调查“您和家人的服饰有百分之多少是购买面料加工的”，数据显示如下图所示。

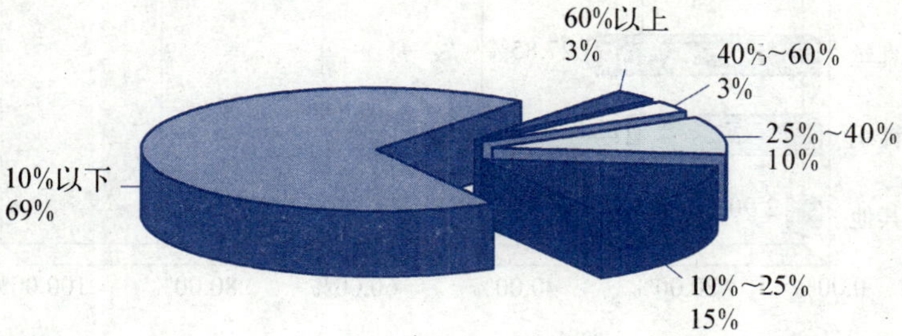

从图中可以说明：517份调查问卷显示，69%的家庭“服饰是购买面料加工的”是在10%以下，说明家庭服饰购买面料加工的比例较少。

8. 在调查“选择服饰面料的考虑时”，数据显示体现在以下几方面。

(1) 外衣，如下图所示。

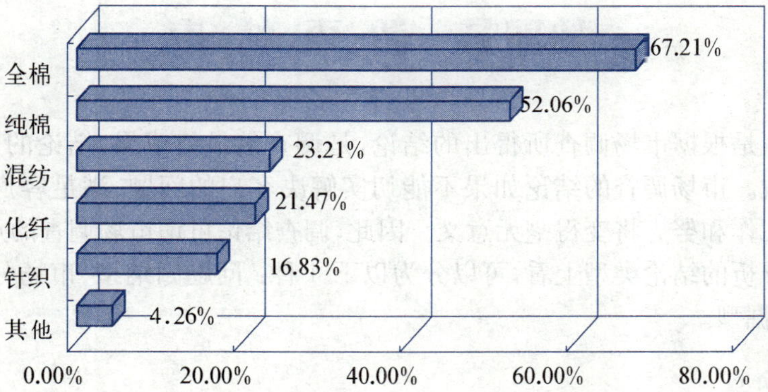

① 全毛、全棉为主，说明消费者注意外衣面料的质感及舒适性；

② 混纺、化纤为辅，如女装、青少年装仍占有一定市场。

(2) 衬衫，如下图所示。

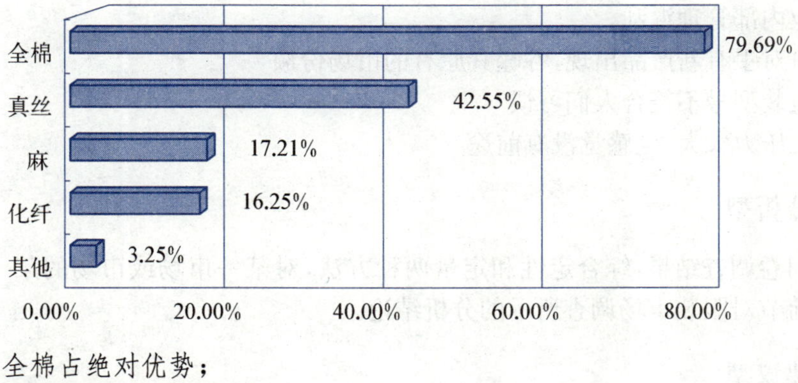

① 全棉占绝对优势；

② 真丝也占相当高比例；

③ 其次为麻、化纤等。

(3) 内衣，如下图所示。

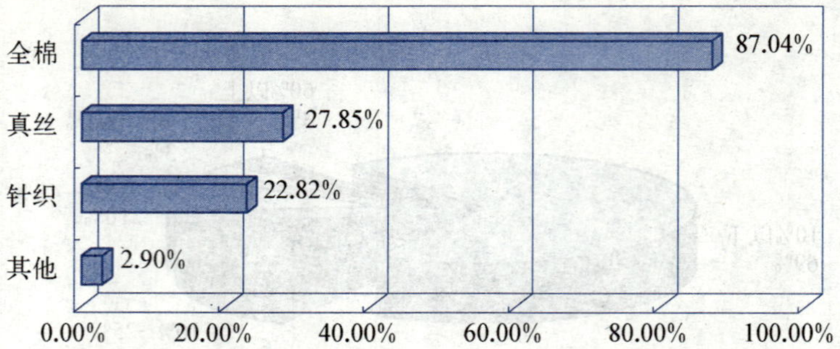

① 全棉占绝对优势；
② 其次针织为第三。

第四节 调查结论

调查结论是根据市场调查所得出的结论，是调查的最终成果，结论的好坏关系到市场调查的成败。市场调查的结论如果不能切实解决客户的问题、满足客户的需求，那么前期所做的工作和努力将变得毫无意义。因此，调查结论可谓市场调查的点睛之笔。

从调查分析的结论类型上看，可以分为以下 4 种：问题归纳型、市场分析型、策略建议型、商机挖掘型。

一、问题归纳型

通过调查问卷的分析，找寻目前企业生产运作、营销手段，或者管理策略中存在的主要问题，及时发现企业发展道路上的绊脚石，从而为今后的改进方向提供参考。

例如，在一篇《某食品企业销售额缩水原因》调查分析报告中，结论如下：

- 企业内部管理混乱
- 竞争对手有新产品出现，吞噬其原有的市场份额
- 新包装型号不符合人们习惯
- 员工压力太大，且感觉没有前途

二、市场分析型

根据问卷调查结果，综合定性和定量两种方法，对某一市场或市场的某一方面进行分析。如前节对服装市场调查所示的分析结论。

三、策略建议型

由消费者意见和期望统计分析、市场反馈分析和市场预测分析等，可得出一些创造性的思路和策略，或者解决某一方面存在的问题，或者提出新市场开拓的方法，或者提升产品的利润空间。

下面的举例资料中的第二部分，即是策略建议型。

四、商机挖掘型

通过详细的市场调查，挖掘出人们忽视的，或者尚未充分开发的商机，为投资决策提供依据，也是调查分析的一种方式。

例如，在《中国婚庆市场调查报告 2006—2007》中指出，对 6 万对新人调查得出结论：新人用于结婚花费的均价高达 125 081 元，如果加上买车、买房，这个数字将达到 557 478 元。《报告》中指出，有 85.63%的新人结婚时要拍婚纱照，其中将近 8 成新人会选择不超过 5 000 元的婚纱摄影套系。而紧随其后的结婚消费项目是婚宴服务消费，78.74%的新人准备到酒楼举办婚宴；然后，新人们会依次考虑把钱花在婚礼服务、蜜月旅游和购买婚纱上。由此得出结论，与婚庆相关的这些行业还有发展潜力和空间。

在《银发市场的调查报告》中指出，目前中国的退休者为数约 3 000 万人，老年人的退休金、再就业收入、赡养费等 2008 年预测高达 2 000 亿元人民币，这是一笔相当大的购买力；而另一方面，中国老年产品市场在中国刚刚起步，与国外比尚有差距，老人需要的拐杖、内衣、衣服、眼镜、食品等很多市场还存在产品单一、功能和设计简单的问题，甚至有的几乎是空白。中国老人产品市场潜力庞大，亟待开发，以满足退休人士的需求。

但是上面 4 种调查分析的方法并非孤立存在的，往往在一篇调查报告中会交叉使用。比如，在一篇报告中首先对存在问题进行归纳，提出一些建议，然后挖掘出潜在的商机。在实际调查分析时，不可拘泥于某种形式，而应根据实际灵活运用。下面是某棉纺企业的调查报告结论。

1998 年棉纺市场调查结论

一、发展机遇及市场策略分析

（一）纺织品市场的结构差异提供的市场机会

1. 从三大领域的纺织量生产比例看

据权威的统计，我国目前服用、装饰、产业三大领域用纺织品生产比例为 69∶20∶11，与欧美日等发达国家三大领域用品比例接近各 1/3 相比，差距甚大。

2. 从进口面料较多，但与国家政策的差距看

出口服装中近一半用的是进口面料，年进口面料花费达到 60 亿美元。这与纺织工业“十五”规划提出的目标，出口面料的自给率应达到 80%以上差距甚大。

出口服装中，国产面料的空间还很大，这也给集团提供了又一个市场空穴。

3. 从高档面料正在崛起，但存在差距看

高档呢绒面料市场国内企业正在崛起，而高档棉纺面料仍存在差距。

(1) 高档呢绒面料市场方面。

山东如意集团与著名服装设计师王新元合作，形成以女装面料为突破口的新产品开发格局。

湖北迈亚股份公司投资 2.5 亿元从意大利、德国、比利时、瑞士等国家全程引进了具有 20 世纪 90 年代国际顶尖水平的精毛纺设备和检测仪器，并将产品定位在国际一流水平的高支精纺呢绒上。迅速开发出了 90 支以上与欧洲流行同步的，具有“毳柔、糯、爽、挺”等意大利面料原汁原味风格特点的，高支纱精纺呢绒花色品种近千个。

(2) 高档棉纺面料市场方面。

棉纺面料市场虽然国内企业(包括某棉纺企业)已能生产棉十莱卡系列，但许多新概念面料尚待发展，以下信息可充分看出这一点：

① 大量坯布、坯绸出口，经日、韩等国家整理后再返销国内；

② 江苏盐城地区市场彩色棉花全部出口东瀛，为日本棉纺公司全部买断；

③ 上海海螺集团今年欲推出环保型面料，在国内遍觅未着，通过香港转口市场进口大量意大利面料才推出淡蓝系列的环保纤维衬衫。

(二) 家纺市场的升温提供的市场机遇

1. 房产升温及观念变化形成总量需求上升

(1) 房产对市场的促进：

① 房价居高不下，住宅消费已成为当前中国家庭的最大支出；

② 随着房产的消费，住宅软包装已成为家庭消费的重要内容。

(2) 消费观念变化对市场的促进：

① 上年城市家庭装修观念已从偏重硬装修转为轻硬重软的变化，因而从窗帘、床上用品、沙发等布艺档次的需求有所提高；

② 消费观念变化，更新换代的频率提高，据华联股份公司对某商厦 300 名营业员了解，其家庭布艺更换比近年提高了 15 个百分点。

2. 行业开始重视，提高消费水平

专家指出，中国家用纺织品流行趋势发布，中国是纺织面料流行趋势颁布的重要组成部分，考虑到中国家纺现状与发展水平，首要的是给广大消费者一个家庭的整修概念。即家纺产品不仅仅是传统意义上的毛巾、床单、床罩，还应包括人们日常生活中除服装以外几乎所有的纺织品。此次趋势发布，让观众了解了家纺产品在色彩、艺术、功能和文化方面的内涵。

3. 某棉纺企业的集团优势对进入该市场的适应性

(1) 某棉纺企业的坯布质量较好，有向该市场迈进的可行性。

① 某棉纺企业目前虽在服装面料系列上档次不高，但坯布质量却有目共睹，不但许多国外专业场商知晓，而且被提倡 DIY 的著名家具商“宜家”看中，作为定点面料提供者；

② 从某棉纺企业的发展战略看，已填空了“从无到有，达到年产 100 万套”高档床上用品的目标。

(2) 从某棉纺集团旗下拥有的印染公司实力看，也是有挺进该市场的可能性。

① 据市场调查，目前印染行业进入家纺市场有间接性的特点，既设计出多种花型、花样，同时把款式制版做好，然后召开信息发布会(对生产厂家)，当场大家订样、购版；

② 某棉纺企业旗下的德州印染有限公司设备较好，技术力量雄厚，营销能力也较强，完全可以介入国内家纺市场，并在该市场的企业崛起过程中提高占有率。

（三）成衣布料市场的流行焦点及某棉纺企业的机会

1. 求新、求变，做好成衣布料市场

(1) 求新，推出概念布料。

① 从保健概念看。保健纺织品是横跨纺织、卫生、化学、医药等多领域，根据其产品结构的情况，人们一般把它分为原料型、改性型和复合型等三种保健纺织品：

- 原料型保健纺织品是采用诸如亚麻、罗布麻、氯纶和真丝绸等具有抗菌、防臭和祛病等功能的纺织纤维材料制成的服装产品
- 改性型保健纺织品是通过对纺织原材料的功能进行特殊技术改造处理，使其具有卫生保健功能，主要有抗菌抗癣、导湿排汗、远红外和防紫外线等纺织服装面料
- 复合型保健纺织品主要有各种磁疗服、安全防毒服、抗菌电热褥、美容磨砂巾等产品

② 从环保概念看：

- 海岛棉：如今夏在太平洋等各大百货商店 LED T 恤推出生长于加勒比海的“Peruvianpincu”，比棉花洁白、精巧、手感舒适，且有益人体
- 彩色棉避免了化学品进入织物，既有益人体又避免了生产过程对环境的污染

③ 从功能概念看：

- 上述的保健功能
- 近年迅速走红的保暖功能，如“南极棉”、“远红外”等

(2) 求变，注意流行趋势。

服装流行趋势的研究与预测，即是对反映社会政治、经济、文化背景下的人文风貌进行定性分析研究，把流行要素和趋势共性进行汇集、归纳，总结出人们潜在的服装消费需求，以及消费心态的变化趋势。

（四）成衣市场的继续发展提供的市场机会

1. 职业装：潜在和巨大的市场

(1) 传统的职业装市场特点：

① 地域性强，本地服装厂商做本地客户生意；

② 关系性强，一般要关系到位，才能获得客户“照顾”；

③ 档次偏低，除银行等职业装档次稍高外，一般机关、团体职业装档次却偏低。

(2) 某棉纺企业应充分抓住服装展销会这一市场机会。

展览会、交易会已成了近年费用成本最低的营销交易模式，而职业装是一个批量大、稳定的市场，某棉纺企业应充分利用这一市场机会：

① 预订展位，派员组织参展；

② 引进设计师，提高参展服装档次；

③ 训练参展人员，包括公关营销和讲解员；

④ 设计一个形象鲜明、精美的样本及宣传。

2. 男休闲装：不断更新发展的市场

(1) 舒适和风格是近年男装的主导元素。

(2) 国内男休闲装档次正在提高。

(3) 某棉纺集团可以借鉴杉杉、凯普狄诺、三毛的方式进入男休闲装市场：

① 在欧美注册一男休闲装品牌；

② 与欧美某公司合作运作某成熟品牌；

③ 借名扬名打响国际国内市场。

3. 男衬衫市场

(1) 档次分明，市场销量稳定。

(2) 不断创新，面料变化较快。

由于科技的进步和市场竞争的激烈，衬衫企业正在面料市场上不断寻寻觅觅，力争推出创新概念的衬衫。

① 概念面料：今年海螺从意大利进口环保纤维面料，价位在 400 余元；

② 功能面料：夏天推出短袖防紫外线的白领袖珍衬衫或“干”面料衬衫。

(3) 休闲时尚，色彩不断变幻。

男衬衫市场是一个稳定的市场，虽然款式变化不大，传统典雅是上班族白领首选，但由于近年休闲风劲吹，其面料色彩变化较快。

① 白色经典不变，继去年流行深蓝、灰后，今年淡蓝将再出江湖；

② 彩格已流行数年，有蓝、棕、绿、铁红等；

③ 用笔大胆的色块落笔男衬，营造一块休闲天地。

(4) 男衬衫市场提供的市场机会。

① 相对稳定的面料色彩；

② 不断提高的面料档次；

③ 不断推出的新型概念。

这一切，都给某棉纺企业创造着新的市场机会。

二、调查结论及建议

(1) 互联网高速发展，信息纷呈如潮涌。我们在网上至少可以查到 1 000 余家服装公司(厂)、600 余家床上用品生产企业、几百家面料企业；我们可以在网上查到各种服装、面料的流行信息；我们可以在网上搜索各种信息，同时也可以在网上发布信息。充分利用互联网，是某棉纺企业应重视的经营管理之道。

(2) 随着人们消费水平的提高和消费观念的变化，对服装面料的要求越来越高，面料有向高档化发展的趋势，山东如意集团、湖北迈亚股份都走到了前头，创造了服装面料的新概念。提高棉纺面料的档次，是某棉纺企业应有的责任和使命。

(3) 为企业的持续发展，不少纺织企业或走面料高档化的道路，或走进入成衣终端市场的道路，这两条路某棉纺企业均可选择。如走第二条道路，则职业装市场、休闲服市场、男衬衫市场、床上用品市场都有一定发展空间，关键是怎么做。

(4) 关于面料采购，在调查中得知，绝大部分大型的服装生产商、床上用品生产企业都采取定点厂的方式。这样，既保证了面料质量的稳定性，又可顺利地进行开发新产品的合作。而大部分中小型服装、床上用品生产企业则是采取从轻纺市场采购的方式，同时，也存在定点采购的方式。合资企业，一般以进口面料为主。根据大型服装企业定点厂采购的管理，某棉纺企业应在充分做好市场调查、大力提高面料质量的基础上，加强公关宣传工作，以提高面料市场占有率。

(5) 中国服装的春天已经来临，中国纺织品市场依然有着较大的发展空间。只要重视科技创新、产品创新，制订准确的企业发展战略，某棉纺企业一定能在这个市场中提高自己的市场占有率。

(资料来源：上海西克商务咨询有限公司)

第五节　实践指导

一、实践任务

经过适当的调查和总结，撰写研究报告是为企业提供投资决策和发展战略依据的关键步骤，研究报告应该包括研究动机、调查方法、调查内容与问卷、调查发现与分析、调查结论等几个部分，其中调查结论部分应该针对消费性产品的情况提出有建设性的意见和规划。

本章实践任务要求学生在老师的指导下，以小组为单位，确定调查课题，前期资料搜集、设计调查问卷、实施调查、总结分析，为某企业消费性产品撰写一份“消费性产品市场研究报告”。

二、实践步骤

撰写消费性产品市场研究报告的步骤如下：

(1) 确定调查的动机。市场调查首先要解决“为什么调查”的问题，以确定调查的基本方向，也就是明确调查目标和动机。

(2) 确定调查背景。根据调查动机明确调查背景的范围。

市场调查背景一般包括宏观背景(政治、经济、文化等对该消费品产生影响因素的状况)，中观背景(行业发展状况)，微观背景(企业内部发展状况)；市场需求量调查。

(3) 确定调查对象和调查方法。所谓确定调查对象，就是根据调查的目的和主题来选择符合条件的市场调查活动的参与者。

根据不同的资料来源确定适合的调查方法。一般来说，当需要搜集一手资料时，应采用实地调查法；当需要搜集二手资料时，应采用案头调查法。

搜集第一手资料涉及的调查对象需要确定：面向什么人调查？调查对象应具备什么条件？例如，性别、年龄、职业、收入和文化水平等方面的选择要求。另外，要明确向多少人调查。

搜集第二手资料涉及的调查对象需要确定：到什么地方、向什么人收集调研课题所需的资料。

(4) 设计问卷和问卷完成。

参考第三章问卷调查中的方法，要求小组中的每位成员结合问卷设计的相关知识，并按照小组的调研内容设计一份问卷，问卷中至少设计 10 项与课题相关的调查内容，问卷要求能够准确地获取调研所需的第一手资料。之后小组成员共同讨论每份问卷，集思广益形成一份比较完整的问卷，如果有条件可以将设计好的问卷交给业内人士进行评价，听取意见后形成最终问卷作为小组调查所采用的问卷。按照调研计划对问卷进行实地调研。

（5）调查内容分析。根据调查结果统计出问卷结果，对问卷进行逐条分析，并进行统计分析。

（6）确定调查结论。调查结论是调查报告的主要观点，需要反复斟酌和思考，最好可以针对该产品提出几点有建设性的思路和发展规划。

三、实践要求

（1）要求教师对"消费性市场调查"操作步骤、计划内容及注意事项进行讲解和具体的指导。

（2）要求小组每位学生都根据所选定的课题的要求，分工协作，最好全程参与调查报告的动机确定、资料搜集、问卷设计、问卷调查实施、报告撰写各个过程。

四、实践内容

撰写一份市场研究报告，可以选择：

（1）本市服装市场调查（附参考问卷）。

（2）本市洗涤用品调查。

（3）果汁饮料产品调查。

五、实践范例

上海市披肩（丝巾）消费状况调查

我们是上海商学院的学生，为完成学业进行社会调查。对您的配合，我们会送上一份小小的礼物，以示感谢！

在回答选择性答案时，请在与您想法一致的答案中划"√"，如遇"＿＿＿＿＿"，请直接写出你的意见。

谢谢您的合作！祝工作顺心，心情愉快！

1. 您的年龄是：

a. 25岁以下　　b. 25～35岁　　c. 35～45岁　　d. 45岁以上

2. 您的文化程度是：

a. 小学初中　　b. 高中及中专　　c. 大专/本科　　d. 硕士/博士以上

3. 你从事什么职业？

a. 行政事业单位职工　　b. 文教卫、科技机构人员

c. 企业中高层员工　　d. 个体经营者

e. 离退休人员　　f. 其他

4. 您的月收入大概是：

a. 1 000元以下　　b. 1 000～2 000元

c. 2 000～4 000 元　　d. 4 000～6 000 元
e. 6 000 元以上

5. 戴过披肩(丝巾)吗？如果回答 b，请转到 12 题。
a. 是　　b. 否

6. 您什么时候开始戴披肩(丝巾)的？
a. 20 岁以前　　b. 20～25 岁　　c. 25～30 岁　　d. 30 岁以后

7. 您的披肩(丝巾)是：
a. 自己买的　　b. 别人送的　　c. 单位发的　　d. 都有

8. 您常戴披肩(丝巾)吗？
a. 经常戴　　b. 有时戴　　c. 偶尔戴　　d. 几乎不戴

9. 你曾经用过的披肩(丝巾)价位大致在：
a. 50～200 元　　b. 200～500 元　　c. 500～1 000 元　　d. 1 000～2 000 元
e. 2 000 以上

10. 您用什么品牌的披肩(丝巾)？(下转 13 题)

11. 您为什么从来没戴过披肩(丝巾)？
a. 不实用　　b. 不喜欢　　c. 不了解　　d. 不习惯

12. 如果您购买披肩(丝巾)，您会：
a. 早作打算后再购买　　b. 看见后喜欢就立即买
c. 可买可不买

13. 你会选择在什么地方购买披肩(丝巾)？
a. 商场的披肩专柜　　b. 品牌专卖店
c. 超市　　d. 饰品专营店

14. 在您购买披肩(丝巾)时，如何考虑以下因素的重要性？
最重要……最不重要(请按数字标注)
1　2　3　4　5
a. 色彩　　b. 质地　　c. 款式　　d. 品牌
e. 价格　　f. 产地　　g. 制作工艺　　h. 卖场或商家的信誉

15. 以你现在的消费水平，多少钱的披肩(丝巾)你可以接受？
a. 50～200 元　　b. 200～500 元
c. 500～1 000 元　　d. 1 000～2 000 元
e. 2 000 以上

16. 在披肩(丝巾)的质料方面，您会比较喜欢：
a. 羊绒　　b. 羊毛　　c. 真丝　　d. 睛纶
e. 皮草　　f. 锦缎　　g. 天鹅绒　　h. 其他________

17. 在披肩(丝巾)的样式方面，您比较偏好：(多选)
a. 长方形大披肩　　b. 正方形大披肩
c. 三角形披肩　　d. 马蹄形披肩
e. 小方巾　　f. 短丝巾
g. 其他

18. 在披肩(丝巾)的制作工艺，您最喜欢的是：

a. 素色　　　b. 手绘　　　c. 印花　　　d. 褶皱
e. 提花　　　f. 其他

19. 在披肩(丝巾)的色彩方面,你更偏好:
a. 鲜亮明快　　b. 沉稳深暗　　c. 柔和朦胧　　d. 其他

20. 请您说出比较熟悉的披肩(丝巾)品牌,是________。

21. 您通过什么途径知道这些牌子的披肩(丝巾)?(可以多选)
a. 电视广告　　b. 广播广告　　c. 杂志广告　　d. 报纸广告
e. 网络广告　　f. 朋友推荐　　g. 逛商场自己了解　h. 售货员介绍

22. 和帽子、胸花等饰物比起来,你认为披肩(丝巾)的重要程度如何?
a. 比它们重要　　b. 不如它们重要　　c. 同样重要

23. 您认为自己所有的披肩(丝巾)应:
a. 只要一条够了　b. 两三条　　c. 四五条　　d. 更多

24. 你会选择在什么情况下戴披肩(丝巾)?(可以多选)
a. 大型的宴会　　b. 日常的工作　　c. 重要的约会　　d. 平常的休闲

25. 您认为披肩(丝巾)的功能主要是:(可以多选)
a. 彰显美丽　　b. 体现品位　　c. 搭配服装　　d. 保暖
e. 追求个性　　f. 追逐时尚

26. 您认为下面哪个词最能形容戴披肩(丝巾)的女人?
a. 高贵典雅　　b. 神采飞扬　　c. 纯真浪漫　　d. 俏丽可人
e. 窈窕贤淑　　f. 性感妩媚　　g. 其他________

(资料来源:上海商学院:孙天福、张在宏)

案例分析

纽崔莱:“草根”铸成的“白金”

2006年11月28日上海,来自美国的《读者文摘》揭晓其评选的“2006读者文摘信誉品牌”结果,安利纽崔莱获得了首届中国“读者文摘信誉品牌2006”评选活动最高奖。

安利纽崔莱、中国石化、诺基亚等17个品牌获得此次评选的最大奖项:白金奖。据了解,评选设白金奖、金奖两个级别,问卷涉及42个类别的商品及服务,白金奖品牌得主的得分至少是最主要竞争对手的2倍以上。此次评选结果显示,安利纽崔莱营养补充食品自1999年进入中国市场以来,经过近8年的市场推广和良好口碑积累,在品质、价值、创新、可靠程度、形象可信度和了解消费者需求6个考评指标中全面领先于竞争对手,在中国市场取得了领先地位。

一、世界品牌的中国“根”

1915年,一个叫卡尔·宏邦的美国年轻人在获得生物学学位后,带着梦想来到遥远的大洋彼岸——中国,担任一家奶品公司的商务代表。在上海,卡尔观察到城里人的精细饮食与农村人的粗糙食谱所表现出的微妙的健康差异,来自专业的直觉告诉他,在饮食结构与健康之间一定存在某种联系。于是,他经常向中医请教,了解中国人的饮食习惯，不断探寻营养与健康的关系，最后从上海人的佐餐小菜"草头"中，卡尔悟出了以天然植物营养素提取物为基础研发营养食品的想法。

1927 年，带着 20 美元和在中国孕育的营养理论，卡尔回到美国，在加州一个小岛的小阁楼里建立了实验室。功夫不负苦心人，经过反复实验，1934 年，卡尔成功地从紫花苜蓿中提取出含有多种维生素/矿物质的浓缩素，世界上第一种服用简便又可令身体健康的"营养补充食品"从此诞生。

1939 年，卡尔将之命名为"纽崔莱"，并将这些试验品分发给朋友和邻居试用，借此开始了市场实践的第一步。5 年后，卡尔自己开了一家专卖店进行销售，把产品和公司都注册为"纽崔莱"，并通过人与人之间的口碑传播来推销。这种方式造就了两位最出色的推销员，他们就是当今安利公司的两位创始人杰·温安洛和理查·狄维士。在为纽崔莱工作 10 年后，受纽崔莱成功模式的熏陶和启发，1959 年杰·温安洛和理查·狄维士以一款环保浓缩清洁剂产品开始了自主创业的生涯。1973 年，壮大了的安利成功收购纽崔莱。今天，将业务做到全球的安利，将纽崔莱带到了全球 51 个国家和地区，并使之成为世界最大的维生素和矿物质营养食品品牌之一。

如今，纽崔莱已由最初的紫花苜蓿营养素陆续发展出，如针叶樱桃、胡萝卜、欧芹、水田芥等其他多种植物营养素。值得强调的是，卡尔·宏邦从土壤的养护开始，坚持使用有机的农耕方法，即完全依靠自然资源防治害虫和给土壤增加养分。70 多年来，纽崔莱一直严格按照天然方式种植：利用纯净的井水灌溉；利用由覆盖作物、粪肥、天然矿物质组成的复合肥料来为土壤增加营养；在土壤里繁殖蚯蚓，疏松土壤、增加土壤的保水能力及含氧量；使用"生物防治法"，按需向田间释放益虫控制害虫；通过轮作、人工除草、适当的土壤营养平衡及间种来控制杂草。

对这种传统种植理念的固执坚持，使得安利纽崔莱成为世界上最早建立起有机耕种的农业生产体系之一。其生产出来的 20 多种作物不含除草剂、杀虫剂和其他有害的农药残余物质，植物的营养成分达到最高点。在美国、巴西及墨西哥，安利拥有总面积超过 3 200 公顷的以天然方式培育作物，并经过权威部门认证的有机种植农场，纽崔莱产品中最重要的植物营养素提取物原料皆来自这 4 个自有的种植园。

卡尔·宏邦，一个来自加州的美国年轻人，不仅实现了梦想，还成长为"世界维生素之父"。他的敏锐和远见在现代科学和商业中播下了种子，培育出优质的产品和忠实的消费者，积累起财富和商业品牌。

二、纽崔莱"回家"

1998 年底，当初创意灵感来自中国传统饮食文化的纽崔莱产品，回到了它的灵魂之源——中国。

2003 年 9 月 21 日，安利纽崔莱的第 70 个生日那天，远道而来出席庆祝活动的纽崔莱品牌创始人卡尔·宏邦先生之子、安利纽崔莱营养与健康研究中心总裁山姆·宏邦博士在接受记者采访时表示，一个产品若想屹立市场不倒，永续经营下去，恐怕至少需要具备三点：① 产品的背后要有严谨、科学的研发支持；② 生产环节要执行严格的品质控制；③ 配送环节要提供高效率的服务。他说："纽崔莱是世界上极少从有机种植、营养提取、生产加工、销售及服务全过程都由一家公司承担的营养食品品牌。在各个环节上对品质的不懈追求，以及在科研方面的与时并进是 70 年来纽崔莱成功的最大保证。"

在中国保健食品市场上,70 年无疑是一个"长寿级"的概念。纽崔莱的成功,也得益于安利公司在中国市场上开展的一系列品牌建设和推广活动。纽崔莱通过深入调查,得知中国已经全面进入追求健康的时代,而健康的代表则是体育,必须从奥运健儿的广告宣传入手。

从奥运冠军伏明霞代表"纽崔莱"在央视广告黄金时段那纵情的一跳,到"跳水王子"田亮、中国男篮新主力易建联先后代言纽崔莱,以及赞助中国体育代表团出征奥运、"安利纽崔莱健康跑"和"少年 NBA"赛事,安利始终将自己的企业和产品牢牢定位在"运动"与"健康"形象上。秉承"为您生活添色彩"的企业理念,积极推广"自然的精华,科学的精粹"的产品和"有健康,才有未来"的生活。

从 1998 年进入中国的这短短 8 年中,纽崔莱在中国已推出营养补充食品及功能性保健食品两大系列,共 20 多款产品,包括蛋白质粉、钙镁片、天然 B 族维生素片、倍立健片,以及儿童营养系列产品。权威数据显示,2002 年纽崔莱产品占了中国保健食品总销售收入的近 1/6。而今,纽崔莱各种产品在中国的销售额更是占到了安利公司的 50%。

纽崔莱在中国面临的最大挑战就是如何提高生产能力,增加产量以满足市场需求。为此,安利公司自 2002 年起,先后投资近 2 亿美元新建厂房和生产线,目标是扩大营养食品、蛋白饮料,以及功能食品的生产能力。

目前,安利纽崔莱正在探讨在中国建立有机农场的可能性。但此前安利有关人士指出,中国是否有适合其需求的原材料供应产地,不仅要从规模经济的角度去考量,也要从原材料产地的环境特征、作物的质量标准、稳定性、产量供应保证等一系列因素去进行综合评价。有科研,才有未来。

了解国内保健品市场的人都知道,科研投入与广告宣传费用相比少得可怜,一直是国内许多保健食品企业的致命伤。中国食品科技学会秘书长孟素荷在某次学术研讨会上就曾不客气地指出,保健食品市场过分注重广告宣传,存在"半斤鸭子三两嘴"的问题。

安利在这方面的投入却是巨大的,他们重视产品甚于重视营销。现在,安利在全球技术先进的实验室多达 97 间,聘用了总数超过 700 名的科研人员从事产品的研发、改良和品质管理,每天进行着超过 500 个项目的实验,仅纽崔莱一个品种就聘用了 100 多位研究人员。

任何健康的饮食都是以植物为基础的,纽崔莱在植物提取物领域的领先优势正是基于自身在植物营养素方面所从事的广泛而深入的研究。记者了解到,安利产品的研发是一个周密的过程,而将富有植物营养素的原材料提取和浓缩,制成植物提取物,是产品整个生产过程的关键步骤。山姆·宏邦领导的纽崔莱营养与健康研究中心装备了最先进的化学分析仪器,包括气相色谱仪、质谱仪、高效液相色谱仪等,帮助制造工程师来判断何种加工条件最适合保持纽崔莱产品里的植物营养素,最大限度保存植物的营养成分。

"营养补充剂是指望人们终生去食用的,对营养补充剂要进行比药品更为严格的质量控制,这样才能为消费者提供高品质的产品,才能让消费者对产品产生信任感。"山姆·宏邦表示,"这是一项非常复杂的工作,要在生产过程中的各个阶段进行抽样检测,做大量的稳定性试验,这些做法是确保产品品质的唯一方法。"

据悉,自 1953 年以来,纽崔莱在营养学和植物营养素方面的研究成果已在多本权威专业杂志上发表;并以不断创新的研究、日益优化的设备,通过与马塞诸塞州的 Interleukin Genetics Inc 等相关专业机构合作,运用基因技术,开发出满足不同消费者在营养健康方面不同需求的产品。目前,纽崔莱最重要研究课题是DNA与营养的关系,即根据不同人DNA的特点,为其配备个性化的营养保健食品。

而今,美国安利公司已在中国上海设立海外最大的研发中心,利用其先进的技术优势与中国丰富的中草药资源,以求向市场推出最具吸引力和高成效的产品。对此,安利(中国)董事长郑李锦芬对外界宣称,中国是美国安利全球市场的一个策略重点,是一个重点培育的市场,也是一个潜力巨大的市场,安利在中国设立全新的研发中心,就是为了开发出更适合中国人,乃至整个亚洲人的产品,这是企业发展的一项重要战略。目前,安利公司已在世界各国拥有525项专利,另有319项专利正在申请。

(案例来源:http://www.amwaygw.com/anli/anlixinwen)

案例思考题

1. 安利纽崔莱获得了首届中国"读者文摘信誉品牌2006"评选活动最高奖,该组织评选时进行了什么调查?涉及哪些调查内容?

2. 安利纽崔莱的创始人是谁?他是从哪里通过什么调查悟出了以天然植物营养素提取物为基础研发营养食品的想法?

3. 安利纽崔莱为什么决定选取奥运冠军、体育健儿做"纽崔莱"的广告代言人?效果如何?

练习与思考

(一) 名词解释

社会购买力　购买动机　本能动机　心理动机　社会动机　恩格尔定律　定性分析　定量分析

(二) 填充题

1. 消费者购买动机是复杂多变的,一般可以分为三大类:______、______和______。
2. 消费性产品研究动机定位的原则是______、______、______。
3. 调查结论的4种类型是______、______、______、______。

(三) 单项选择题

1. 在消费品背景研究中,组织架构、经营业绩、经营状况、资金组合的改变及领导层人事变动、公关危机的处理等属于(　　)的研究。
   A. 宏观基本面研究　　B. 中观基本面研究
   C. 微观基本面研究　　D. 市场需求量调查
2. 家庭生命周期中,"空巢"Ⅰ期是指(　　)。
   A. 结婚已很久,子女已成人分居夫妻仍有劳动能力
   B. 已退休的老年夫妻,子女早已离家分居
   C. 独居老人,尚有劳动能力
   D. 独居老人,已退休养老
3. 根据恩格尔定律,收入水平越低,用于食物的开支占全部支出的比重越大;随着收入水平的提高,用于购买食品的支出占家庭收入的比重下降,住宅、家居用品的支

出所占的比重（　　），而用于服装、娱乐、保健等的支出会上升。

A. 增加　　B. 下降

C. 大体不变　　D. 不确定

4. 在问卷中常有一些不可直接观测的基本特征，因子分析正是利用这些潜在变量解释可观测变量的一种工具，下列（　　）不是这种潜在变量。

A. 态度　　B. 认识　　C. 价格　　D. 智力

（四）论述题

1. 消费性产品市场调查报告的背景研究包括哪些主要内容？

2. 按照实践教学的内容，撰写一份消费性产品调查报告的提纲。

第十一章

商业地产（购物中心）的市场调查

学习目标

学完本章，你应该能够理解、分析和掌握：

1. 了解购物中心的发展态势；
2. 了解国内外购物中心的各种类型；
3. 了解购物中心开发的商圈调查方法和技巧；
4. 掌握购物中心开发的消费群调查方法和技术；
5. 掌握购物中心调整的品牌需求调查和潜在消费群调查的方法；
6. 掌握购物中心开发和调整的市场调查报告的写作。

基本概念

购物中心　社区购物中心　市区购物中心　城郊购物中心　商圈分析　消费者定性调查

购物中心(shopping mall 或 shopping center)是零售业发展的新形式，是集购物、休闲、娱乐、餐饮、美容、观光等于一体的商业场所，其特点在于能满足人们一站式购物的需求。开发建设一个购物中心，或对某个购物中心进行业态调整时，必须重视产业或业态环境的调查。

第一节　商业地产(购物中心)的背景分析

要对购物中心进行产业或业态环境的调查，首先必须了解购物中心的产业环境，本节将重点阐述和分析我国和上海购物中心的类型、现状及发展趋势。

一、购物中心所处的经济社会环境分析

(一) 全国商业地产发展迅速

1. 房地产开发投资增长加快

据统计，2007 年我国全社会城镇固定资产累计投资额 117 413 亿元，增长 25.8%，增速稳定。

其中，房地产开发投资增长进一步加快，2007 年全年完成 25 280 亿元，增长 30.2%，

高出同期城镇固定资产投资增长率4.4个百分点，增速上升7.4个百分点，远高于其他行业的投资增长速度，占城镇投资的比重为21.5%。2008年1—2月全国房地产投资完成2 374亿元，占第三产业投资的50.3%，同比上升3.9个百分点。房地产投资同比增长32.9%，增幅提高8.6个百分点。

2. 商业用房投资总额与消费品零售总额同步增长

2007年，全国商业用房的投资总额是2 775.56亿元，同比增长17.9%，连续3年保持在17%左右，这与当年消费品零售总额同比16.8%的增长幅度非常接近。

3. 商业地产行业特点

2007年，中国商业地产行业呈现以下特点：一是主要大中城市商业物业的供应关系无明显大起大落，市场价格相对平稳；二是市场结构的区域性差异较大，以京津沪2007年投资额增幅为例，北京略高于10%、上海为2.5%、天津则为78%。这是因为北京奥运预期提前消化，上海商业发展出现饱和，而天津有滨海新区的发展概念。

（二）购物中心为商业地产商的发展开辟了巨大的空间

20世纪90年代，随着以美式摩尔（购物中心）为代表的大型综合购物中心落户北京、深圳等大中城市，中国零售业全面对外开放，几乎所有的大中城市都在筹划建设大型的购物中心，这就为商业地产商的发展开辟了巨大的市场发展空间。从那以后，商业地产作为一种不同于传统的商铺租赁形式、以全面融合地产业与商业为特色的地产形式，悄然成为房地产市场的新宠儿。在这一背景下，中国商业地产迅速掀起新一轮的投资热潮，商铺地产、购物中心地产等均成为商业地产投资的亮点。

二、国内购物中心市场分析

（一）国内购物中心发展轨迹

20世纪80年代末期，有许多称为购物中心的商场，如北京西单购物中心、北京赛特购物中心都纷纷成立，但它们都只有购物中心之名，而无购物中心之实。其既无应有的功能，也无必需的规模，因此都不能算是真正意义上的购物中心。直到90年代中期，随着上海港汇商城、广州天河城、北京国贸中心的陆续建成开业，我国内地才开始拥有了一批真正的购物中心。这些购物中心的经营内容突破了单纯百货店的模式，将小规模的娱乐、餐饮项目引入建筑体内，取得了一定的成功，并相继带动了内地各大资本的跟入，各地纷纷上马建设购物中心。应当指出的是，这一时期国内城市化水平明显提高，城市化率超过40%，因而商业向几何中心发展的趋势不可阻挡。

（二）国内购物中心发展现状

2004年，我国在《零售业态分类》(GB/T18106－2004)中，把购物中心列为我国18种零售业态之一，根据我国市场的实际情况，将购物中心分为社区型、市区型、城郊型三类。

据不完全统计，至2007年底，全国已开业和正在投产建设的大型购物中心项目共有400多个，其中有70%左右分布在北京、上海、广州等国内经济发达城市。全球建筑面积最大的10个购物中心里面，中国就占了4个。

数据显示，在现有运营的购物中心中，经营状况好的占27%，一般性的占51%，差的占22%，尤其大型购物中心的经营状况更是表现一般。

（三）国内购物中心发展趋势

根据我国国情和国内购物中心发展的现状，未来购物中心的发展应朝以下几方面进行努力：一是改变单一的封闭式建筑模式，发展具有开放式建筑格局的购物中心；二是改变重"购物"轻"休闲"的模式，发展具有丰富休闲功能的购物中心；三是改变"贪大求全"的现象，发展具有特色主题的中小型购物中心。

购物中心已经逐渐发展成为国内商业地产主流，从长远来看，郊区的购物中心和社区型购物中心将是国内商业地产开发商主要的开发方向。再就是中小购物中心将会有很大的发展空间，其主要原因是土地成本的不断上涨。中国房地产价格迅速涨高的背后是土地价格的大幅上升，国内商业与住宅用地出让制度基本未进行区分，全部统一实行招拍挂的政策，使得近几年商业地产开发成本大幅增加。据统计，2008 年地价水平总体上涨，居住地价趋向稳定。一季度全国主要城市综合地价水平为每平方米 1 778 元，同比上涨 12.12%，涨幅比上季度高 0.21 个百分点；环比上涨 1.54%，涨幅比上季度低 1.67 个百分点。在这种情况下，取得土地的发展商在进行购物中心开发时，会更为关注项目未来的运营效率，以便取得更高的租金收益来平衡较高的成本投入。相比大型购物中心而言，中小购物中心通常会有更高的平均租金表现，因此其更能成为开发商乐于选择的对象。

三、上海购物中心现状分析

在经济总体向好、消费水平不断提高的背景下，上海购物中心产业的发展势头迅猛。目前，上海的购物中心产业的发展在全国处于领先地位。

(一) 上海购物中心发展现状

自 20 世纪 90 年代初上海出现首家购物中心以来，已走过近 20 个年头，购物中心从起步走向快速发展，态势良好，并且已经拥有一批成熟的、富有特色和个性的购物中心。

1. 数量与面积

据统计，截至 2007 年末，上海购物中心开业营业数已达 54 家，比上年增加 14.9%，建筑面积 647.35 万平方米，比上年增加 11.78%，单体平均建筑面积 11.99 万平方米；在建的购物中心 28 家，建筑面积 414.66 万平方米，单体平均建筑面积 14.81 万平方米。预计 2010 年上海购物中心将达到 80 至 100 家，建筑面积将达到 800 至 1 000 万平方米。

从新建购物中心数量上和建设规模上来看，自 2002 年以来，有逐年上升的趋势。据 2007 年初预测，当年新建开业应达 20 家左右。但由于建设周期等原因，截至 2007 年底新开业实际只有 7 家，是 2000 年以来增幅最小的一年。延迟开业的购物中心将在今后 2～3年内陆续开业，因此，2008～2010 年可能是新开购物中心较集中的年份。

2. 营业收入

上海购物中心年营业收入保持两位数增长，占社会零售商品总额比重逐年上升，2007 年达到 10%，预计到 2010 年将达到 15%～20%左右。

3. 分布区域

按照区域划分来看，购物中心分布呈两头大、中间小。即内环线以内和外环线以外居多，内环线以外至外环线以内偏少。究其原因有两方面：一方面中心城区不少购物中心前几年是由原百货大楼改建而来的；另一方面由于郊区零售业与市区相比力量相对薄弱，加上市区零售业高密度和惨烈的竞争，使大型零售设施在郊区有较大的发展空间。

此外，郊区经济的发展使郊区大多成为人口导入区，新城镇的建设推动了郊区商业的发展。鉴于郊区零售业有更大的发展空间，因此购物中心已成为郊区零售业发展的重要内容。资料表明，从地区分布来看，新建设的购物中心有从市中心向周边扩散的趋势。

4. 类型

根据上海的实际情况，依据其地理位置、目标顾客、经营规模和服务功能等，购物中心的类型大致可分为都市型购物中心、区域型购物中心和社区型购物中心3种。

（二）上海购物中心发展的特点

上海购物中心发展有以下几方面的特点。

1. 营业业绩逐年上升，社会影响力日显

据统计，2007年54家已开业购物中心总营业额达440亿元，同比增长44.1%；如剔除2007年新开业的购物中心，2006年已经开业的47家购物中心，2007年总营业额达414亿元，同比增长35.5%。

2. 空置率持续下降，租金大幅上扬

由于市场对市区购物中心物业的需求强劲，购物中心物业市场空置率持续下降，2007年第三季度末达到3.3%，比2006年同期下降7.4个百分点，较半年前下降2.8个百分点。2007年第三季度，上海购物中心底层租金达到每月每平方米128.0美元，较2006年同期大幅上扬14.8%，相比于半年前亦增长了6.1%。

购物中心数量和业绩持续连年增长，也为社会提供大量的就业机会。如果按照每30平方米提供一人就业的话，上海购物中心就可以安排约21.6万人就业，对缓冲社会就业压力和创建和谐社会做出一定的贡献。

3. 调整与创新成为永恒主题

上海购物中心的调整与创新几乎贯穿于购物中心日常运营的全过程。部分购物中心进行了较大结构性的调整，其中不乏通过调整使购物中心发生了质的变化的案例，缩短了市场培育期，较快地走向盈利期。例如，正大广场、华润时代广场、新世界城、龙之梦、无限度（原大上海时代广场）等购物中心，2007年都经历了一个较大的调整，并取得了较好的成效。

4. 社区型购物中心有较大的发展潜力

前几年，涌现了百联集团南方和西郊两大购物中心的成功案例，验证了社区购物中心在上海新一轮商业发展中的广阔前景。其后，南方商城购物中心又为扩建项目投资3.2亿元，建成后的商业面积将增至14.4万平方米，比原来扩大近一倍。

购物中心从中心城区开始向社区扩散成了近几年发展趋势。继2006年4家社区型购物中心开业后，2007年又有嘉定罗宾逊广场、南汇的豪布斯卡、闵行的汇恒大厦和嘉茂购物广场4家社区购物中心相继开业。而原来的区域性购物中心，如港澳购物中心、芳汇广场也都在逐渐向社区型购物中心转型。

社区型购物中心所占比例越来越大，据统计，截至2007年年底社区型购物中心已经建成开业18家，占已建购物中心的33.4%。其中，2007年新建社区型购物中心4家，占新建购物中心总数57.1%。在建购物中心28家，其中社区型购物中心就有12家，占在建购物中心总数的42.8%。

5. 购物中心成为拉动郊区商业发展的主角

由于郊区人口骤增，从2003年至2007年的5年内，购物中心正以20%的增长率进入内中环区域，并且已向外环延伸。因此，一些内中环以外区域的商业项目也非常具有发展潜力，开始吸引有实力的房产商、大的商业集团和海外投资者的关注。

据统计，2003年位于中心城区的购物中心占购物中心总数的57%，而到2007年只占购物中心总数的37%。郊区购物中心近年来增长速度加快，2003年只有2家，2007年

上升到16家。2003年底统计显示,宝山、嘉定、南汇、松江、奉贤、青浦、金山还是空白,如今已经拥有21万平方米的松江开元地中海广场、14.8万平方米的宝山安信商业广场、10.6万平方米的南汇富客斯·豪布斯卡名品村、奥特莱斯品牌直销广场等。从发展趋势来看,郊区的购物中心的数量和体量增速加快。

(三) 制约上海购物中心发展的因素

目前,有三大因素制约了上海购物中心的发展。

1. 单体规模追求大型化

近年来,有的地区在建设大型购物中心过程中,因片面追求大型化,因而出现因资金链断裂,成了烂尾楼。

据统计,截至2007年末在上海市已建开业的54家购物中心中,10万平方米以上的购物中心就有26家;在建的28家中,建筑面积在10万平方米以上的就有17家。

2. 定位、商品和服务缺乏个性

上海不少购物中心的定位如同"拷贝",开业之后才感觉到自己的定位与周边实际情况错了位,往往在开业不久就面临较大的调整,不仅浪费了人力、财力,而且错过了最佳销售时机。例如,2006年新开业的11家购物中心,商业面积占总面积的31.7%,而这11家购物中心在2007年的营收只占总营业收入的11.6%。

3. 人才极度缺乏

购物中心是集百货、餐饮、超市、娱乐、文化等为一体的新型的综合商业设施,对其开发运营管理的要求极高。随着诸多大型购物中心的开张,对购物中心经营管理人才的需求也急速上升,因此,购物中心专业人才的培养将成为行业发展的重中之重。

第二节　商业地产(购物中心)的开发调查

购物中心的雏形于20世纪初产生于美国,经过了3个发展阶段,才形成现在的购物中心产业。

定型阶段:20世纪30年代至50年代。初级购物中心产生于美国,以几家商店为基础,设有购物设施和停车场,并修整了道路,成为现代购物中心的雏形。

繁荣阶段:20世纪50年代至70年代。二战后,经济复苏带来购物中心的飞速发展,并逐渐趋于成熟,其数量和设施都得到了空前的发展。在1950年到1960年的10年间,美国有近4 000家购物中心开业经营,之后每年以大约1 000家的速度发展,购物中心进入繁荣阶段。

发展阶段:20世纪70年代至今,购物中心的规模越来越大,辐射的范围越来越广,并逐渐形成以购物、餐饮、休闲、娱乐、旅游等综合性经营模式与完美环境配套的购物中心产业,成为人们购物、休闲的重要场所和商家理想的经营场所。

美国国际购物中心协会(ICSC)在1960年定义的"购物中心"具有以下特征:

(1) 购物中心计划、设立、经营都在统一的组织体系下运作;

(2) 适应管理的需要,产权要求统一,不可分割;

(3) 尊重顾客的选择权,使其实现一站式(one stop shopping)的目的;

(4) 拥有足够数量的停车场;

(5) 有更新地区或创造新商圈的贡献。

一、购物中心初步发展模式的规划及调查

购物中心初步定位可依购物中心所在基地的位置条件及环境、可能的服务对象及服务内容的评估,来初步定位购物中心的形态类型的归属。

(一) 美国购物中心分类

国际购物中心学会对8种购物中心业态的定义和分类,如表11-1所示。其中,分类表中第(1)(2)(3)类的购物中心属于条块状类型的购物中心。

表11-1 国际购物中心业态的分类表

类 型	概 念	面积(SQ、FT)	目标客户数	目标者的类型	辐射商圈
邻里型	方便	30 000~150 000	1个或多个	超市	3里
社区型	百货、方便	100 000~350 000	2个或多个	折扣型百货店、大型超市、大型专卖店	3~7里
力量型	商品门类专卖	250 000~350 000	3个或以上	"品类杀手",家居用品、折扣百货、会员制卖场、折价店	5~10里
地区型	综合百货、时装(封闭型MALLS)	400 000~800 000	2个或以上	综合百货、折扣店、时装、大卖场	5~15里
超地区型	与地区型相同,但商品种类和品牌更多	800 000以上	3个或以上	综合百货、集中采购商场服装	5~25里
服饰专卖中心	服饰为导向	80 000~250 000	无	服饰	5~15里
直销店	生产商的直销店	50 000~400 000	无	各类生产商的产品	25~75里
主题/节日购物中心	休闲、旅游导向	80 000~250 000	无	餐饮、娱乐	无

1. 邻里型购物中心(neighbourhood)

面积在30 000~150 000平方英尺,主要是提供消费者日常所需的商品,差不多一半以上是以超市为主,加上药连锁专卖店、洗涤店、食品店,以及相关的客户服务专案。

2. 社区型购物中心(community)

营业面积更大一点,在100 000~350 000平方英尺,它提供门类更多的服装百货、食品小吃广场等。其中,用来"锚定"的业态大多为超市、大型药店、折扣百货店等,它所提供的商品种类包含了服饰、宠物食品、居家用品、家具、洁具、皮鞋、电器等。在8种购物中心业态中,社区型购物中心是包含最多的零售业态的综合体,很多时候消费者也将它们认为是折扣专卖场等。

3. 力量型购物中心(power)

力量型购物中心的最大特点是由一系列大型的零售业态来锚定的,如折扣百货。折价

店(marshals)、会员制俱乐部(price/casco),以及专业的大型卖场,如 home depot、sports authority 等,很多时候它们被排列成"村庄"的形式。这类购物中心占地面积较大。

shopping malls 与条型连环状的购物中心相比,室内的购物中心具备很多显著的优点,以下 5 类属于这一类别。

4. 地区型购物中心

面积在 400 000～800 000 平方英尺,这类购物中心有一个大型的百货商店,一些折扣百货店、服饰专卖店来作"锚定"业态,加上用于连接专业品牌店的商业走道,停车场一般都在几米外的地方。

5. 超地区型购物中心(superregional)

营业面积在 800 000 平方英尺。由于巨大的零售面积,使它必须综合各种零售业态于一体,同时结合娱乐、餐饮等功能,集休闲、消费于一体。最典型的例子是美国明尼苏达州的" Mall of America"。

6. 服饰专卖中心(fashion specialty)

这类购物中心主要由比较高档的服饰店、饰品店、礼品店组成,加上特色饭店、高档酒吧,甚至于影剧院等。这类购物中心的内装潢非常上档次,布局的设计等也较复杂,如美国拉斯维加斯的"广场"就属于这类购物中心。

7. 直销店(outlet)

这主要有生产厂商直接开发的购物中心,也有可以包括折价店的业态,它们可以直接销售过时型号、特殊尺寸的各类服饰。这类购物中心地处比较偏远的城乡结合部,周围没有相关的零售业态。

8. 主题/节日购物中心(theme festival centers)

这类购物中心目前在世界上并不普遍,它主要的功能是吸引旅游者餐饮、娱乐,很多专家认为此类购物中心是一种风险投资,并不适合零售业态的推广。

(二) 国内购物中心分类

中华人民共和国商务部对购物中心的定义为:是多种零售店铺、服务设施集中在由企业有计划地开发、管理、运营的一种建筑物内或一个区域内,向消费者提供综合性服务的商业集合体。其分类情况如表 11－2 所示。

表 11－2　中国购物中心的分类表

业态	选　址	商　圈	规　模	商品(经营)结构	商品售卖方式
社区购物中心	市、区级商业中心	商圈半径为 5～10 公里	建筑面积为 5 万平方米以内	20～40 个租赁店,包括大型综合超市、专业店、专卖店、饮食服务及其他店	各个租赁店独立开展经营活动
市区购物中心	市级商业中心	商圈半径为 10～20 公里	建筑面积 10 万平方米以内	40～100 个租赁店,包括百货店、大型综合超市、各种专业店、专卖店、饮食店、杂品店以及娱乐服务设施等	各个租赁店独立开展经营活动
城郊购物中心	城乡结合部的交通要道	商圈半径为 30～50 公里	建筑面积 10 万平方米以上	200 个租赁店以上,包括百货店、大型综合超市、各种专业店、专卖店、饮食店、杂品店及娱乐服务设施等	各个租赁店独立开展经营活动

1. 社区购物中心(community shopping center)

是在城市的区域商业中心建立的,面积在5万 m^2 以内的购物中心。

2. 市区购物中心(regional shopping center)

是在城市的商业中心建立的,面积在10万 m^2 以内的购物中心。

3. 城郊购物中心(super-regional shopping center)

是在城市的郊区建立的,面积在10万 m^2 以内的购物中心。

二、购物中心业态业种规划及调查

(一) 业种规划

一般而言,购物中心大多以百货公司或超市为主力店,只是百货公司比较会考虑市区型的购物中心,而超市目前较有可能进入市郊型的购物中心成为主力店;至于次主力店,在郊区的购物中心会以众多的单一业种超市为主要考虑点,在市区的购物中心比较会考虑租金较高的各种世界名牌精品店进入。

影城与娱乐店多半会考虑进入市区或市区边缘的购物中心,因其主要对象是以30岁以下的顾客为主,这些类型的厂商进驻郊区购物中心的概率较小。在市区的购物中心客层层面较广,以年轻、时髦为主要对象,以逛街、交友、约会为主要目的,因此电影院、名牌店、新式西厅、DISCO、PUB等可尽管进入。

业种规划可分为主力店与次主力店,也就是说,在业种的规划上大致包含了购物、休闲娱乐、文化社交及专业服务等四大功能,以下即列出各功能的详细业种。

(1) 购物(零售专卖),如表11-3所示。

表11-3 购物业种的功能

1	2	3	4	5
百货商店	超级市场	家居用品	生活用品	电子信息
6	7	8	9	10
精品专卖	服饰专卖	儿童用品	休闲用品	美容用品
11	12	13	14	15
金银珠宝店	钟表眼镜、礼品	文化用品	箱包	休闲食品

(2) 餐饮、休闲、娱乐,如表11-4所示。

表11-4 餐饮、休闲、娱乐业种的功能

1	2	3	4	5
大中型餐馆	美式快餐	咖啡酒吧	小吃广场	简式西餐
6	7	8	9	10
日韩料理	巴西烧烤	茶艺店	火锅城	大型游艺厅
11	12	13	14	15
家庭主题游乐场	真冰溜冰场	高科技游乐场	电影城	

(3) 文化社交,如表 11-5 所示。

表 11-5 文化社交业种的功能

1	2	3	4	5
书局	文具	推广中心	健身俱乐部	艺术吧
6	7	8	9	10
舞厅	KTV、DISCO	保龄球馆	蜡像馆	

(4) 专业服务,如表 11-6 所示。

表 11-6 专业服务业种的功能

1	2	3	4	5
展示馆	金融服务	医疗服务	汽车展示	美容专业服务
6	7	8	9	10
咨询服务	冲印服务	裱褙服务	干洗店	

(二) 业态规划

零售业态即零售业的经营形态,从总体上可以分为有店铺零售业态和无店铺零售业态两类。按照商务部的有关规定,零售业态分类原则分为食杂店、便利店、折扣店、超市、大型超市、仓储会员店、百货店、专业店、专卖店、家居建材商店、购物中心、厂家直销中心、电视购物、邮购、网上商店、自动售货亭、电话购物等 17 种零售业态。

购物中心的业态规划,要根据该购物中心的主题设计,对商业零售业态进行恰当的配置。例如,都市型购物中心,要在品牌经营和娱乐上下工夫;而市郊型购物中心,则应该在大众消费和家庭娱乐上下工夫。

1. 上海万达商业广场业态规划参照

上海万达商业广场是万达集团在上海投资的第一个项目,项目坐落于上海市五角场市级副中心商业区,是上海市最大的商业项目之一。上海万达商业广场项目规划用地面积 6.012 公顷,总建筑面积 33.43 万 m^2。广场平面呈"品"字形布置,地上划分为 5 个大型业态和 3 幢甲级高层办公楼。

上海万达商业广场总的布局思路为:将业态按"吃"、"穿"、"用"、"玩"、"学"等功能适度集中,布局在相对独立的建筑体内或区域内,以使客流有意识和有目的地流动,避免消费者在一个大体量的购物广场内盲目搜寻。

为此,上海万达商业广场结合各主力店业态的使用要求,在基地内沿淞沪路布设沃尔玛购物广场与巴黎春天百货;在邯郸路设置第一食品广场;在国宾路设置有 10 个放映厅的万达国际影城、娱乐广场及书城;沿政通路与规划路布置和乐国际家居广场,并分别在食品大楼上设有一栋 25 层高办公楼。并且,在万达国际影城上设有 22 层高办公楼,在沃尔玛广场上设有 23 层高办公楼,地下一层定位为特色餐饮、娱乐休闲、精品时尚的休闲购物广场。具体分布如表 11-7 所示。

表 11－7 上海万达商业广场分布

序号	租户	所在建筑体情况	建筑面积
1	沃尔玛购物广场	靠近淞沪路和政通路，高 4 层	2.8 万 m^2
2	巴黎春天百货	靠近淞沪路和邯郸路，高 7 层	4.3 万 m^2
3	第一食品广场	靠近邯郸路和国宾路，高 5 层	2.1 万 m^2
4	万达国际影城	靠近国宾路，共设置 10 个放映厅	3.75 万 m^2
5	上海书城	靠近国宾路，在万达国际影城大楼二楼	
6	和乐国际家居广场	政通路与国宾路口，高 5 层	3.3 万 m^2
7	黄金珠宝城	沃尔玛购物广场一楼	
8	地下一层休闲购物广场	引进国内外包括特色餐饮、娱乐休闲、精品时尚等行业内著名连锁品牌店进场经营	4 万 m^2

2. 台湾购物中心业态规划参照

台湾购物中心经营业态规划，如表 11－8 所示。

表 11－8 台湾购物中心业态规划

经营大类	经营业态规划
百货公司	
电影院	
娱乐场所	KTV/MTV/RTV、电动游戏场、保龄球馆等
超市	
餐饮快餐店	中式餐厅、西式餐厅、日式餐厅、快餐店等
其他餐饮食品类	饭店、南北小吃、西点/面包店/水果行、咖啡/泡沫红茶/茶艺店/饮料专卖店、休闲食品专卖店等
衣饰类	服饰店、化妆品专卖店、饰品/珠宝店、皮件店等
百货类	便利商店、超级市场、百货专卖店、钟表眼镜、礼品专卖店、家庭饰品店等
文教类	体育用品专卖店、书局/文具/玩具专卖店、文化艺术展览馆/专卖店、补习班、集邮/古玩店等
休闲娱乐业	漫画小说出租店、录像带出租店
电子电器用品类	视听产品/唱片行、摄影器材、信息产品专卖店、家电用品、通讯器材等
卫生医疗类	药局/医疗器材、医院/诊所/兽医院、美容院/发廊/美容用品店、瘦身中心、洗衣店、按摩等

(续 表)

经营大类	经营业态规划
家具装潢业	家具、床上用品、灯饰、建材、厨具、装潢设计、水电行等
服务类	旅游咨询、照片冲印店、专业服务店、人服务店、花店、家庭服务、快递公司、银行/邮局、证券公司、投资顾问公司、汽车销售/保养公司、房屋中介公司等

三、购物中心的商圈分析

(一) 商圈定义

商圈也称商势圈，它是指购物中心或商业企业吸引顾客的空间范围，决定着顾客能从多远的距离前来购物；它是流通企业进行销售活动的空间范围，是由消费者的购买行为和流通企业的经营能力所决定的。商圈的大小，反映了企业销售活动的地理影响范围及潜在的市场空间。

"商圈潜力"和到达商圈的距离成正比关系。因为，消费者要考虑交通成本和到达商圈途中的替代商店的多少，除非商圈有吸引消费者前往消费的动机，或者有特殊的商品等因素。因而，距离商圈越近者，其市场潜力越高；反之，距圈越远者，市场潜力越低。

通常对于商圈的定义可从车程距离、自然条件及行域三项划分来决定。

1. 车程距离

以开车或搭乘公共交通工具所花费的时间，来估计可以到达购物中心位置的距离。也可由实际车程测试方式决定车程距离，即以购物中心所在位置为中心点，沿临近购物中心的主要交通道路，由研究人员实际车程各为 20 分钟、40 分钟，以及一小时之内可到达的行域范围，并依主要路线及时段(平常日高峰门≥高峰、周假日高峰门≥高峰)，借以界定第一、二、三商圈所涵盖的范围。

2. 自然条件

以地图上购物中心位置距离规划涵盖的范围。

3. 行政区域条件

自然条件主要涵盖的行政区域。

4. 竞争者的影响程度

在消费者前往该购物中心途中，其他商业中心有足以吸引消费者前往的可能性，如替代商店越多，消费者的选择增加，其前往购物中心消费的可能性就会降低；相对而言，消费者的选择越少，即使距离较远、交通可及性较低，但其前来购物消费的机会仍高。例如，百联奥特莱斯虽然远在上海青浦赵巷，但上海其他同类型商店无论在货品总量、商业环境、价格上都无法与其竞争，所以吸引了"长三角"，乃至全国的消费者前来购物消费。

(二) 商圈界定

根据商圈调查统计分析资料，计算出商业地产所处商圈范围内各个居民点的目标顾客所占的百分比，并根据居民点的人口密度计算出各个居民点目标顾客的密度；然后在一张以商业地产位置为中心的地图上，标示出商业地产所处商圈内各个居民点的目标顾客的密度。这样，就可以从地图上了解到商业地产所处主要商圈、次要商圈和边缘商圈的范围。

以购物中心所在的位置为中心点，以车程距离、自然条件及行政区域三个方面，将商圈界定如表 11－9 所示范围。

表 11－9 商圈界定范围

商圈类别	商圈人口	商圈销售额比例
1 级商圈	1. 步行 20 分钟能够到达商铺的人口数量乘以步行者占总人口的比例 2. 骑自行车 20 分钟能够到达商铺的人口数量乘以骑自行车人口占总人口的比例 3. 步行 10 分钟能够到达可以直通商铺的公共汽车的人口乘以坐公共汽车人口占总人口的比例 4. 乘坐小汽车 20 分钟能够到达商铺的人口数量乘以乘坐小汽车人口占总人口的比例	1 级商圈的顾客占该商铺销售额的55％～70％
2 级商圈	1. 步行 20～30 分钟能够到达商铺的人口数量乘以步行者占总人口的比例 2. 骑自行车 20～30 分钟能够到达商铺的人口数量乘以骑自行车人口占总人口的比例 3. 步行 10 分钟能够到达只要换乘一次车就可以到达商铺的公共汽车的人口乘以坐公共汽车人口占总人口的比例 4. 乘坐小汽车 20～40 分钟能够到达商铺的人口数量乘以乘坐小汽车人口占总人口的比例	2 级商圈的顾客占该商铺销售额的15％～25％
3 级商圈	1. 步行 30～60 分钟能够到达商铺的人口数量乘以步行者占总人口的比例 2. 步行 10 分钟能够到达只要换乘两次车就可以到达商铺的公共汽车的人口乘以坐公共汽车人口占总人口的比例 3. 乘坐小汽车 40～60 分钟能够到达商铺的人口数量乘以乘坐小汽车人口占总人口的比例	3 级商圈的顾客占该商铺销售额的 5％～10％

(三) 商圈调查

初步分析预测商业物业项目商圈范围大小后，还需要对预测的商圈范围进行调查，只有通过详细的调查分析，才能确定项目的商圈范围。商圈范围调查的主要内容有：消费者选择购物场所时，对路途时间与距离的要求、商业物业对消费者吸引力的大小、潜在顾客的地址等。商圈调查可分为四种形式进行：

第一种形式是家庭访问调查；

第二种形式是实地环境勘察；

第三种形式是对项目地段中的交通人流、公共设施带来的人流及其他人流进行问卷调查(见消费者量化/问卷调查)；

第四种形式是对重点问题进行焦点访谈(见消费者定性/访谈调查)。

四、购物中心商圈的购买力调查

(一) 消费者量化(问卷)调查

调查目的在于了解商业地产(购物中心)基地周围 30 公里内的消费者行为，以作为购物中心未来开发商品定位的有效参考。因此，调查采用中央集中地点测试法(CLT)进行调查,调查地点选定调查所涵盖的主要城区街道或乡镇中的主要商业活动地标,依CLT抽样原则进行平日/假日及各时段的消费者抽样调查。

1. 调查地区

以购物中心所在的乡镇或市区为调查地区。

2. 调查对象

以商业地产基地范围一、二、三商圈所涵盖调查地区内16岁及以上、65岁及以下的一般消费者。

3. 调查方式

选择重点区域采用中央集中地点测试法进行人员实地调查。遴选曾经参与过大型商业地产项目实地访问调查、表现较好的调查员,经过调查学习及严格的调查访员训练,经试访测试合格后录用,从而提高调查访员的素质,降低调查访问误差。调查过程中,则以调查访员手册、调查访员日报表、调查问卷完成统计表、问卷调查录表、督导员的配置,辅以问卷审核、复查(复查率20%～30%)过程,控制访员实地调查的进度与质量。作业过程中,督导员也将主动协助访员解决在访问过程中所有可能遇到的困难,以便计划顺利完成。

4. 抽样设计

(1) 抽样总体。抽样调查依据调查年度的上年底地区人口统计资料(一般以地区统计年鉴为准),以调查地区内16～65岁人口总数为总体,依性别、年龄及区域类别等3个变量进行分层比例抽样,配制各组样本数。

(2) 抽样方法。依性别、年龄及时段类别分配应抽样本配额,在各商圈中定点位置,在往来的人群中每隔5组人抽选一个样本(一个人)。进行访问中,选样本依性别及年龄配额进行抽访。

(3) 有效样本数及抽样误差。在95%的置信度下,抽样误差率为±4.00%,有效样本数600份。

5. 数据处理与分析方法

在访问完毕后,经过研究者检核问卷、编号、纠错后,利用SAS、SPSS作必要的分析与检验。主要的分析方法是,单项变项分析及双项变项分析,同时包含交叉分析的显著性检验。

购物中心目标消费群问卷提纲

调查开头的话

甄 别 问 卷

Q1 请问您在什么行业工作?

Q2 请问您在上海居住的时间有多长?

Q3 请问您多久经过此地一次?

核 心 问 卷

Q4 请问您一般来此地的交通方式?

Q5　请问您住在哪里？

Q6　请问您的工作是什么？

Q7　请问您平时购物、外出用餐、娱乐的频密程度？工作地点在哪里？

Q8　请问您平时购物、外出用餐、娱乐一般与谁同行？

Q9　在各类消费项目中，您平均每次大约花费多少钱？（人民币）

Q10　在各项目中，您经常光顾的购物场所有哪些？（复选）

Q11　吸引您光顾上述购物场所的原因有哪些？（复选）

Q11－1　地点
Q11－2　交通
Q11－3　商品
Q11－4　服务
Q11－5　配套

Q12　您光顾上述购物场所购买的商品大类主要有哪些？（复选）

Q12－1　服饰类
Q12－2　用品类

Q13　在以下项目中，您经常光顾的餐厅有哪些？（复选）

Q13－1　中式
Q13－2　亚洲
Q13－3　西式

Q14　吸引您光顾上述餐厅的原因有哪些？（复选）

Q14－1　地点
Q14－2　交通
Q14－3　菜品
Q14－4　服务
Q14－5　配套

Q15　您曾经光顾的休闲、娱乐场所有哪些？（复选）

Q16　您希望在西藏路、陆家浜路路口建造的购物中心里有哪些商业业态？（复选）

Q16－1　服饰类
Q16－2　用品类
Q16－3　餐饮类
Q16－4　娱乐类

被访问人个人资料（略）

（二）消费者定性（访谈）调查

1. 调查方式

消费者定性调查采用焦点团体座谈会方式进行。焦点座谈所产生的资料，是座谈参与者态度、观点和意见的定性信息，主持者通过开放式讨论提纲，逐一询问座谈参与者的意见，座谈参与者可获得自由表达及与其他座谈参与者互动的机会，以达到更深一层的定性资料分析的研究成效。

2. 抽样设计

自各商圈所进行量化调查的有效样本中，筛选意见较充分或特殊者，控制样本基本变量的平均分布，每场以抽取约7～10名座谈参与者，再以电话邀约参与焦点团体座谈会。

3. 场次分配及样本控制

4. 讨论方式

三场焦点座谈会分别在特定的会场进行，拟定的讨论提纲交叉询问每位座谈参与者的意见，以录音方式详细记录讨论情形。

5. 焦点座谈讨论提纲

焦点座谈的讨论提纲，一般可以下列方式进行。

[例]

一、您或您的家人的消费习惯及消费需求如何?

1. 请问，您或您的家人较常去哪些类型商店消费？为什么？

(主持人视座谈会参与者讨论情形，提示如下表所示的各项)

在以下项目中，请问您平时经常去哪些场所购物消费?	
商业零售	百货商店、购物中心、大型综合超市、中小型超市、专业商店、专卖店、便利店、农贸市场
文化休闲娱乐	书店、咖啡酒吧、茶室、艺术吧、动漫游戏、舞厅、溜冰场、电影院、健身中心、KTV歌厅
餐　饮	大中型餐馆、美式快餐、小吃广场、简式西餐、日韩料理、巴西烧烤、茶艺店、火锅城

2. 最常去哪一家消费？为什么？您认为它具备什么特色？

(主持人视座谈会参与者讨论情形，提示如下表所示的各项)

在以下项目中，您经常光顾的购物场所有哪些?	
南京东路/人民广场	第一百货商店、东方商厦南东店(一百东楼)、永安公司(原华联商厦)、百联世贸广场、新世界商城、置地广场、来福士广场、迪美香港名店街、第一食品商店
南京西路	梅龙镇广场、中信泰富广场、恒隆广场、金鹰百货、九光百货
淮海路	太平洋百货淮海店、百盛购物中心、巴黎春天百货、大上海时代广场、妇女用品商店、华亭伊势丹百货、新华联商厦、二百永新、赛博数码广场
徐家汇	太平洋百货徐汇店、东方商厦徐汇店、港汇广场、美罗城、汇金百货、第六百货商店、太平洋数码广场
浦东	正大广场、八佰伴、时代广场、大拇指广场
五角场	万达商业广场、百联又一城、亚繁、大西洋
其他商业中心	新天地、豫园商城、大宁国际、百联西郊购物中心
其他商业街	

3. 在您目前的生活圈中，有哪些类型的商店商品或休闲娱乐较缺乏，需到其他地区的商圈(如邻近购物中心基地的大城市)去消费的？

(主持人视座谈会参与者讨论情形，给出提示)

二、请问您假日休闲时，会不会参观文艺展览活动？您喜欢哪些类型的展览？您通常都在哪个地方看展览？为什么？多久去一次？

(主持人视座谈会参与者讨论情形，给出提示)

第三节　商业地产(购物中心)的模式调整调查

一、购物中心调整的模式参照

大型购物广场一般是由购物、餐饮、休闲娱乐、商务办公、展览等功能组成，并由此构成一个具有多功能的城市缩影体。

大型购物广场在共生互动的前提下，实现多功能的综合，使地产项目具有物质构成上的强大优势，从而当城市生活需求发生变化时能进行自我调整，各种功能互为补充，建筑群可以在一定范围内实现自给自足，形成“城中城”的经营方式。此外，各种功能互相配合，通过为对方提供发展潜力，反过来促进自身的增长。例如，商业、办公、酒店与会议中心相结合，集中不同的商业行为，彼此增加潜在的顾客，并提供多门类、多层次的服务，从而使项目整体开发和经营获得良好的经济效益。

大型购物广场按所在地域和目标消费群，根据各自的特点，一般可定位为交通枢纽型、城市中心型、社区型及郊区型等。

1. 交通枢纽型购物广场

交通枢纽型购物广场地处城市或郊区的交通枢纽，购物广场内有通道与高架、地铁、高速公路、火车站及航空港等连接，有的干脆架在道路之上，依托四通八达的交通集聚客流。对购物中心调整的借鉴意义在于，在设计中一定要借鉴交通枢纽型购物广场的经验，注意出入口的安排和设计，使购物中心与交通道紧密地、有机地联系在一起，以获得最大客流量。

(1) 日本六本木新城。

东京六本木新城是东京著名的购物中心和旅游中心，该项目在 2003 年 4 月开业，目前已经成为外地游客到东京后必到的购物广场。游客坐地铁日比谷线即可到达六本木站，直接就可以进入六本木新城。

① 六本木新城具有丰富的规划设计内涵，具体表现为：

- 城市设计与项目设计相互结合
- 充分利用地铁交通和城市公路交通

● 园林设计立体化
● 整体设计趣味化

② 六本木新城的整体布局，如图 11－1 所示。

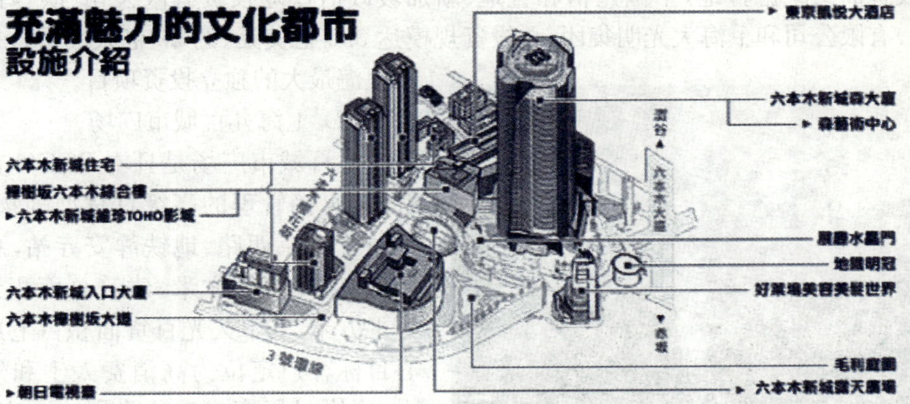

图 11－1　六本木新城的整体布局

顾客可以乘坐地铁、公共汽车，也可以开车前来。总体停车位 2 762 辆，共计 12 个停车场，顾客可采用在方便的地方就近停车。六本木新城设有摩托车与自行车停车位置，其中自行车免费停车。地铁直接连通六本木新城 B1F。

(2) 上海龙之梦购物中心。

龙之梦购物中心由长峰房地产开发有限公司投资，2005 年 12 月开业。龙之梦购物中心总投资 30 亿元，总建筑面积 32 万平方米，地上商业设施面积达到 24 万平方米，是较为典型的交通枢纽型的大型购物中心。

龙之梦购物中心位于中山公园商圈和交通枢纽，依托轨道交通(2、3、4 号线)和多路公交车，沟连地下、地上建筑，承接和集聚南来北往的人流。

2. 城市中心型购物广场

城市中心型购物广场一般处于城市繁华的商业和商务中心，内部设计精致，消费定位较高，主要针对高消费人士、外籍人士、商务客和旅游客。对调整购物中心的借鉴意义在于，城市中心型购物广场的设计理念一般都比较新颖，特别是细节部分考虑得比较周全，能充分体现人性化的安排。因此，购物中心调整时，在设计中应从拓展视野的角度，充分地从中汲取前瞻元素，以确保在若干年内不落伍。

(1) 上海来福士广场。

上海来福士广场位于西藏中路 268 号，紧靠人民广场地铁站和著名的南京路步行街，目标消费定位在20岁到35岁的年轻人和白领。

来福士广场包括一个4万平方米的7层大型购物中心，以及一座高200米、总面积达8.7万平方米的51层甲级智能化写字楼，由上海华庆房地产开发有限公司开发建设。其主要投资商为凯德置地（中国）、信和置地、新加坡政府产业投资有限公司、淡马锡控股（私人）有限公司和上海大光明集团，总投资规模达3.5亿美元（约29亿人民币），是新资在上海最大的独立投资项目。

（2）上海九百城市广场。

九百城市广场是日本SOGO在华合资，并直接管理的高级百货型购物中心。其位于南京西路、地铁静安寺站，总用地面积1.72万平方米，建筑总面积约9.1万平方米，其中久光百货面积占七成。核心目标客户定位为高消费人士和外籍人士，边缘目标客户定位为周边写字楼、南京路旅游客户，是较为典型的城市CBD中心的购物广场。

3. 社区型购物广场

社区型购物广场地处居民区，以其完善的功能为周边的居民提供“一站式”服务。对调整购物中心的借鉴意义在于，我国大部分购物中心地处新开发城区的中心区域，周边人口较为密集，因此购物中心在初期还应以建设社区型购物中心为定位目标。上海目前有一些社区型购物中心，如西郊购物中心、南方购物中心都开得较为成功，特别是在引进社区文化方面做得非常出色，以使这些购物中心已成了事实上的社区中心，这其中的许多设计和经营思想都是值得学习和借鉴的。

（1）百联西郊购物中心。

百联西郊购物中心位于上海西郊的长宁区新泾地区，占地面积3.4万平方米，总建筑面积10.9万平方米，定位为社区型购物中心，其营运理念为“引领生活，让我们做得更周全”。购物消费的比重占到整个购物中心总消费的87%，餐饮消费比重占到11%，休闲、娱乐等服务性消费的比重占2%。

百联西郊购物中心将中等收入家庭、社区居民作为主要服务对象，定位为中等偏上，使得购物中心获得了最大的市场空间和消费群体。

（2）百联南方购物中心。

百联集团系列购物中心，国内最早的纯物业型购物中心，沪上首家以社区服务为导向，集购物、休闲、娱乐为一体的大型购物中心，如表 11－10 所示。地址在地铁莲花站对面，沪闵路 7388 号。拥有近 10 万平方米的建筑空间和 6.8 万平方米的营业面积，整个建筑包括地上 5 层，地下局部一层。核心目标客户定位为周边消费能力一般的年轻人、社区居民。经营定位以社区服务为导向，集购物、休闲、娱乐为一体，边缘目标客户定位为市郊结合部等其他客户。

表 11－10　百联南方购物中心布局

涵盖业态	百货、超市、专卖、影城、餐饮、健身、美容、网吧等
主力店	友谊百货、家乐福、好美家建材超市
专卖品牌案例	U2、优衣库、班尼路、IP ZONEDENG 等
布局	1F 友谊百货、休闲餐厅、社区服务 2/3F 家乐福、品牌专卖、美容美发、儿童世界 4F 金海马家具城、手机城、运动城、音响琴行、图书音像、艺术画廊 5F 嘉禾友谊影城、永乐家电、保龄球馆、健身中心、酒楼
停车场	可同时停放 300 多辆车
产权管理	只租不售
租户管理	统一招商，考核淘汰
物业管理	统一服务

二、购物中心模式调整的调查 1：客流量及客流结构调查

购物中心商圈范围内的消费水平与商圈内人口数及人口的收入水平有密切的关系，而商圈内购买力的强弱更与消费、收入互动，进而对环境条件产生直接的影响。在调查对象中，经常收入包含薪资收入及租金等税前收入，收入水平是指商圈人口平均可支配收入，消费支出指购买各项产品或服务所出的费用，而消费倾向则是用以衡量购买力的指标，即消支出占可支配收入的比例。故以下将从人口结构、经常性收入、消费支出、可支配收入及消费倾向等方面，分析各商圈的购买力。

1. 商圈内人口结构分析

(1) 人口数、户数及其增长率分析。

(2) 人口年龄层组成分析。

(3) 人口密度分析：人口密度与消费水平为正比例的关系，即人口密度(人/平方公里)越高的地方，其消费水平通常也越高。

(4) 观光旅游人口分析：由于生活水平的提高及双休日的使用，人们在观光、休闲、娱乐方面已逐渐重视起来，而一些来旅游的人也有可能成为购物中心的消费群。

2. 汽车、机动车持有率分析

汽车、机动车持有率的多少与消费者到商圈内购物的机会成正比，即汽车、机动车持有率越高的地方，其到商圈内购物的几率通常也越高。

3. 历年商圈内人均收支趋势分析

(1) 经常性收入趋势分析。

(2) 消费性支出趋势分析。

(3) 可支配收入趋势分析。

(4) 平均消费倾向趋势分析：支配收入的比例。平均消费倾向为消费支出占可支配收入的比例。

4. 未来商圈内人均收支预测

在预测商圈内未来收支预测方面，采用ARIMA模式分析。

(1) 经常性收入预测。

(2) 消费性支出预测。

(3) 可支配收入预测。

(4) 平均消费倾向预测。

5. 消费特性分析

(1) 历年商圈内人均消费支出结构分析：各商圈内的消费支出，包括食品费、娱乐费、饮料烟草费、家具费等。

(2) 未来商圈内人均消费支出结构预测：通过ARIMA预测模式分析，商圈商业环境供给面调查分析。

无锡保利广场客流量调查及分析

2006年7月1日（星期六）

1. 客流量数据。（略）
2. 客流分时段流量分析，如下图所示。

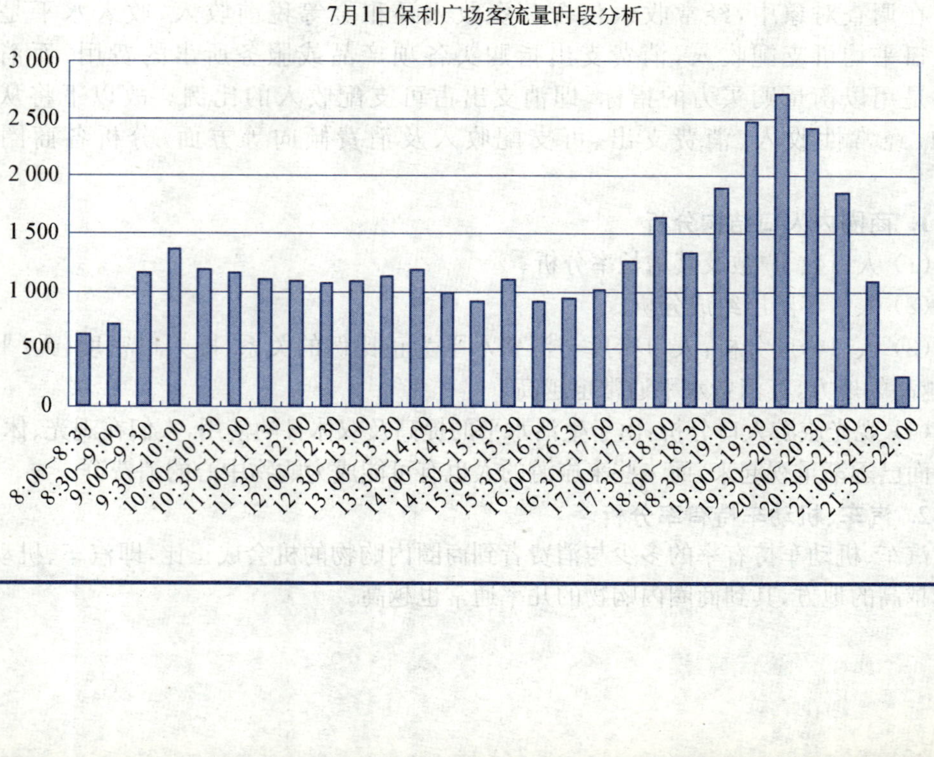

3. 客流入口流量分析，如下图所示。

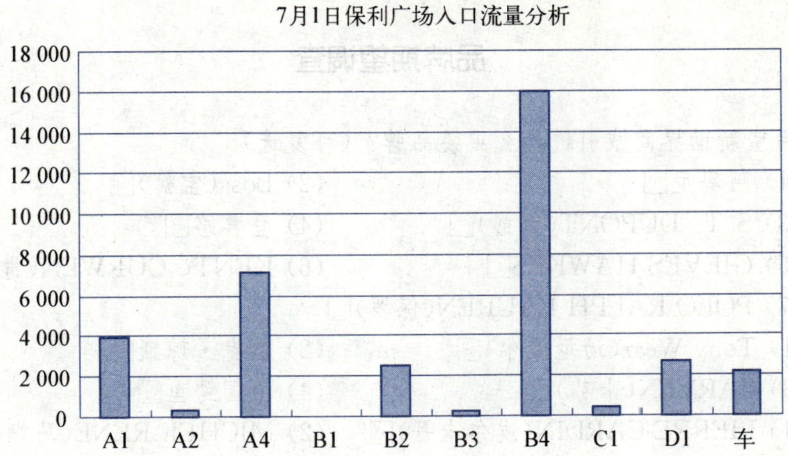

4. 客流结构分析：

(1) 家乐福入口，如下表所示。

时　段	客流情况(人/小时)	客　流　结　构
8:00～9:00	1 400	老年人及中老年家庭为主到家乐福购物
10:00～11:00	1 300	青年家庭带小孩为主，部分老年人及中老年家庭消费者
12:00 ～13:00	1 000	中老年家庭消费者
15:00～16:00	850(阵雨影响客流)	青年人进入，阵雨影响家乐福购物群滞留门口
18:00～20:00	1 800 人流高峰	青、中、老年各类家庭消费者进入

(2) KFC 入口，如下表所示。

时　段	客流情况(人/小时)	客　流　结　构
10:00～11:00	400	青年家庭带小孩为主消费群
12:00 ～13:00	570	青年人、青年家庭带小孩
15:00～16:00	468	青年人进入，阵雨影响家乐福购物群滞留门口
18:00～20:00	750	青年结伴群体、青年家庭带小孩、部分中年经过

三、购物中心模式调整的调查 2：潜在顾客及品牌需求调查

该项调查一般可以从两方面着手，一是问卷调查，二是座谈调查。

1. 问卷调查

2005 年，在上海新世界商城向购物中心模式转型定位过程中，调查问卷(B 卷)设计是针对Office白领、专业人士及公务员消费群的。

品牌期望调查

D1. 您希望新世界商城引进什么男装品牌？（可复选）

A类：(1) 阿玛尼□　(2) Boss(宝狮)□
(3) S. T. DUPONT(都彭)□　(4) 登喜路□
(5) GIEVES HAWKES□　(6) KENT&CURWEN(肯迪文)□
(7) POLO RALPH LAUREN(保罗)□

B类：(1) Tony Wear(汤尼威尔)□　(2) 杰克·琼斯□
(3) CARVEN(卡芬)□　(4) 法国鳄鱼□

C类：(1) PIERRE CARDIN(皮尔卡丹)□　(2) MICHEL RENE(马狮龙)□
(3) 班尼路□　(4) 佐丹奴□

D2. 您希望新世界商城引进什么女装品牌？（可复选）

A类：(1) CUCCI(古姿)□　(2) VERSACE(范思哲)□
(3) BURBENY(芭芭莉)□　(4) CELINE(凯琳)□

B类：(1) 贝纳通□　(2) ITT□
(3) PORTS(宝姿)□　(4) YORKER(纽约克)□
(5) CK JEANS□　(6) ICB□
(7) NINE WEST(玖熙)□　(8) ONLY□

C类：(1) EIFFEL(艾菲尔)□　(2) 艾格□
(3)贝拉维拉□　(4)玛丝菲尔□

D3. 您希望新世界商城引进什么箱包皮具品牌？（可复选）

(1) LV(路易司·威登)□　(2) GUCCI(古孜)□
(3)S. T. Dupont□　(4) BALLY□
(5) LANCEL□　(6) 福拉嘉诺□
(7) 芬迪□　(8)其他______

D4. 您希望新世界商城引进什么化妆品品牌？（可复选）

A类：(1) C. Dior□　(2) 兰蔻□
(3) 资生堂□　(4) 雅丝莹黛□
(5) HR□　(6) CLINIQUE(倩碧)□
(7) CHANEL(雪奈儿)□

B类：(1) Aupres(欧泊莱)□　(2) KANEBO(嘉娜宝)□
(3) Za□　(4) 露华浓□
(5) NINA RICCI(莲娜丽姿)□　(6) KOSE(高丝)□
(7)薇姿□

C类：(1) 羽西□　(2) 小护士□

D5. 您希望新世界商城引进什么珠宝首饰品牌？（可复选）

A类：(1) 天福尼□　(2) FREE・FREE□
(3) 卡地亚□　(4) 斯瓦・洛斯基□
B类：(1) 英皇□　(2) 周大福□
(3) 周生生□　(4) 玛贝尔□
C类：(1) 老凤祥□　(2) 老庙黄金□
(3) 格格珠宝□

D6. 您希望新世界商城引进什么钟表品牌？(可复选)
A类：(1) 江诗丹顿□　(2) 卡地亚□
(3) AP□
B类：(1) 劳力士□　(2) 雷达□
(3) OMIGA(奥米茄)□　(4) 浪琴□
C类：(1) 西铁城□　(2) SWATCH(斯沃奇)□
(3) 卡西欧□

D7. 您希望新世界商城引进什么运动服饰、器具品牌？(可复选)
(1) Nike(耐克)□　(2) Adidas(阿迪达斯)□
(3) 美津侬□　(4) Umbore(茵宝)□
(5) ELLE□　(6) Kangwei(匡威)□
(7) Jansport□　(8) YUNIX□
(9) 其他________

2. 座谈调查(焦点座谈讨论提纲)

［例］ 1. 请问，您是否曾经去知名品牌专卖店或专柜消费过？
(如：Cartier、Bally、YSL、CHANEL 等)
2. 您通常在什么情况下会到这类的名品店消费？消费金额多少？购买哪一类的商品？
3. 您最喜欢的名牌有哪些？为什么？
(主持人视座谈会参与者讨论情形，提示如下表所示的各项)

在以下项目中，请问您希望新世界商城引进什么品牌？	
化妆品	C. Dior、兰蔻、资生堂、雅丝莹黛、HR、CLINIQUE(倩碧)、CHANEL(雪奈儿)、Aupres(欧泊莱)、KANEBO(嘉娜宝)、Za、露华浓、NINA RICCI(莲娜丽姿)、KOSE(高丝)、薇姿、羽西
女　装	CUCCI(古姿)、VERSACE(范思哲)、PORTS(宝姿)、YORKER(纽约克)、CELINE(凯琳)、贝纳通、ITT、CK JEANS、ICB、NINE WEST(玖熙)、ONLY、EIFFEL(艾菲尔)、艾格、贝拉维拉、玛丝菲尔
箱包皮具	LV(路易司・威登)、GUCCI(古孜)、S. T. Dupont、BALLY、LANCEL、福拉嘉诺、芬迪

4. 先请座谈会参与者谈谈到特色餐厅消费的经验。

(出示特色餐厅的图片)

*主持人说明何谓特色餐厅:特色餐厅是制订某一特定主题,形成某一特色,从菜单的设计、店内的装潢到服务人员的穿着打扮等,都是以其标榜的特色或主题为中心。例如,广州蕉叶餐厅是以东南亚雨林为背景,东南亚菜肴为特色,店内的装潢气氛都笼罩在东南亚风情里。

您希不希望这个购物中心内有一个主题餐厅?您希望它是一个什么样的主题餐厅?您最有可能跟谁去主题餐厅?

(主持人视座谈会参与者讨论情况,提示如下表所示的各项)

在以下项目中,请问您希望新世界商城引进什么餐饮品牌?	
正　餐	彩蝶轩、金桂皇朝、广州蕉叶、苏浙汇、唐宫、俏江南、唐朝、瑞记素菜、美林阁、老丰阁
休闲餐饮	肯德基、麦当劳、必胜客、元禄寿司、星巴克、唐纳滋、避风塘、季诺

5. 先请座谈会参与者谈谈到南京东路以外的购物中心消费的经验。

(出示购物中心的图片,主持人提示如下表所示的各项)

在以下项目中,您经常光顾的购物中心有哪些?	
南京西路	梅龙镇广场、中信泰富广场、恒隆广场、金鹰百货、九光百货
淮海路	百盛购物中心、大上海时代广场
徐家汇	港汇广场、美罗城
浦　东	正大广场、八佰伴、时代广场、大拇指广场
五角场	万达商业广场、百联又一城
其他商业中心	新天地、豫园商城、大宁国际、百联西郊购物中心

*主持人说明何谓购物中心:“购物中心”是由开发商规划、设计、营建及统一管理的大型商业设施,集购物、休闲、娱乐、餐饮及信息等设施于一体,拥有大型停车场与大型核心店及中小型专卖店,能满足消费者全方位衣、食、住、行、娱乐一站购足的消费需求。

*说明购物中心的规划内容与特色,以大宁国际商业广场为例,如下表所示。

大宁国际商业广场规划内容与特色

项　目	内　容
地　址	位于共和新路(南北高架)与大宁路交会点,地铁1号线延长路站北侧
区位优势	紧临地铁1号线的延长路站、马戏城、闸北体育场、上海大学和68万平方米的特大型绿地公园,发展潜力无穷

(续　表)

项　目	内　　容
开业时间	2006年10月1日正式开业
模　式	拷贝了香港九龙塘又一城购物中心的模式
投资商与投资额	引进美国福乐思特集团投资10亿元,总投资31亿元,主要投资商崇邦集团
占地面积	项目占地5.5万平方米,计93亩
总建筑面积	25万平方米
功　能	集商业购物、旅游度假、体育文化、商务宾馆等多种功能为一体的综合消费中心
定　位	开发商以"多、大、新、齐"(即品牌多、规模大、风格新.功能齐)为原则;市场定位则以"中档价钱、高档享受"面向广大群众
布　局	在整体布局上有15幢大小不一的建筑疏密有致地分布开来,商业区内还有11个大小不同的广场庭院和约2公里的步行街道
设计特色	商业广场由美国RTKL和上海建筑设计研究有限公司设计,它采用现代的手法,重塑传统商区的尺度空间,即打破一般商业楼的"箱子式"格局,将整个项目分成高低错落的15幢建筑,构成室内室外空间有机结合。建筑外墙采用LOW-E双层中空玻璃,既节能,又有良好的采光
建筑特色	在广场中部,8幢建筑物整体设计不超过4层,建筑物间则通过天桥连接,各种服饰品牌店、餐厅穿插其中,并计划引入"艺术长廊"等艺术工作室,打造"空中文化沙龙"。每行走20至30米,你就会在步行街上看到以雕塑、模型、公益宣传为主的人文景观。与此同时,2公里长的步行街将贯穿起广场内的全部15幢大楼
租　户	租户包括大型超市、旗舰店、精品店、国际餐饮、电影院、游乐场、银行、旅行社、KTV、创意学校、画廊、艺术工作室等。国际星级商务酒店则由喜来登酒店集团管理。有200多年历史来自德国的平价服装连锁巨头C & A、加拿大潮流服饰店Freedom Central、韩国最大的电影制作和发行商之一CJ/CGV株式会社和上影集团共同投资经营的上影星汇影城,以及日本BMB KTV
品　牌	在进驻该商业区的250多个品牌中,餐饮品牌有近30个,香港时尚生活概念店LifeZtore(生活经艳)首次为北区带来时尚的家居理念,In-Base、Only、贝拉维拉等服装品牌给时尚青年更多的着装选择。汉堡王、哈根达斯、星巴克、DQ冰淇淋为周边居民提供了时尚餐饮消费品牌,棒约翰、VERO MODA、JACK & JOHNS、ETAM、SWATCH、卡迪娜等20多家知名品牌专卖店入驻。除此之外,享有"世界四大时装杀手"之一的德国C & A品牌也入驻
品牌影响	在大宁国际商业广场引进的250个左右的时尚品牌中,约有25%的品牌第一次进入上海零售市场,约有75%的品牌第一次跨越苏州河,约有85%的品牌第一次跨越内环线进入沪北地区

（续　表）

项　目	内　容
租赁情况	商业部分的建筑面积11万平方米，只租不卖
停车场	拥有1 300个车位的停车场
辐射人口	以大宁国际商业广场为中心，3公里半径范围的居住人群约为22万，近年迁入该区的多为年轻白领及专业人士。大宁周围包括宝山、虹口、普陀及静安部分地区，总人口达450万

（1）请问，您有没有兴趣前往，为什么？

（2）所调查定位的购物广场具备哪些条件或业态时，最能吸引您前去？为什么？

（主持人视座谈会参与者讨论情形，提示如下表所示的各项）

所调查定位的购物广场与百联西郊购物中心比较

项　目	所调查定位的购物广场	百联西郊购物中心
主题百货	无	友谊百货
主题大卖场	无	世纪联华
专业卖场	无	特力屋等专业卖场4家
品牌专卖店	50家	62家
主题餐饮	10余家	29家
娱乐健身	攀岩等	5家
社区服务	较少	14家
艺术学校	无	知音音乐培训中心

通过业态、业种比较，可以得出所调查定位的购物广场招商的重点：

- 为进一步凝聚人气的主题百货、专业卖场
- 为中央公园形成主题，凝聚人气的休闲餐饮、品牌长廊
- 为社区及未来保利小学服务的音乐培训中心及其他文化教育设施等

四、购物中心模式调整的调查3：消费心理及意愿调查

购物中心在模式调整时，必须重视消费心理及消费意愿调查。在上海新世界商城的转型调查中，该项调查的“消费心理”问卷设计是从“顾客来新世界商城的目的”、“和谁一起结伴来新世界商城”、“来新世界商城首选的交通工具”、“来新世界商城购物的原因”、“在新世界商城购买什么商品”和“每次消费额”等8个方面来进行调查；而该项调查的“消费意愿”问卷设计是从“是否赞成将新世界商城建设成类似于久百广场那样的大型购

物中心”、“希望新世界商城在调整过程中引进什么品牌”、“对新世界商城内购物广场布局的期望”、“对新世界商城内美食休闲广场布局的期望”、“对新世界商城内远东娱乐广场布局的期望”和“对新世界商城内服务设施布局的期望”等多个方面来进行调查的。(参见实践范例:新世界商城问卷调查)

第四节 实践指导

一、实践任务

本章的实践任务主要是要求学生用“实地调查”和“案头调查”方法搜集某一购物中心的相关数据和资料,并以小组为单位对这些资料进行统计和整理,为后期撰写调查报告作素材准备。

二、实践步骤

(1) 对案头调查的资料进行审核。首先对搜集到的案头资料进行时效性、有效性、准确性和完整性的审核,并对错误信息进行修正。

(2) 对问卷调查的数据进行审核。剔除重复、无效、虚假和错误数据,以维护数据的真实性和有效性。

(3) 对案头调查资料进行整理。将搜集到的案头调查资料进行汇总、归纳和分类,注明出处,并进行编号。

(4) 对问卷调查数据进行编辑。首先对调查数据进行编码,即将搜集到的数据转化为统一设计的计算机可识别的代码,以方便对其进行数据整理和分析,再通过电脑把数据录入统计软件(如 SPSS)的数据库,最后绘制出统计图。

(5) 作出预测分析。综合案头调查和问卷调查的数据,运用相关预测方法作出预测描述。

三、实践要求

(1) 要求教师讲解有关购物中心案头调查和实地调查的步骤和方法。

(2) 要求教师提供购物中心调查问卷的范本。

(3) 要求学生根据案头调查的步骤和操作方法,以小组为单位完成相关资料的搜集任务。

(4) 要求学生根据问卷设计的基本方法设计一份购物中心调查问卷,并按数据统计的步骤和操作方法,以小组为单位完成小组问卷的统计任务。

四、实践内容

1. 组织一次购物中心调查

(1) 选定一家社区购物中心。

(2) 通过网站、图书馆、报刊、内部既存资料对其进行案头调查。

(3) 对购物中心周边环境进行实地勘察。

(4) 设计针对性的调查问卷。

(5) 在购物中心周边道路和购物中心内进行问卷调查。
(6) 整理案头调查资料，统计实地调查数据。

2. 要求

(1) 搜集到的案头调查资料必须分门别类地进行编号，并注明出处。
(2) 问卷调查统计必须按程序编号，并使用 SPSS 统计软件进行统计。
(3) 购物中心内的网点调查必须使用相关表格，对业态、业种进行分类统计。

五、实践范例

上海新世界商城调查问卷(A卷)

(在新世界商城各商场消费者中调查)　编号□□□

先生/小姐：

为了全方位地满足消费者不断上升的物质需求与心理需求，新世界商城拟大力引进世界级品牌，营造都市购物中心气氛。为做好这项工作，特作此调查，谢谢您的配合！

甄别问卷

A1. 请问您的年龄是：
(1) 18岁～25岁□　(2) 26～35岁□　(3) 36～45岁□　(4) 46～60岁□
(5) 61岁以上□

A2. 您的性别是：　(1) 男□　(2) 女□

A3. 您的婚姻状况是：　(1) 未婚□　(2) 已婚□

A4. 请问您的居住地是：
(1) 上海市区人□　(2) 上海郊区人□
(3) 内地其他省份人□　(4) 台港澳同胞□
(5) 外籍人士□

A5. 方便的话，请您在家庭总收入(每月)上作一下选择：
(1) 1 500元以下□　(2) 1 501～2 500元□
(3) 2 501～4 000元□　(4) 4 001～6 000元□
(5) 6 001～1万元□　(6) 1万元以上□

A6. 您的职业是：
(1) 机关事业单位□　(2) 企业管理人员□
(3) 科、教、文、体、卫专业人员□　(4) 军人□
(5) 私企业主□　(6) 自由职业者□
(7) 商业服务人员□　(8) 工人□
(9) 个体户、小摊主□　(10) 学生□
(11) 农民□　(12) 外来务工人员□
(13) 离退休人员□　(14) 无业、失业及下岗人员□
(15) 其他________

A7. 您的文化程度是：
(1) 大学及以上□　(2) 大专□
(3) 高中(中专职技校)□　(4) 初中及以下□

消费心理调查

B1. 请问您来新世界商城的目的是：

(1) 购物□　(2) 娱乐□　(3) 就餐□　(4) 闲逛□

(5) 路过□　(6) 办事□　(7) 其他________

B2. 您和谁一起来新世界商城？

(1) 独自一人□　(2) 家人□　(3) 亲戚、朋友、同学□

B3. 您来新世界商城首选的交通工具是：(单选题)

(1) 步行□　(2) 自行车□

(3) 摩托车、助动车□　(4) 公交车□

(5) 出租车□　(6) 自备轿车□

(7) 轨道交通(地铁等)□　(8) 其他________

B4. 请问您来新世界商城购物的原因是：(可复选)

(1) 满足日常生活需要□　(2) 满足个性需要□

(3) 满足应急需要□　(4) 馈赠亲友□

(5) 旅游纪念□　(6) 代人购买□

(7) 其他________

B5. 请问您平日钟情于在新世界商城购买什么商品？(可复选)

(1) 服装鞋帽□　(2) 针织内衣□

(3) 化妆品□　(4) 床上用品□

(5) 箱包□　(6) 玻璃器皿□

(7) 家用电器□　(8) 电脑、信息产品□

(9) 玩具及儿童用品□　(10) 运动健身器材□

(11) 食品□　(12) 保健品□

(13) 黄金饰品□　(14) 工艺品□

(15) 小商品□　(16) 旅游用品□

(17) 其他________

B6. 您平时一般在新世界商城每次消费额大约为：

(1) 50～100 元□　(2) 110～200 元□

(3) 210～300 元□　(4) 310～500 元□

(5) 510～1 000 元□　(6) 1 000 元以上□

B7. 请问新世界商城吸引您平时消费的主要原因是什么？(可复选，限选 3～4 项)

消费原因	商品丰富	品牌档次	商品时尚	商品价格	商品质量	购物环境	服务态度
打"√"							

B8. 您最喜欢去以下哪几家百货商场或购物中心？(多选)

(1) 新世界□　(2) 中百一店□　(3) 东方商厦□　(4) 世贸广场□

(5) 来福士□　(6) 恒隆□　(7) 中信泰富□　(8) 梅陇镇广场□

(9) 港汇□　(10) 太平洋□　(11) 百盛□　(12) 八佰伴□

消费期望调查

C1. 您是否赞成将新世界商城建设成类似于久百广场那样的大型购物中心?

(1) 赞成□　(2) 不赞成□　(3) 随便□

C2. 您希望新世界商城在调整过程中引进什么品牌?

(1) 世界著名名牌□ (2) 合资品牌□　(3) 国内名牌

C3. 你对新世界商城内购物广场布局的期望是:(可复选)

(1) 主题百货□　(2) 服饰专卖店□　(3) 首饰珠宝专卖□ (4) 信息家电卖场□

(5) 运动健身器材□ (6) 儿童用品专卖□ (7) 工艺品专卖□　(8) 品牌旗舰店□

(9) 其他________

C4. 你对新世界商城内美食休闲广场布局的期望是:(可复选)

(1) 中餐厅□　(2) 西餐厅□　(3) 日韩料理□　(4) 巴西烧烤□

(5) 火锅城□　(6) 小吃广场□　(7) 茶室□　(8) 咖啡馆□

(9) 酒吧□　(10) 真冰溜冰场□ (11) 其他________

C5. 你对新世界商城内远东娱乐广场布局的期望是:(可复选)

(1) 艺术吧□　(2) 动感电影院□　(3) 健身房□　(4) 舞厅□

(5) KTV 歌厅□　(6) 保龄球馆□　(7) 大型游艺厅□　(8) 蜡像馆□

(9) 其他________

C6. 你对新世界商城内丽笙大酒店布局的期望是:(可复选)

(1) 中高档客房□　(2) 豪华套房□　(3) 总统套房□　(4) 旋转餐厅□

(5) 酒吧□　(6) 会议室□　(7) 游泳池□　(8) 健身房□

(9) 其他________

C7. 您对购物中心内服务设施布局的期望是:(可复选)

(1) 美容美发□　(2) 银行□　(3) 修理服务□　(4) 快递服务□

(5) 旅行社□　(6) 其他________

C8. 询问题:

1. 您认为新世界商城最缺少的商业设施是什么? ________________

2. 您认为新世界商城最缺少的商品是什么? ________________

3. 您对新世界商品和服务质量的总体评价是什么? ________________

____

4. 您对建设新世界商城有何具体建议、期望或要求? ________________

(资料来源:上海西克商务咨询有限公司)

案例分析

上海新世界综合商圈调查报告

一、调查的基本情况及主要发现

(一) 调查的基本情况

1. 调查目的

为全面实现新世界股份有限公司(以下简称新世界)第三步大发展的战略目标,提升新世界综合消费圈经营能级,使新世界成为“立足南京路,引领南京路”的龙头企业,对新世界综合消费圈的现有消费群、客流量进行调查分析,对潜在消费群进行调查分析,以确定新的客流目标和消费群。

2. 调查过程及内容

(1) 准备阶段:

① 对新世界商城进行了初步勘察,了解商城的总体框架布局和客流出入口;

② 设计了对新世界现有消费群调查的A卷和对青年白领、机关工作人员、专业人士消费群调查的B卷;

③ 设计了对新世界客流量调查的相关表格;

④ 对调查人员进行了专业培训。

(2) 现场客流量调查:

① 对新世界商城11个通道入口客流量进行了仔细的调查统计;

② 调查时间为:10月22日、23日、26日(星期六、日、三)。

(3) 现场顾客问卷调查:

① 在现场对新世界现有消费群作了320份问卷调查;

② 回收有效问卷304份。

(4) 潜在消费群问卷调查:

① 在全市各商业商务中心(南京路、淮海路、浦东新上海商业城、徐家汇商城)及政府机关、商业院校(市政府经委、上海市商业研究中心、黄浦区政府经委、上海商学院、上海商业会计学校)等对青年白领、机关工作人员、专业人士消费群作了240份调查问卷;

② 回收有效问卷202份。

3. 分析研究

(1) 对560份调查问卷作了统计分析。

(2) 对客流量资料作了具体分析。

4. 撰写调查报告

(1) 汇集全部资料,在听取综合消费者及调查员意见的基础上,完成调查报告。

(2) 完成调查报告一万余字。

(二) 调查的主要发现

(1) 新世界的区位环境、经营体量、硬件条件基本符合建设都市型购物中心,能够起到“引领南京路”龙头商企的作用。其功能布局如下表所示。

① 区位环境优越:新世界位于南京路和西藏路的十字路口,南京路东段已建设成为南京路步行街,成为世界排名第20的商业高地;南京路西段近年“梅、泰、恒、久”四大厂场也已形成时尚高地;西藏中路大量商务楼宇及商业房产即将建成,并连通世博会基地,将成为富有竞争力的商业商务景观大道。

② 经营体量庞大:新世界商城自确定第三步发展的战略目标以来,抓紧建设,经营体量达到20万平方米,足以起到“引领南京路”的龙头商企作用。

③ 硬件设施良好:基本达到综合性购物中心要求的标准。

新世界综合消费圈功能布局情况

名　　称	功　能　介　绍	建筑面积 m^2
购物广场	即新世界城，地上12层，地下两层	75 000
远东娱乐广场	地下两层，地上主楼17层，副楼12层与新世界购物广场层层连通，8楼以上主要引进品牌娱乐项目	52 000
丽笙大酒店	黄浦区第一家区属五星级大酒店，美国卡尔森集团管理，地上47层，地下两层	近57 600
美食休闲广场	东连新世界购物广场，西接新世界丽笙大酒店，地上9层，地下一层	7 000 多
立体停车场	加上远东娱乐广场地下车库，总泊车位近300个	10 800
合　　计		202 400

(2) 与南京路商圈周边各大百货公司、购物中心相比较，新世界也基本具备南京路龙头商业企业的地位。

① 从经营体量看：新世界基本具备南京路龙头商业企业的地位(见下表)。

序　号	商 业 单 位	经营面积(万 m^2)	业 态 选 择
1	第一百货商店	2.3	百货商店
2	东方商厦南东店	3.3	百货商店
3	世贸广场	2.4	购物中心
4	永安百货	2	百货商店
5	来福士广场	6	购物中心
6	新世界商城	20	百货商店

② 从经营支持看：新世界是唯一的黄浦区属企业，更能得到属地政府的大力扶植和支持。

③ 从经营机制看：新世界是一家上市公司，具有良好的法人治理结构，经营机制也较好。

(3) 目前客流量、消费层次、传统市场定位是影响和制约新世界发展的三大瓶颈。

① 目前客流量偏小：从新世界20万平方米的经营体量看，从下表数据显示客流量偏小。

时　　间	客流量(人)	评　　价
10月22日(星期六)	99 126	该数据接近港汇广场2000年10月招商困难期的客流量，当时港汇双休日11万，平时4.5万。
10月23日(星期日)	100 859	
10月26日(星期三)	42 059	

② 目前消费层次偏低:

● 从各时段客流结构看,尤其上午客流以中老年及外地旅游者为主,消费层次一般都偏低(资料见另表)

● 从在新世界现场调查的304份问卷中显示,被调查者家庭收入以中下为主(见下表)

被调查者家庭收入资料

家庭收入	百分比	家庭收入	百分比
1 500元以下	15.8%	4 001～6 000元	11.8%
1 501～2 500元	23.4%	6 001元～1万元	10.9%
2 501～4 000元	30.9%	1万元以上	7.2%

③ 传统市场定位影响较大。在消费者心目中,老新世界商城的传统市场定位影响很大,在各大商业中心楼宇中调查时,集中反映了以下几种态度和观点:

● 对新世界知之甚少:"从来没有去过新世界,新世界不就是个卖老太太服装的地方吗?"

● 认定新世界的定位:"让人家做高档的,新世界可以做中档的么。"

但是,不少青年顾客对新世界的影响也开始发生了变化,商学院一名青年女教师表示经常带女儿去玩,一家三口经常在新世界就餐。

(4) 客流量及其结构分析:新世界上午中老年顾客较多,中午家庭组合较多,晚上青年情侣较多。

① 双休日客流量及其结构分析,如下表所示。

客流量	客流时段结构分析	
	时间	客流结构
● 10月22日(周六) 99 126人 ● 10月23日(周日) 100 859人	9:30～开门时	绝大部分为两类消费群:外地以中老年为主的旅客和上海中老年顾客
	10:30～11:30	除上述两类消费群外,上海以家庭为单位的顾客逐步出现
	11:30～13:00 午饭时	家庭组合顾客较多,且钟情地下美食广场,青年情侣顾客也现身地下室
	13:30～17:30 高峰	客流高峰出现,并持续,中青年顾客为主,群体较为复杂
	18:00～20:00	青年顾客大为增加,包括青年情侣和青年家庭
	20:00～22:00	人流逐步减少

② 平时(周三)客流量及其结构分析,如下表所示。

客流量	客流时段结构分析	
	时间	客流结构
● 10月26日(周三) 42 059人	9:30～开门时	等开门者的几乎没有，与双休日情况发生变化
	10:30～11:30	绝大部分为两类消费群：外地以中老年为主的旅客和上海中老年顾客。上午旅游团较多，上班族也在各地铁口内出现
	11:30～14:00 午饭时高峰	客流高峰出现，上班族较多，且较多集中于地下美食广场；外地旅游客在新世界就餐也较多
	14:00～17:00	客流最小，地道上班族青年较多，商场内中老年顾客较多，群体较为复杂，旅游团数量比较上午明显减少
	17:00～20:00 次高峰	次客流高峰出现，上班族下班，约会青年情侣和青年家庭出现在美食广场及商场
	20:00～22:00	人流逐步减少

二、新世界客流量调查及分析

1. 10月22日(星期六)客流量分析

(1) 客流量数据。(略)

(2) 客流分时段流量分析，如下图所示。

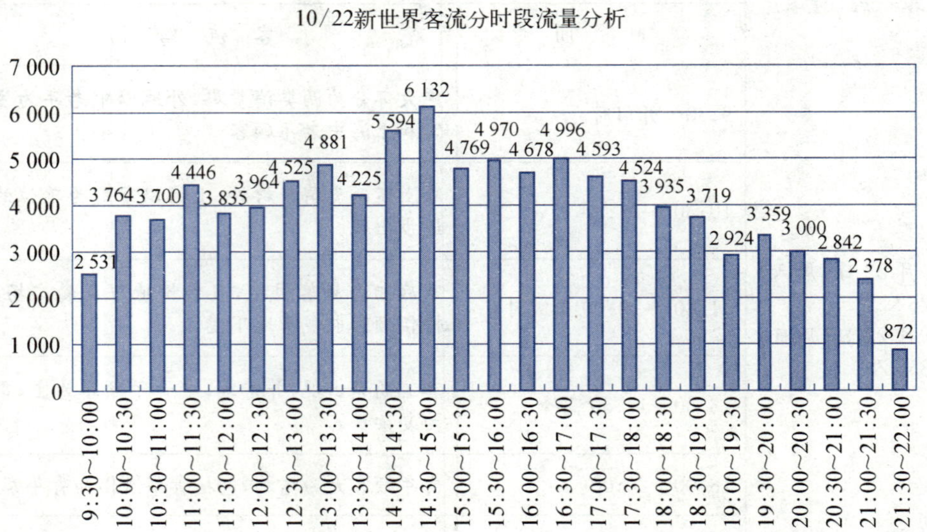

(3) 客流入口流量分析，如下图所示。

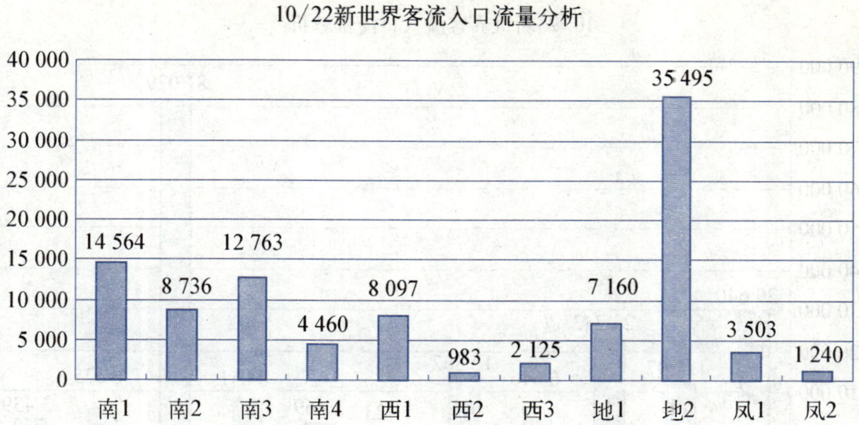

(4) 客流结构分析,如下表所示。

时　　间	客　流　结　构
9:30～开门时	绝大部分为两类消费群:外地以中老年为主的旅客和上海中老年顾客
10:30 ～11:30	除上述两类消费群外,上海以家庭为单位的顾客逐步出现
11:30 ～13:00 午饭时	家庭组合顾客较多,且钟情地下美食广场,青年情侣顾客也现身地下室
13:30～17:30 高峰	客流高峰出现,并持续,中青年顾客为主,群体较为复杂
18:00～20:00	青年顾客大为增加,包括青年情侣和青年家庭
20:00～22:00	人流逐步减少

2. 10 月 23 日(星期日)客流量分析

(1) 客流量数据。(略)

(2) 客流分时段流量分析,如下图所示。

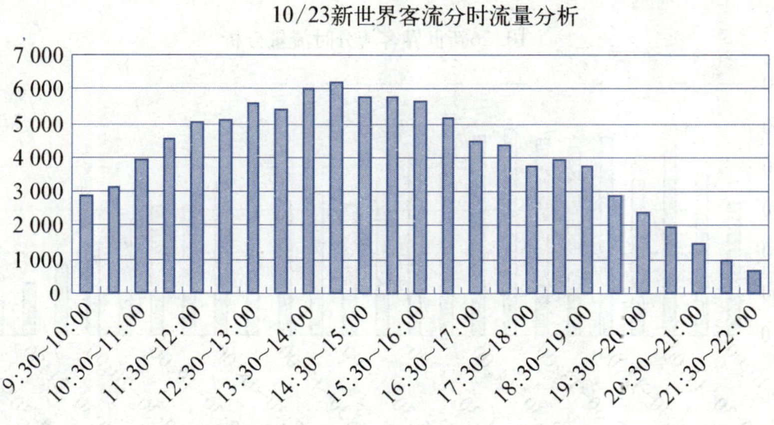

(3) 客流入口流量分析,如下图所示。

10/23新世界客流入口流量分析

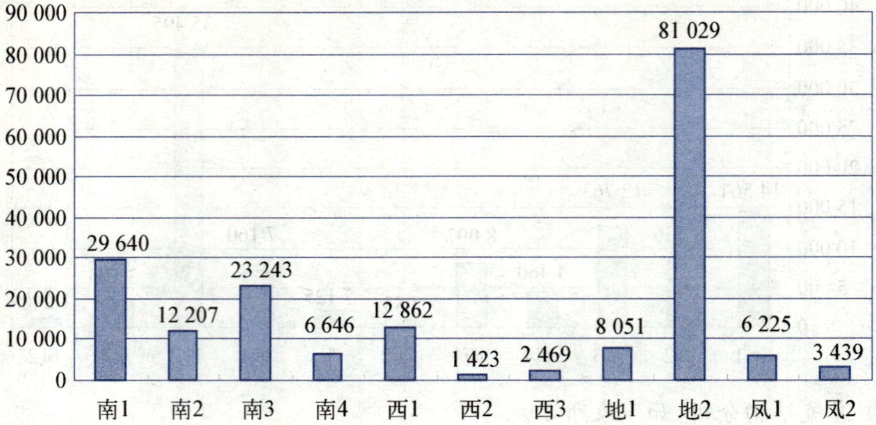

(4) 客流结构分析(与周六基本接近)。

时　　间	客　　流　　结　　构
9:30～开门时	绝大部分为两类消费群:外地以中老年为主的旅客和上海中老年顾客
10:30～11:30	除上述两类消费群外,上海以家庭为单位的顾客逐步出现
11:30～13:00 午饭时	家庭组合顾客较多,且钟情地下美食广场,青年情侣顾客也现身地下室
13:30～17:30 高峰	客流高峰出现,并持续,中青年顾客为主,群体较为复杂
18:00～20:00	青年顾客大为增加,包括青年情侣和青年家庭
20:00～22:00	人流逐步减少

3. 10月26日(星期三)客流量分析

(1) 客流量数据。(略)

(2) 客流分时段流量分析,如下图所示。

10/26新世界客流分时流量分析

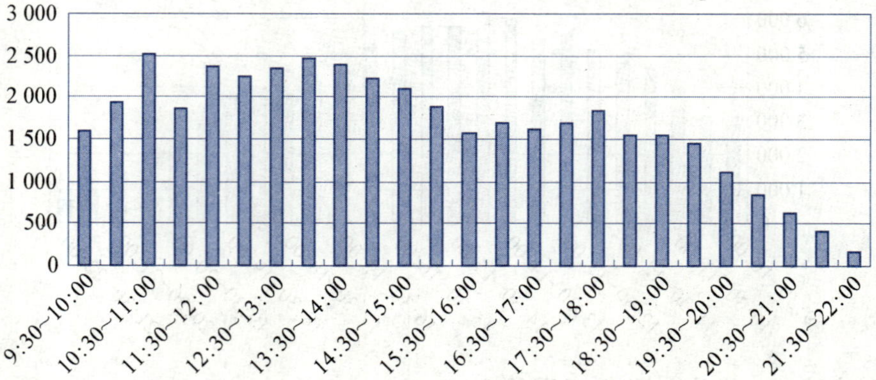

(3) 客流入口流量分析,如下图所示。

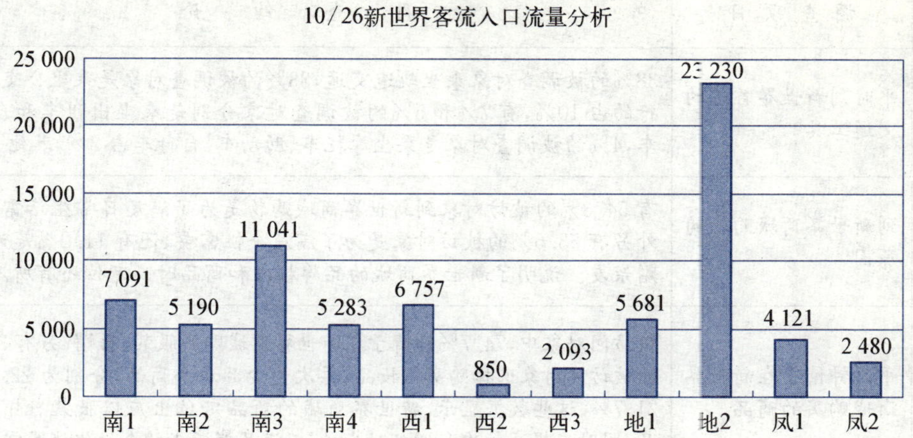

(4) 客流结构分析,如下表所示。

时　间	客　流　结　构
9:30～开门时	等开门者的几乎没有,与双休日情况发生变化
10:30～11:30	绝大部分为两类消费群:外地以中老年为主的旅客和上海中老年顾客。上午旅游团较多,上班族也在各地铁口内出现
11:30～14:00 午饭时高峰	客流高峰出现,上班族较多,且较多集中于地下美食广场;外地旅客在新世界就餐也较多
14:00～17:00	客流最小,地道上班族青年较多,商场内中老年顾客较多,群体较为复杂,旅游团数量比较上午明显减少
17:00～20:00 次高峰	次客流高峰出现,上班族下班,约会青年情侣和青年家庭出现美食广场及商场
20:00～22:00	人流逐步减少

三、新世界商城现有消费群消费心理调查

本次对新世界商城现有消费群消费心理及意愿调查在新世界各商场及门口进行现场拦截,发放320份,有效问卷304份。综合结论由304份有效问卷中得出,汇总情况如下表所示。

序号	调查项目	调　查　结　论
1	到新世界商城的目的	68.8%的被调查对象来新世界商城的主要目的是购物;其次是闲逛,计占43.8%;选择到新世界娱乐、约会和就餐的,分别占23.6%、20.7%、17.8%。这说明,新世界商城在娱乐设施和餐饮品牌调整中有较大发展空间
2	平时主要和谁一起到新世界商城	53%的被调查对象是和亲戚、朋友、同学一起来新世界购物城,其次有34%的被调查对象是和家人,13%的被调查对象是独自一人

（续 表）

序号	调 查 项 目	调 查 结 论
3	平时到新世界首选的交通工具	38%的被调查对象乘坐轨道交通，33%的被调查对象是乘坐公交车，步行的占10%，有7%和5%的被调查对象分别是乘坐出租车和自备轿车，4%的被调查对象是乘坐摩托车、助动车，自行车占2%，其他1%
4	到新世界商城购物的原因	有54.3%的被访对象到新世界商城购物是为了满足日常生活需要，此外另有53.6%的被访对象是为了满足个性需要，还有11.2%是为了馈赠亲友。说明了新世界商城的品牌档次和商品时尚定位还有所不足
5	平时钟情于在新世界商城购买的商品	被访问对象中，74.7%钟情于在新世界商城购买服装、鞋帽；另有36.2%的被访问对象选择购买化妆品；再次为食品和小商品，分别为22.7%和21.7%。这些数据显示，新世界商城的商品定位上应以服装鞋帽、化妆品，同时应提高档次和增加时尚性，以满足消费者的个性化消费需求
6	平时一般在新世界商城的消费金额	被访问对象中，消费50～100元的被访问对象占6%，110～200元占20%，210～300元及310～500元都分别占了26%，消费510～1 000元的被访问对象占17%，1 000元以上占5%
7	新世界商城吸引被调查者消费的主要原因	在询问被调查者到新世界商城消费的主要原因时，有51.2%、40.7%被访对象选择了商品丰富、购物环境。商品质量、品牌档次、商品价格和商品时尚都较为接近
8	最喜欢去的百货商城或购物中心	在问及最喜欢去的百货商店或购物中心中，有61.3%选择新世界，36.5%、34.9%和33.1%被访对象选择了太平洋、来福士和港汇。说明了新世界在消费者的心中有较高的地位

四、新世界商城现有消费群消费意愿调查

调查结果如下表所示。

序号	调 查 项 目	调 查 结 论
1	把新世界建设成类似久百、梅陇镇、中信泰富、港汇、正大的购物中心的态度	有50%的被调查对象表示赞成把新世界建设成类似久百、梅陇镇、中信泰富、港汇、正大的购物中心，有33.5%表示随便，15.9%的被调查对象表示不赞成
2	最希望新世界商城在调整过程中引进的品牌	38%的被调查对象希望引进世界著名品牌，33%被调查对象希望引进合资品牌，29%的被调查对象表示希望引进国内品牌
3	对新世界商城内购物广场布局的期望	有39.7%的被调查对象青睐于主题百货，此外35.7%和35.3%的被调查对象对大型综合超市和服饰专卖店感兴趣，还有29.6%和23%的被调查对象认为应建运动商品城和品牌旗舰店
4	对新世界商城内美食休闲广场布局的期望	当问及新世界商城内美食休闲广场布局的期望时，有近一半的人分别选择了小吃广场，其次有32.5%、29.3%和27.6%的人选择了西餐厅、中餐厅和咖啡馆

(续　表)

序号	调查项目	调查结论
5	对新世界商城内远东娱乐广场布局的期望	有超过半数的被访对象选择动感电影院，占首位；其次有30.4%、30%、29.4%的被访对象，分别选择了真冰溜冰场、大型游艺中心和健身房
6	对新世界商城内丽笙大酒店布局的期望	49.8%的被调查对象选择了中高档客房，其次有35.7%、27.8%和26.8%的居民选择了旋转餐厅、游泳池和健身房
7	对购物中心内服务设施布局的期望	有55.9%的被调查对象选择银行，另有34.9%和31.3%的被调查对象选择商务中心和美容美发

五、新世界商城未来目标消费群的品牌期望调查

调查结果如下表所示。

序号	调查项目	调查结论
1	希望新世界商城引进的男装品牌	在问及希望新世界商城引进的男装品牌时： ● 在A类品牌调查中，有51.5%的被调查对象选择了阿玛尼，另有38%的被调查对象选择了Boss(宝狮) ● 在B类品牌调查中，有44.5%和40.5%的被调查对象选择了Tony Wear(汤尼威尔)和法国鳄鱼 ● 在C类品牌调查中，有35.5%和32.5%的被调查对象选择了佐丹奴和PIERRE CARDIN(皮尔卡丹)
2	希望新世界商城引进的女装品牌	在引进女装品牌方面： ● 在A类品牌调查中，有46.5%和41.5%的被调查对象选择了VERSACE(范思哲)和CUCCI(古姿) ● 在B类品牌调查中，有37.5%选择了PORTS(宝姿)，另有23%和20.5%的被调查对象选择了ONLY和贝纳通 ● 在C类品牌调查中，有29%和28%的被调查对象选择了艾格和贝拉维拉
3	希望新世界商城引进的箱包皮具品牌	有近半数的被调查对象选择LV(路易司·威登)，占首位；另有40.5%的被调查对象选择GUCCI(古孜)，还有24%和22%的被调查对象选择BALLY和芬迪
4	希望新世界商城引进的化妆品品牌	在问及希望新世界商城引进的化妆品品牌时： ● 在A类品牌调查中，有45.5%和40%的被调查对象选择了资生堂和兰蔻 ● 在B类品牌调查中，有42%选择了Aupres(欧泊莱)，另有22%、21.5%和20.5%的被调查对象选择了薇姿、KANEBO(嘉娜宝)和KOSE(高丝) ● 在C类品牌调查中，有36%和24%的被调查对象选择羽西和小护士

(续 表)

序号	调查项目	调 查 结 论
5	希望新世界商城引进的珠宝首饰品牌	在征求有关引进珠宝首饰品牌的意见时： ● 在A类品牌调查中，有35%的被调查对象选择了卡地亚，另有26.5%的被调查对象选择了天福尼 ● 在B类品牌调查中，有45%和41.5%的被调查对象选择了周大福和周生生 ● 在C类品牌调查中，有39.5%和35%的被调查对象选择老凤祥和老庙黄金
6	希望新世界商城引进的钟表品牌	在问及希望新世界商城引进的钟表品牌时： ● 在A类品牌调查中，有46.5%的被调查对象选择了卡地亚，占首位 ● 在B类品牌调查中，有40%的被调查对象选择了浪琴，另有38%和37%的被调查对象选择了劳力士和OMIGA(奥米茄) ● 在C类品牌调查中，有35%和33%的被调查对象选择西铁城和SWATCH(斯沃奇)
7	希望新世界商城引进的运动服饰、器具品牌	● 72.5%和69.5%的被调查对象选择Adidas(阿迪达斯)和Nike(耐克)，占据第一、二位；另有31%的被调查对象选择了ELLE，有22%的被调查对象选择了美津侬和Kangwei(匡威)
8	希望新世界商城引进的餐饮品牌	● 在引进餐饮品牌方面，有39.5%的被访对象选择美林阁，其次有32.5%的被访对象青睐于彩蝶轩，另有31%和29%的被访对象选择苏浙汇和蕉叶
9	希望新世界商城引进的休闲餐饮品牌	● 在征求有关引进休闲餐饮品牌的意见时，有53.5%和51.5%的被调查对象认为引进星巴克和必胜客，另有46.5%的被调查对象认为应引进避风塘，还有31.5%、30%、28%的被调查对象选择了肯德基、麦当劳和季诺

(资料来源：上海西克商务咨询有限公司)

案例思考题

1. 从"调查的内容"和"调查的主要发现"来看，本案设定的"调查目的"达到了吗？还有什么可以充实的吗？

2. 你认为"上海新世界综合商圈调查"的重点和难点是什么？如果由你来策划该调查，你将如何设置调查项目和内容？

练习与思考

(一) 名词解释

购物中心　社区购物中心　市区购物中心　城郊购物中心　商圈分析　消费者定性调查

(二) 填充题

1. 购物中心业种规划可分为______与________。也就是说，在业种的规划上大致包含了________、________、________及________等四大功能。

2. 购物中心的业态规划,要根据该购物中心的主题设计,对商业零售业态进行恰当的配置。如都市型购物中心,要在________和________上下工夫,而市郊型购物中心,则应该在________和________上下工夫。

3. 根据商圈调查统计分析资料,经过计算,在一张以商业地产位置为中心的地图上,标示出商业地产所处商圈内各个居民点的________的密度,这样就可以从地图上了解到商业地产所处________、________和________的范围。

(三) 单项选择题

1. 商圈调查可采用(　　)等形式进行。
   A. 家庭访问、实地环境勘察、案头调查和焦点访谈
   B. 家庭访问、客户访问、问卷调查和焦点访谈
   C. 家庭访问、实地环境勘察、问卷调查和焦点访谈
   D. 企业调查、居民调查、旅客调查和政府调查
2. 通常对于商圈的定义可从(　　)三项划分。
   A. 车程距离、自然条件及行域
   B. 商业面积、人流量及客流量
   C. 商业面积、人流量及车流量
   D. 辐射面积、辐射距离及辐射点
3. 大型购物广场按所在地域和目标消费群,根据各自的特点,一般可定位为(　　)等。
   A. 城市中心型、城市副中心型、邻里中心型及郊区型
   B. 经济中心型、商业中心型、旅游中心型及居住中心型
   C. 商业中心型、商业副中心型、社区型及郊区型
   D. 交通枢纽型、城市中心型、社区型及郊区型

(四) 简答题

1. 简述国内购物中心的分类。
2. 如何对购物中心的客流量及客流结构进行调查?
3. 在进行购物中心潜在顾客及品牌需求调查时,应注意些什么?
4. 从哪些方面着手进行消费心理及消费意愿调查?

(五) 论述题

1. 试论当代购物中心的发展趋势。
2. 根据购物中心的业态特点,试论购物中心调查的操作步骤。

参考文献

一、参考书目

1. 菲利浦·科特勒:《营销管理:分析、计划和控制》,上海:上海人民出版社,1986年
2. 中华征信所:《市场调查手册》,北京:中信出版社,2003年
3. 约叔华·格罗斯尼克尔、奥利佛·拉斯金:《在线市场营销调查手册》,上海:上海人民出版社,2004年
4. 高微:《市场营销调查与预测》(修订第二版),北京:首都经济贸易大学出版社,2006年
5. 蔡德明:《提高业绩与市场调查》,香港:永辉经营丛书出版社,1988年
6. 雷培莉、姚飞:《市场调查与预测》(修订版),北京:经济管理出版社,2008年
7. 张德斌等:《市场调查和预测》,北京:中国经济出版社,2006年
8. 杨凤荣:《市场调查方法和实务》,北京:科学出版社,2007年
9. 陈戈止:《社会信息调查与分析》,四川:西南财经大学出版社,2007年
10. 刘玉玲:《市场调查与预测》,北京:科学出版社,2004年
11. 刘秋华、欧邦才:《市场调查与预测》,北京:中国社会科学出版社,2004年
12. 伯恩斯:《营销调研:网络调研的应用》(第四版),北京:中国人民大学出版社,2007年
13. 陆军、周安柱、梅清豪:《市场调查与预测》,北京:电子工业出版社,2003年
14. 孙国辉:《市场调查与预测》,北京:中国财政经济出版社,2000年
15. 周思勤、刘红霞:《市场调查与预测》,北京:科学出版社,2006年
16. 赵铁、韩建东:《市场调查与预测》,北京:清华大学出版社,2007年
17. 徐阳、张毅:《市场调查与市场预测》,北京:高等教育出版社,2005年
18. 阿尔文·C·伯恩斯、罗纳德·F·布什:《营销调研》,北京:中国人民大学出版社,2002年
19. 彭代武、肖宪标:《市场调查·商情预测·经营决策》,北京:经济管理出版社,2002年
20. 王妙:《市场营销学教程》,上海:复旦大学出版社,2007年
21. 杨海清:《市场调查与市场预测实训》,北京:中国劳动和社会保障出版社,2006年
22. 姚飞:《市场调查与市场预测》,北京:经济管理出版社,2004年
23. 冯丽云:《现代市场调查与预测》(修订版),北京:经济管理出版社,2003年
24. 蔡庆春:《市场调查与预测》,北京:中国人民大学出版社,2006年

二、参考企业资料

1. 上海西克商务咨询有限公司：上海浦东现代广场商业功能定位暨环境调查
2. 上海商业联合管理咨询有限公司/西克公司：上海金山区枫泾镇商业环境调查
3. 上海西克商务咨询有限公司：上海浦东机场二期候机楼商业服务业策划
4. 上海西克商务咨询有限公司：江西省上饶市婺源县商业发展规划
5. 上海西克商务咨询有限公司：浙江省舟山市普陀区商贸业发展规划
6. 上海商业联合管理咨询有限公司/西克公司：上海市崇明县长兴岛商业发展规划
7. 上海商业联合管理咨询有限公司/西克公司：上海新世界商厦商业环境调查
8. 上海商业联合管理咨询有限公司/西克公司：无锡保利广场商业环境调查
9. 上海西克商务咨询有限公司：上海金山区新思致购物中心环境调查及功能定位
10. 上海西克商务咨询有限公司：其他各类商业调查及商业规划、策划资料
11. 上海商业信息中心调查问卷资料

三、参考网站

1. 中国行业研究报告网 www.chinahyyj.com
2. 电子商务加油站 http://www.echere.com
3. 365 优中国办公网 http://www.365u.com.cn
4. 慧聪网 http://info.ceo.hc360.com
5. 安利专卖网 http://www.amwaygw.com

图书在版编目(CIP)数据

市场调查/王公达主编. 一上海:复旦大学出版社,2009.2(2016.1 重印)
(复旦卓越 · 21 世纪市场营销实践型系列教材)
ISBN 978-7-309-06446-9

Ⅰ. 市… Ⅱ. 王… Ⅲ. 市场-调查-高等学校-教材 Ⅳ. F713.52

中国版本图书馆 CIP 数据核字(2008)第 211316 号

市场调查
王公达 主编
责任编辑/李 华

复旦大学出版社有限公司出版发行
上海市国权路 579 号 邮编:200433
网址:fupnet@ fudanpress. com http://www. fudanpress. com
门市零售:86-21-65642857 团体订购:86-21-65118853
外埠邮购:86-21-65109143
常熟市华顺印刷有限公司

开本 787 × 1092 1/16 印张 18.25 字数 443 千
2016 年 1 月第 1 版第 4 次印刷
印数 11 301—14 400

ISBN 978-7-309-06446-9/F · 1461
定价: 32.00 元